2016-2017年中国工业和信息化发展系列蓝皮书

U0574934

The Blue Book on the Development of
Equipment Industry in China (2016-2017)

2016-2017年
中国装备工业发展
蓝皮书

中国电子信息产业发展研究院　编著

主　编／王　鹏

副主编／左世全　　王凤丽

人民出版社

责任编辑：邵永忠　刘志江

封面设计：黄桂月

责任校对：吕　飞

图书在版编目（CIP）数据

2016－2017 年中国装备工业发展蓝皮书／中国电子信息产业发展研究院 编著；
王鹏 主编 . —北京：人民出版社，2017.8
ISBN 978－7－01－018090－8

Ⅰ.①2… Ⅱ.①中… ②王… Ⅲ.①装备制造业—工业发展—研究报告—
中国—2016－2017　Ⅳ.①F426.4

中国版本图书馆 CIP 数据核字（2017）第 205093 号

2016－2017 年中国装备工业发展蓝皮书

2016－2017 NIAN ZHONGGUO ZHUANGBEI GONGYE FAZHAN LANPISHU

中国电子信息产业发展研究院 编著

王　鹏 主编

人 民 出 版 社 出版发行

（100706　北京市东城区隆福寺街 99 号）

三河市钰丰印装有限公司印刷　新华书店经销

2017 年 8 月第 1 版　2017 年 8 月北京第 1 次印刷

开本：710 毫米×1000 毫米 1/16　印张：19.25

字数：310 千字

ISBN 978－7－01－018090－8　定价：95.00 元

邮购地址　100706　北京市东城区隆福寺街 99 号

人民东方图书销售中心　电话（010）65250042　65289539

版权所有·侵权必究

凡购买本社图书，如有印制质量问题，我社负责调换。

服务电话：（010）65250042

前　言

　　装备工业是为国民经济发展和国防建设提供技术装备的基础性产业，具有技术密集、附加值高、成长空间大、带动作用强等突出特点，是制造业的核心和脊梁，是各行业产业升级、技术进步的重要保障，是国家综合实力和技术水平的集中体现。发展装备工业，对于加快我国工业现代化建设，到2025年从制造大国迈入制造强国行列具有重要意义。改革开放以来，我国装备工业的发展明显加快，建立了门类齐全、独立完整的产业体系，产业规模连续6年居全球首位，占全球总量的三分之一。同时，我国重大技术装备技术水平显著提高，一批高端装备创新发展取得标志性成果，如AG600大型灭火救援水陆两栖飞机总装下线，世界上规模最大的长江三峡升船机试通航取得成功等。

一

　　装备工业是推动我国经济实现30多年高速增长的重要因素。装备工业作为工业的母机与核心部分，增加值占工业增加值的30%以上，是带动经济快速增长的发动机，是强国之本、富国之基。在实体经济日益重要的今天，装备工业的持续较快发展仍将是保证我国经济在今后一个较长时期内继续保持较快增长的重要基础。当前，全球产业竞争格局正在发生重大调整，我国在新一轮发展中面临巨大挑战，必须放眼全球，着眼建设装备强国，化挑战为机遇，抢占装备制造业新一轮竞争制高点。

　　装备工业是构成一个国家综合国力的坚实基础。国家整体的竞争力，在很大程度上取决于制造业的竞争力，而装备工业不仅对制造业具有巨大的支撑作用，同时也是制造业的核心，其发展水平是衡量一个国家科技进步和综合竞争力的主要标志。全球任何一个国家的经济崛起无不依靠装备工业，美国、日本、德国等世界经济强国无一不是世界装备工业强国。当前，在经济放缓、内外部环境复杂多变的情况下，振兴装备工业，有助于挖掘经济发展潜力，实现动能转换，有效解决经济结构性供需失衡问题。把装备制造业作为引擎拉动实体经济快速发展，是国民经济走上创新驱动轨道的必然选择，也是今后相当长一段时期内我国由制造大国向制造强国转变的重要举措。

装备工业是实现经济增长转变的根本手段。我国装备工业正面临着发达国家"高端制造回流"与新兴发展中国家"中低端分流"的双重挤压，增速放缓，传统设备需求低迷，机械行业整体业绩不佳。在 GDP 增速趋缓、各层面风险易发的新常态下，振兴实体经济，稳定经济增长是当前经济发展的重点，装备工业作为支撑实体经济的主体，占据着重要的地位，只有率先实现智能化，才能推动制造业整体智能升级，推动供给侧结构性改革真正落地。装备工业供给侧结构性改革的效果直接关系到我国装备的发展。

二

当前，在全球新一轮产业技术革命加速推动下，装备工业正在成为发达国家与新兴经济体共同发力角逐的主战场。新技术的出现，不仅为我国加快缩小差距并实现赶超创造了历史性的机遇，也为我国利用全球要素资源、加快培育国际竞争新优势创造了有利条件。

第一，发达国家纷纷发展智能制造。以信息技术与制造业加速融合为主要特征的智能制造正在成为全球制造业的主要趋势。美国、德国、法国等欧美发达国家通过"再工业化""工业4.0"等战略，纷纷布局新一代高端装备技术的创新发展，以保持智能制造等领域在国际竞争中的优势地位。2016年，智能制造技术创新应用加快向系统集成应用迈进，以物联网为代表的"互联网＋"与制造业的深度融合加快催生智能制造系统平台。

第二，我国劳动力竞争优势不断削弱。一方面，我国已进入中等收入阶段，劳动力成本压力正逐步释放，用工成本、用地成本、能源成本、物流成本等综合成本不断上涨。另一方面，数字制造、智能制造技术可能带来的制造业革命将大大降低对劳动力的需求，我国装备工业长期以来主要靠比较优势维系增长的局面可能不复存在。

第三，行业整合发展趋势明显。工业发达国家为提升装备工业的国际竞争力，一致采取了企业兼并重组向大集团方向发展的路径。如德国德马格公司先兼并了意大利茵西公司，后又被西马克公司兼并，一系列兼并使得西马克公司在冶金设备的竞争中处于优势地位。日本 NKK、住友重型机械和日立造船联合组建了 JSP 公司，旨在发挥各自的优势，确保在竞争中处于优势地位。我国装备制造企业受益于国际产能合作和"一带一路"倡议的推进，不断通过境外并购获得设计、研发、营销、服务等高端生产要素，逐步提高了在全球价值链、产业链、物流链中的地位。2016 年，中国制造业海外并购共计 77.27 亿美元，成为中国企业海外并购的第一大行业。

第四，装备制造服务化趋势明显。装备制造业服务化是工业化进程中制造业转型发展的一种新型产业形态，是企业由以制造为中心向以服务为中心的转变，以产需互动和价值增值为导向，由提供产品向提供全生命周期管理转变，由提供设备向提供系统解决方案转变，基本表现形式是"产品 + 服务"。装备制造服务化有利于改善供给体系质量和效益，破解产能低端过剩和高端不足并存的矛盾，是供给侧结构性改革的新举措，是增强产业竞争力、推动制造业由大变强的必然要求。随着"互联网 +"的飞速推进，世界各国逐渐认识到服务的重要性，越来越多的装备制造企业通过提供服务来增加装备产品的附加值，装备制造业服务化已成为世界装备制造业发展的一个显著趋势。

综上所述，我国装备工业发展的内在动力、比较优势和外部环境正在发生深刻变化，必须根据科技进步新趋势，牢牢把握这一历史机遇，提高装备工业发展质量、效益和服务能力，这是社会各界对我国装备工业发展的共同期盼，更是我国建设装备工业强国的根本出路。

三

装备工业实现由大变强的转变，是长期、重大而艰巨的任务。完成这一任务，应把握以下几个重大问题。

第一，实施创新驱动的产业发展战略。新一代信息技术与制造业的深度融合，不但带来了制造模式、生产方式、产业形态和产业分工格局的变革，也对全球制造业创新体系产生了深刻的影响，以具有跨界、融合、协同特征的新型创新载体为核心的全球制造业创新生态系统正在形成。发达国家为全面提升制造业核心竞争力，纷纷加快实施创新驱动战略。如美国积极构建制造业创新网络，英国加紧建设"产业技术创新中心"。我们要深刻洞察这一变革趋势，将实施创新驱动战略提升到国家战略的高度上，抓住历史机遇，实现装备工业的强国之梦。

第二，大力推进智能制造产业发展。智能制造是实施"中国制造2025"的主攻方向，也是制造业转型升级的重要抓手，推进智能制造产业的发展是一项长期的、复杂的系统工程。智能制造不仅仅是单一的先进技术和设备的应用，而是新模式的转变，要从不同维度深刻认识，智能产品是主体，智能生产是主线，以用户为中心的产业模式变革是主题，以CPS系统和工业互联网为基础。发展智能制造不仅是为了提高产品质量和生产效率及降低成本，而是未来先进制造技术发展的必然趋势和制造业发展的必然需求，是抢占产业发展的制高点，是实现我国从制造大国向制造强国转变的重要保障。

第三，夯实装备工业发展的基础。我国制造业与国际先进水平的差距，很大程度上体现为关键零部件的差距。目前，80%以上的海洋工程装备配套设备、90%的航空工业所需发动机、近100%的高铁轴承、70%的高档数控机床配套的高档功能部件以及占整体生产成本70%左右的精密减速器等核心零部件依赖进口，严重制约了装备工业的高端化发展。因此，应大力提升机械基础件、基础制造工艺和基础材料等的研发、设计和制造能力，提高产品质量、可靠性和基础配套能力，实现装备工业持续健康稳步发展的新格局。

第四，加快装备"走出去"。经过多年发展，我国高铁、工程机械、输变电等成套设备开始走向世界，并以工程总承包、援建项目等带动产业链上下游配套"走出去"，绿地投资建厂、建立境外工业园、设立分支机构、建立研发中心、成立合资公司等全球布局发展趋势越来越快。加快装备"走出去"，要不断完善支持政策，利用外经贸发展专项资金，支持装备"走出去"的重大项目，以及企业在境外发行股票或债券募集资金等。

四

基于对上述装备工业经济和社会发展中一些重大问题的思考，赛迪智库装备工业研究所编撰了《2016—2017 年中国装备工业发展蓝皮书》。本书系统剖析了我国装备工业发展的成就与问题，总结归纳了全球装备工业发展趋势，并结合当前国内外经济形势，深入探讨了我国装备工业发展的趋势。全书分为综合篇、行业篇、区域篇、园区篇、企业篇、政策篇、热点篇、展望篇，共八个部分。

综合篇，从全球角度分析了 2016 年世界装备工业的总体发展现状、发展趋势以及主要国家和地区的进展与成就，对 2016 年中国装备工业发展状况、存在的问题进行了专题分析。

行业篇，对我国装备工业 2016 年汽车行业、机械工业、航空工业、船舶工业等领域进行专题分析，研究探讨了各自领域整体发展状况、细分行业发展状况以及行业发展面临的问题。

区域篇，分别对东、中、西部地区总体及重点省份与城市 2016 年装备工业发展情况、发展特点、发展经验等进行了深入探讨与总结。

园区篇，选择有代表性的各重点行业新型工业化产业示范基地，就其 2016 年发展整体情况进行分析，总结归纳各园区发展的基本经验。

企业篇，以机械、汽车、航空、船舶等领域成长较快、发展较好且具有一定代表性的企业为对象，详细剖析各企业的发展情况、生产经营情况和经营发展战略。

政策篇，深入分析我国装备工业 2016 年发展的政策环境，重点解析装备工业领域发布的重大产业政策、意见、计划和方案。

热点篇，选取行业热点，就世界智能制造大会、增材制造产业联盟、智能制造试点示范、车用动力电池、航空发动机公司成立等问题展开详细论述。

展望篇，对国内外行业研究机构预测性观点进行综述，并对 2017 年我国装备工业总体形势及各细分行业的发展趋势进行了展望。

加快装备工业转型升级、建设装备制造业强国是一项长期、艰巨的任务，也是保障国家安全和民族复兴的重大战略决策。在当前经济转型的背景下，装备工业面临着千载难逢的机遇和前所未有的挑战，我们必须坚持调结构、转方式、促创新的原则不动摇，加快发展高端装备制造业，促进产业迈向中高端水平，推动国家装备制造业竞争力整体提升。

工业和信息化部装备工业司司长

目　　录

区　域　篇

园　区　篇

企 业 篇

政 策 篇

热 点 篇

展 望 篇

综合篇

第一章　2016 年全球装备工业发展状况

2016 年，美联储暂缓加息、英国"脱欧"等不确定性影响全球经济的复苏步伐，全球制造业增长速度依旧不容乐观，但新兴产业的发展势头良好。如机器人产业，在日益老龄化的人口结构、不断上涨的人工成本和全球化竞争加剧的背景下，2016 年需求保持高速增长；增材制造产业规模 2016 年超过 70 亿美元；纯电动车、插电式混合动力车和燃料电池车为代表的新能源汽车迎来产需大爆发。发达国家在智能制造装备和技术发展方面引领创新，加速制造业智能化转型，纷纷出台各项政策，构建智能制造创新机构，大力推进机器人、智能机器、先进增材制造装备等智能制造装备相关项目的研发。如美国的"先进制造伙伴"计划，致力于推进智能制造产业化和工程化；德国的"工业 4.0"战略，重视工业标准和智能制造基础建设；日本的"机器人新战略"提出要将日本打造成为世界机器人的创新基地、世界第一的机器人应用国家等。2017 年，产业的发展将会呈现四大发展趋势：从生产方式看，智能制造、"互联网＋"将成为重要方向；从发展模式看，服务化、国际化日渐成为发展新特点；从创新方式看，网络协同创新将成为创新方式新趋势；从发展格局看，全球装备制造业格局将不断进行调整。

第一节　产业现状

一、产业总体保持低速增长

2016 年，美联储暂缓加息、英国"脱欧"等不确定性影响全球经济的复苏步伐。在世界制造业增长方面依旧不容乐观，美国和日本作为世界上第二和第三大制造商，其较低的增长率对世界制造业的增长产生了消极影响。同时，发展中经济体以及新兴经济体的增长前景也堪忧。中国作为国际金融危机之后兴起的最大的全球制造商，发展平稳，推动了新兴工业化经济体平均工业增长率的增加。尽管工业化经济体、新兴经济体和发展中经济体都处于低增长期，但全球工业生产并没有出现衰退的迹象。联合国工业发展组织发布的《2016年第一季度全球制造业季度报告》指出，2016年第一季度的增长率为0.3%。

二、细分行业增长延续分化

机器人产业发展势头良好。日益老龄化的人口结构、不断上涨的人工成本和全球化竞争是拉动机器人市场快速成长的重要因素。目前，工业大国纷纷提出机器人产业政策，如德国"工业4.0"、日本"机器人新战略"、美国"先进制造伙伴"计划、我国"十三五"规划与《中国制造2025》等国家级政策，皆将机器人产业发展作为重点方向，促使机器人产业向智能化、网络化和人机互动的高端新产品转型升级。据测算，2014年全球销售的工业机器人数量为23万台，2015年全球工业机器人销量24.8万台，同比增长7%。2016年，全球工业机器人市场需求仍加速增长，带动机器人产业的强势增长。

增材制造产业增长势头强劲。2015年全球增材制造产业产值已接近51.65亿美元，同比增长24.9%，是继2014年后连续第二年增长达10亿美元。在过去27年中，全球增材制造产业的年复合增长率（CAGR）为26.2%，其中，2012—2014年的CAGR高达33.8%。据Wohlers Associates预计，2016年增材制造产业的规模超过70亿美元，2018年将达到125亿美元，发展潜力巨大。

全球车市冷热不均，中国为最大市场。LMC发布的数据显示，2016年上半年全球轻型车新车销量为4591.2万辆，2015年同期为4432.3万辆，同比增长3.6%，主要受到中国这一冠军市场销量增长的拉动。6月份新车销量为796.8万辆，较2015年同期的755.2万辆同比增长5.5%。2016年纯电动车、插电式混合动力车和燃料电池车为代表的新能源汽车迎来产需大爆发，中国新能源汽车产量约占全球的40%。

表 1 – 1   2016 年上半年全球新车销量前十名市场排名

市场	销量（万辆）	同比变化
中国	1065.4	11.5%
美国	864.2	1.4%
德国	173.4	7.1%
日本	142.3	1.4%
英国	142.1	3.2%
印度	137.7	1.9%
法国	131.8	9.0%
意大利	104.2	19.2%
加拿大	98.9	6.0%
巴西	98.4	25.4%
俄罗斯	67.2	14.1%

资料来源：赛迪智库整理，2017 年 1 月。

全球新造船市场需求依旧低迷。由于航运业持续低迷，船东造船意愿不足。统计数据显示，目前全球有效产能利用率（仍拥有手持订单企业的产能）不足 70%；考虑到实际停产的产能，全球产能利用率甚至不足 50%。2016 年 10 月，全球造船业新签订单 42 艘，共计 1912924 载重吨。与 2016 年 9 月全球新签订单 23 艘，共计 423124 载重吨相比较，数量环比增加 19 艘，载重吨环比上升 352.25%。与 2015 年 10 月全球新签订单 116 艘，共计 6692844 载重吨相比较，数量同比减少 74 艘，载重吨同比下跌 71.42%。

三、发达国家继续保持领先

当前，美国、德国、日本等国是世界各国公认的装备制造业强国。为抢占智能制造装备和技术发展的制高点，加速制造业智能化转型，美国通过国防部牵头构建智能制造创新机构、数字化制造与设计创新机构，大力推进智能制造装备相关项目的研发。2016 年，美国防部提出制造创新机构将重点关注先进机床和控制系统、辅助和柔性机器人等领域。2016 年 7 月，美国国家增材制造创新机构（"美国制造"）宣布授出 7 个新项目。分别是：1. 面向高性能航空器生产的复杂型芯结构的优化设计和增材制造；2. 多功能大幅面增材制造（BAAM）；3. 源/给料/米级尺度的金属增材制造机床；4. 仿生的多喷射材料；5. 一个面向增材制造晶格结构的非经验性预测模型；6. 面向金属铸造（AM4MC）的增材制造；7. 电子器件和结构的多材料 3D 打印。这些项目不仅要专注于机构技术路线图中的设计、材料、工艺、价值链和增材制造基因组 5 个方向，还要处理劳动力、教育和社会服务（WEO）路线图 5 个方向的需求——知识和知觉、实操学习、实习项目、人才管道以及工业基因组。另外，"美国制造"及其管理方国家国防制造加工中心（NCDMM）将投入约 550 万美元的联邦资金，配以项目团队投入的 550 万美元，加上其他投资，"美国制造"将很快拥有近 1 亿美元的公私投入项目资金，来提升美国增材制造的水平。

德国制造业被称为"众厂之厂"，是世界工厂的制造者，从造船、钻探机械制造，到高速列车、地铁、汽车、飞机等领域具有绝对优势，在传统技术和高新技术领域拥有雄厚实力，是世界第二大技术出口国和欧洲创新企业密度最高的国家。2016 年 9 月 27 日，德联邦交通部长多布林特表示，德国拟推出推动德国 5G 发展的战略。在多布林特表态的当日，德国三大车企奥迪（大众）、宝马、戴姆勒联合爱立信、华为、英特尔、诺基亚及高通宣布成立"5G 汽车联盟"。德国车企拟与通信企业合作推动物联网和自动驾驶汽车技术发展。该联盟将致力于开发 5G 移动通信技术，并借助该技术使汽车实现信息联通，主导行业标准制定。

日本是制造业技术水平和制造能力最高的工业强国之一。日本的汽车、电子信息、高端制造等领域在核心技术、关键装备、高精尖产品生产方面居于全球领先地位，在全球制造业分工体系中居于至关重要的地位。2016 年 8 月，日本丰田、NEC 和日本理化学研究所等 20 多家日本企业和研究机构将以产官学合作的形式，共同开发用于医疗和制造一线的人工智能。各方在东京都内建立研究基地，开发各机构能在各种场面熟练使用的共同的基础技术。此前，日本在 2016 年 4—5 月期间，由日本经济再生本部、日本政府综合科技创新会议和日本内阁会议先后出台了新一期的《日本再兴战略》《能源环境技术创新战略 2050》《科学技术创新综合战略 2016》等政策文件。这些政策主要侧重于创造新的成长型市场，大力提高生产效率来缓解人口减少，为新产业转型升级培养创新型人才。

四、智能制造发展势头迅猛

近年来，伴随着物联网技术的逐渐成熟，在数字化技术和互联网技术的结合下，全球正在兴起智能制造、智慧工厂等生产方式。从德国的"工业4.0"、美国的工业互联网，到中国的"中国制造2025"都指向了新的经济增长点——提振制造业。制造业工程技术智能化、生产制造智能化以及生产供应和销售智能化的新模式，将带动智能电网、智能物流、智能建筑、智能移动设备和智能产品领域的快速发展，成为新经济的巨大引擎。当前智能制造呈现以下趋势：

(一) 重视使用机器人和柔性生产线

伴随着第四次工业革命的到来以及全球经济一体化的深入，各种新技术新理念的层出不穷和广泛应用，客户的要求开始呈现个性化与快速化的特点。而基于柔性制造的大规模个性化定制，为现代制造企业提供了一种有效解决需求多样化和大规模制造之间冲突的全新竞争模式。同时由于劳动力短缺和用工成本上涨，机器人在生产中的使用开始呈现大规模爆发趋势。同时，利用机器人高精度操作，提高产品品质和作业安全，是市场竞争的取胜之道。以工业机器人为代表的自动化制造装备在生产过程中应用日趋广泛，在汽车、电子设备、奶制品和饮料等行业已大量使用基于工业机器人的自动化生产线。

(二) 增材制造产业发展迅速

增材制造技术是综合材料、制造、信息技术的多学科技术。它以数字模型文件为基础，运用粉末状可沉积、黏合材料，采用分层加工或叠加成形的方式逐层增加材料来生成各类三维实体。增材制造的方式大大提高了加工的自由度，更适合加工形状复杂的、个性化的零件或物品，完整表达设计理念，并且具有原材料利用率高，减少废弃副产品，制造成本不随着制造物品的复杂程度而提升等优点。目前，全球增材制造业处于导入期之末，成长期之初。行业规模也呈现快速上涨态势。2011年全球增材制造业整体收入近17.14亿美元，而在2015年已达到51.65亿美元，复合增速超过30%。预计2018年，全球增材制造业总收入将超过110亿美元。

（三）物联网在制造业中作用日益突出

物联网高度集成了新一代的信息网络技术，对于培育新的经济增长点、推动产业结构转型升级、具有重要意义。基于物联网的制造服务互联网（云），实现了制造全过程中制造工厂内外人、机、物的共享、集成、协同与优化，通过虚拟网络—实体物理系统（Cyber - Physical System，CPS），整合智能机器、系统和生产设施。通过物联网、服务计算、云计算等信息技术与制造技术融合，构成制造物联网（Internet of Serves），实现软硬制造资源和能力的全系统、全生命周期、全方位的透彻的感知、互联、决策、控制、执行和服务化，使得从入厂物流配送到生产、销售、出厂物流和服务，实现泛在的人、机、物、信息的集成、共享、协同与优化的云制造。未来，借助物联网将实现更小尺寸、更快运行、灵活敏捷的端到端解决方案，以及新型低能耗需求的可穿戴设备、高精度传感器的飞速发展。

五、技术创新力度不断加大

（一）产品创新：生产装备和产品的数字化智能化

数字化、智能化技术是产品创新和制造技术创新的共性使能技术，并深刻改革制造业的生产模式和产业形态，是新的工业革命的核心技术。这些技术一方面使数字化制造装备（如数控机床、工业机器人）得到快速发展，大幅度提升生产系统的功能、性能与自动化程度；另一方面，这些技术的集成进一步形成柔性制造单元、数字化车间乃至数字化工厂，使生产系统的柔性自动化程度不断提高，并向具有信息感知、优化决策、执行控制等功能特征的智能化生产系统方向发展。数字技术、智能技术融入制造过程，大大提高了装备与产品的功能，同时也改变了为用户服务的方式。如：在传统的飞机发动机、高速压缩机等旋转机械中心植入小型传感器，可将设备运行状态的信息，通过互联网远程传送到制造商的客户服务中心，实现对设备进行破坏性损伤的预警、寿命的预测、最佳工作状态的监控。

（二）制造过程创新：制造过程的智能化

在产品设计过程中，越来越多的企业采用在虚拟的数字化环境里，利用模拟仿真技术支持的数字化智能化设计系统，协同实现产品的全数字化设计、结构、性能、功能的模拟仿真与优化，极大地提高了企业全生命周期产品设计质量和一次研发成功率。在制造工艺方面，采用数字化控制和检测技术、智能化加工技术，使制造工艺得到优化，极大地提高制造的精度和效率，大幅度提升制造工艺水平。

（三）管理创新：管理信息化

近年来，信息技术的发展带动了管理的创新，企业组织结构、运行方式发生明显变化，呈现扁平化、开放性、柔性的特点。信息技术的应用使得管理系统形成了一个由人、计算机和网络组成的信息系统，可使得传统的金字塔式多层组织结构变成扁平化的组织结构，大大提高了管理效率；信息技术网络将制造商—生产型服务商—客户置于同一个无边界、开放式协同创新平台，代替了传统的内生、封闭、单打独斗式创新；另外，企业通过应用互联网技术，并且按照用户的需求，重组成一个高效运作的、柔性的组织，以便快速响应市场。

第二节 发展趋势

一、从生产方式看，智能制造、"互联网＋"将成为重要方向

智能制造是贯穿于设计、生产、管理、服务等制造活动的各个环节，通过信息通信和互联网等技术，把制造自动化的概念扩展到柔性化、智能化层面，形成智能化的产品、装备、生产、管理和服务的制造模式。智能制造包括智能工厂和智能车间等典型系统，其核心是 CPS（信息物理系统）。通过 CPS 系统，实现制造过程的实时感知和动态控制，使得人、机、物真正融合在一起。目前智能制造通过在每一个制造环节嵌入多个生产模块，实现了批量化定制生产，即每一道工序都通过生产模块的无缝切换同每一件产品的生产要求进行匹配，实现按需生产及柔性化生产。例如，德国大众打造的 MQB 平台（横置发动机模块化平台）在汽车生产的主要工序，包括冲压、焊接、

涂装等都嵌入多套生产模块，可以支持超过60种车型批量化定制生产，不仅提升了生产效率，而且降低了单车生产成本。据测算，这一平台可以使单车生产成本下降20%。

二、从发展模式看，服务化、国际化日渐成为发展新特点

从全球经济发展的趋势来看，越来越多的装备制造企业从提供产品到提供产品和服务再向提供服务解决方案转变，服务化已成为装备制造业发展的重要方向，装备制造产业呈现出"服务为主导"的发展趋势。目前全球500强企业所涉及的50多个行业中，有超过50%的企业在从事服务业。发达国家普遍存在服务业增加值占GDP比重达70%，制造服务业占整个服务业比重70%的现象。当前，全球装备制造业服务化趋势表现为三个方面：第一，装备制造业价值链中生产服务的绩效在增加。纯粹的制造环节占比越来越低，而研发、工业设计、物流、营销、品牌管理、知识产权管理、产品维护等服务占比越来越高。第二，装备制造企业将部分制造环节"外包"，从而使得企业聚焦于核心业务，并实现专业服务。越来越多生产企业从"以生产为中心"向"以服务为中心"过渡，从重视产品转向产品的整个生命周期。第三，制造业服务化进程加快。以"互联网＋"为核心的信息技术的发展推动了制造业和服务业之间的融合发展，极大地促进了制造业与服务业的关联性和协同性，成为制造企业增强核心竞争力的重要手段。

随着信息技术革命，装备制造企业管理思想与方法的根本性变化，开始广泛利用别国的生产设施与技术力量，在全球范围建立零部件的加工、原材料采购网络。在这种趋势下，跨国公司一方面以母国为生产基地，另一方面也通过并购加快在海外投资建立生产制造及研发基地。装备制造企业间的战略并购，导致了装备工业资源的重新配置，使得世界装备工业的竞争格局出现了协作型的局面。

三、从创新方式看，网络协同创新将成为创新方式新趋势

装备制造业的创新目标主要是通过利用智能化、自动化技术提升人机互动的效率，载体是智能工厂和智能车间。大型跨国公司利用智能化、自动化

技术，推动了自身和本行业的产品、服务乃至业务模式转型。如英国航空发动机公司罗尔斯·罗伊斯与微软公司合作，利用后者强大的云计算软件和数据处理能力，推动航空发动机智能化；德国西门子公司的安贝格工厂，通过将大多数制造单元接入网络，自动组装零部件，在智能制造领域引领制造业的发展。

随着信息技术尤其是互联网技术的持续发展和应用，跨领域、协同化、网络化的创新平台正在重组传统的装备制造业乃至制造业创新体系，装备制造业正从单个企业创新向跨领域多主体的协同创新转变。由于产业分工日益细化，装备产品技术深度和宽度不断提高，传统创新活动中由单个企业独立研发并主导新技术的机会大大减少，单个企业难以也无法覆盖全部创新活动。供应商、产品用户、产品标准及行业监管机构以及高校、科研机构、行业协会等均需参与到装备产品的创新和系统集成过程中，开展协同创新，实现创新资源的优化配置。

以中国商飞公司的 C919 大飞机的协同创新网络为例，中国商飞公司通过构建全球性跨领域多主体的协同创新网络，大大提高了飞机研发制造的效率。在 C919 民用大飞机项目中，商飞公司坚持统筹全国乃至全球资源，开展网络化协同创新和研发制造，带动我国民用飞机产业体系的建设和完善。通过市场机制选择国内 9 家企业作为大飞机机体结构供应商、51 家为标准件供应商、16 家为材料供应商，全国共 20 多个省市 200 多家企业及 20 多所高校参与大飞机项目研制，同时还择优选择十几家国际著名的航空发动机、机载设备及关键系统和部件制造企业作为大飞机供应商，并在其他多领域开展合作交流。

四、从发展格局看，全球装备制造业格局将不断进行调整

制造的智能化将或多或少从集中走向分化，这要求对社会技术体系进行全新设计，将人充分地融入到全新的网络化生产中。数字化融合趋势将改变全球生产格局，每个国家都有目标：德国希望通过技术和经济融合占领工程高地，美国希望将数字创新带入制造以重振制造业，日韩希望在智能工厂和大型制造上有所突破。

11

第三节　主要国家和地区概况

当前，发达国家制造业发展战略都将智能制造作为主攻方向。美国的"先进制造伙伴"计划、德国的"工业4.0"、法国的新工业计划、日本的制造业白皮书和"机器人新战略"等均致力于推进信息技术与智能制造技术融合，建设智能制造技术平台和标准，推进智能制造产业化和工程化。

一、美国

美国为在全球制造业新一轮变革中抢占先机，继续保持领导者地位，2012年，国家科技委员会发布《先进制造业国家战略计划》，随后提出创建"国家制造业创新网络"（NNMI），再次将智能制造作为战略重点提出，以重振美国制造业竞争力。创新网络采用德国弗劳恩霍夫研究所的运行模式，计划通过联邦政府和地方政府、企业、高校、研究机构等各出资一半的形式投资10亿美元，建设15个制造业创新研究所（IMIs），支持新技术新工艺的应用研究，帮助消除本土研发活动和制造技术创新发展之间的割裂。

美国先进产业部门近两年经历了制造业部门的减速与能源业部门的衰退，其增长越来越依赖于先进服务业部门。先进产业中机动车零件、机动车、机车车身及拖车、计算机系统设计、软件产品、网页搜索与互联网发布、数据处理及托管，这7个行业已成为美国先进产业发展的核心，支撑起了先进产业部门62%的产出增长与65%的就业增长，未来看也将维持这种趋势。

2016年9月，白宫科技政策办公室（OSTP）发布了公众就人工智能的未来管理及政策提交的意见及建议。关于《人工智能大未来》，OSTP主要征集了AI的法律和管理问题、公益使用、安全和控制问题、社会和经济影响、最迫切的、根本研究、科学和技术培训、跨学科研究等十个主要问题，收集并发布包括谷歌等5大科技公司，斯坦福大学等7所高校在内的个人、学术界及研究者、非营利组织以及产业界共161项回复。2016年10月，奥巴马主持白宫前沿峰会，发布《国家人工智能研究与发展策略规划》，为美国政府资助的 AI 研究和发展划定策略。《规划》提出美国 AI 发展的 7 个战略方向：1. 对人工智能研发进行长期投资；2. 开发人机协作的有效方法；3. 理解和应对人工智能带来的伦理、法律和社会影响；4. 确保人工智能系统的安全性；5. 开发人工智能共享公共数据集和测试环境平台；6. 建立标准和基准评估人工智能技术；7. 更好地把握国家人工智能研发人才需求。

白宫科技政策办公室（OSTP）连续发布人工智能（AI）领域的重要报告和国家战略规划表明 AI 在美国未来的前沿创新中的角色越来越重要，将人工智能提升到了美国国家战略的高度。美国政府认为在未来，AI 技术将继续推动美国和全世界的经济增长，并能够在制造、健康、教育、安防、能源及环境等众多领域提供新的机会和方向，构建新的生产和生活方式。美国政府明确了对人工智能长期投资支持的态度，并提出包括聚焦数据的研究方法（机器学习等）、AI 系统感知、AI 理论和界限、通用 AI、类人 AI 及高能力和可靠性的机器人等重点研究方向。美国政府通过这种讨论—收集信息—发布的模式能在一定程度上促进公众对人工智能和机器学习的理解。

二、德国

德国为了在新一轮工业革命中占领先机，在德国工程院、弗劳恩霍夫协会、西门子公司等德国学术界和产业界的建议和推动下，2012 年提出高科技战略计划"工业 4.0"，计划投资 2 亿欧元提升制造业的智能化水平，旨在通过采用先进物联网技术，打造数字化工厂，实现从采购、生产到销售和服务的全产业链的数字化，将制定 CPS 整个体系的参考架构作为"工业 4.0"标准化工作的第一步，并将 CPS 加入到国际标准中，推进标准的国际化进程。

德国推出推动 5G 发展的战略，即制定 5G 频率商用的框架条件、推进 5G 技术的研究和制定国际标准、推进 5G 项目的实验，并计划最迟到 2025 年在所有联邦主干道、最少 20 个大城市覆盖 5G。德国三大车企奥迪（大众）、宝马、戴姆勒联合爱立信、华为、英特尔、诺基亚及高通已宣布成立"5G 汽车联盟"，该联盟致力于开发 5G 移动通信技术，并借助该技术使汽车实现信息联通，主导行业标准制定。

三、日本

日本早在 1989 年就已提出发展智能制造系统，并在 1990 年 4 月倡导发起了"智能制造系统"（IMS）国际合作研究计划，计划投资 10 亿美元，对 100 个项目实施前期科研计划，受益于此项计划的推进，日本在 20 世纪 90 年代就已经普及工业机器人，目前已在第三、四代工业机器人领域取得了世界领先的地位，并借助在该产业的高投入解决了劳动力紧缺问题和工业的智能化。

2016 年 10 月，日本"机器人革命倡议协议会"（Robert Revolution Initiative）的中坚、中小企业行动小组举行了第一次会议。"机器人革命倡议协议会"于 2015 年 5 月 15 日成立，由日本政府主导，企业用户、公立研究机构、学会等组成的产学官机器人普及推广组织，是推动日本《机器人新战略》的核心机构。协会的中坚、中小企业行动小组主要负责推进物联网在中坚、中小企业中的进展。此次会议，小组整理了中坚、中小企业的调研情况，形成了 11 项对策，包括筹划案例库、创建量化模型的成本效益计算系统、发展系统集成商、促进物联网企业顾问的应用、工具信息集成、开发 IOT 工具等。此外，协会于 2016 年 7 月 27 日至 2016 年 8 月 26 日期间开展了中坚、中小企业制造业 IOT 工具（包括应用软件和传感器模块）的征集，并于 2016 年 10 月 4 日公布遴选的 106 件支持工具和解决方案。工具涉及生产现场、产品物联网化、海外业务和人才培养等方面，将帮助中坚、中小企业更好地完成"工业 4.0"。

2016 年，由日本经济再生本部、日本政府综合科技创新会议和日本内阁会议先后出台了《日本再兴战略》《能源环境技术创新战略 2050》《科学技术创新综合战略 2016》等政策文件。这些政策主要侧重于创造新的成长型市场，大力提高生产效率来缓解劳动力不足，为新产业转型升级培养创新型人才。

四、韩国

2013 年初，韩国提出了实施"创造经济"的发展思路，计划将科技、信息通信技术（ICT）应用到全部产业上，以重塑韩国经济增长模式，引领经济走出困境。为此，还专门成立了未来创造科学部。其发布的 9 大国家战略项目正是韩"未来增长动力计划"的具体行动措施。从这些具体的措施中我们可以看出，韩国政府高度注重科技、知识在经济增长中的重要性，尤其强调"以人为本"的发展理念。

2016年8月10日，韩国召开第二次科技战略会议，确定旨在发掘新增长动力和提升人民生活质量的9大国家战略项目。韩国未来创造科学部将在未来10年间投入2.2万亿韩元（约合人民币134亿元）推进这9大项目。其中，在发掘新增长动力的5大项目中，人工智能最引人关注。到2026年，韩国政府计划拥有1000家人工智能企业，3600名人工智能专业人才，并实现人工智能技术水平赶超发达国家；到2020年，掌握表情、动作识别、传感器零部件等虚拟现实（VR）和增强现实（AR）产业相关的原创技术；到2019年，开发出无人驾驶汽车的核心零部件，并研发相关新技术。另外，在提升国民生活质量的4大项目中，韩国政府大力发展精密医疗系统，将利用大数据对个人诊疗信息和遗传信息等进行分析，提供量身定制型医疗服务，并将研发治疗癌症等四大重症病的新药。

受全球经济增长减速影响，国际航运市场低迷，较低的运费压制了船东订购新船的需求，全球新船订单量急剧下降，加之韩国造船业结构调整相对迟缓，导致韩国五大支柱产业（半导体、造船、汽车、家电和石油化工）之一的造船业陷入整体低迷，盈利能力持续恶化。2016年上半年，韩国三大造船公司之一的现代重工新船订单同比下降44%，而2016年韩国三大造船公司的到期债务却达到2.5万亿韩元（约合人民币148亿元）。韩国造船业结构调整与转型升级迫在眉睫。韩国政府此次提出的"提升造船产业竞争力方案"不仅突出了短期"帮扶"，而且体现了中期"减负"，且更为注重长期"增质"。

2016年，韩国政府公布"提升造船产业竞争力方案"，根据该方案，韩国政府将订购250艘以上的船舶，规模达11万亿韩元（约合人民币652亿元），以应对造船企业订单锐减问题；韩国政府计划到2018年将现代重工、三星重工、大宇造船等三大造船公司的船坞数量从目前的31个缩减至24个，减幅为23%，同时将员工人数从6.2万名裁减至4.2万名，减幅为32%。此外，为加快造船业向高附加值产业的转型升级，韩国政府还计划未来5年在研发领域联合民间资本共同投资7500亿韩元，培养6600名专业人才。

第二章 2016 年中国装备工业发展状况

2016 年，发达国家经济复苏依旧缓慢，新兴经济体扩张偏弱，国内经济保持平稳增长，转型升级步伐加快。但主要行业运行分化，传统产业依旧增长乏力，智能制造、高端装备等新兴、高端产业加速发展。工程机械大中型企业效益下滑局面尚未改变，石化通用机械行业订单持续不足，机床行业依然低迷，但工业机器人、服务机器人、新型传感器、智能仪器仪表与控制系统等智能装备和产品的应用不断拓展，需求规模呈快速扩大的态势。高铁、电力装备、工程机械、增材制造装备、机器人、无人机、新能源汽车等重点行业国际竞争力不断增强，如沈阳新松研制成功首台柔性多关节机器人、深圳大疆创新小飞机无人机占据全球 70% 以上市场份额。首台（套）重大技术装备保险补偿机制目前已经逐步形成了用户积极响应、装备制造企业积极投保、保险公司积极推进的新局面，试点工作初见成效。但行业自主创新能力薄弱、基础配套能力不足、部分产品市场需求持续低迷、产业结构仍不合理、企业融资压力较大等问题依然存在并亟待解决。

第一节 产业现状

一、生产、出口增速继续回升

2016 年以来，发达国家经济复苏依旧缓慢，新兴经济体扩张偏弱，国内经济保持平稳增长，各项产业政策的促进因素逐步显现。特别是《中国制造2025》相关配套"工业强基""智能制造"等五大专项工程的实施，加快了装备工业结构调整和转型升级。1—11 月，规模以上装备制造企业工业增加值同比增长 9.6%，增速高于同期全国工业 3.6 个百分点；出口方面，1—11 月完成出口交货值 17984.6 亿元，同比下滑 0.63%，增速低于全国工业平均水平 2.6 个百分点；实现利润总额同比增长 6.98%，增速低于全国工业平均水平 2.42 个百分点。

图 2 - 1　2015 年 1 月—2016 年 11 月我国装备工业增加值分月增速

资料来源：赛迪智库装备工业研究所，2017 年 1 月。

二、主要行业运行分化

2016 年 1—11 月，汽车制造业增加值同比增长 15.5%，增速较上年同期加快 9.4 个百分点；仪器仪表制造业增加值同比增长 9%，增速较上年同期加快 3.7 个百分点；电气机械和器材制造业增加值同比增长 8.6%，增速较上年同期加快 1.4 个百分点；专用设备制造业增加值同比增长 6.5%，增速较上年同期加快 3.1 个百分点；通用设备制造业增加值同比增长 5.7%，增速较上年同期加快 2.6 个百分点；铁路、船舶、航空航天和其他运输设备制造业增加值同比增长 3.8%，增速较上年同期降低 3.3 个百分点。

（一）汽车产销量保持平稳增长

2016 年以来，受宏观经济增速趋稳及利好政策的影响，汽车产销增速继续保持较快增长。2016 年 1—11 月，我国汽车产销分别完成 2502.7 万辆和 2494.8 万辆，再创历史新高，分别同比增长 14.3% 和 14.1%，产销增速分别同比加快 12.5 个和 10.8 个百分点，总体呈现平稳快速增长，成为装备工业增长的重要拉动力量。

2016年1—11月，乘用车产销分别完成2174.3万辆和2167.8万辆，同比均增长15.6%，增速分别高于汽车行业总体水平1.3个和1.5个百分点。其中，轿车销售1089.5万辆，同比增长4.1%；SUV销售793.9万辆，同比增长45.5%；MPV销售222.4万辆，同比增长21.3%；交叉型乘用车销售62万辆，同比下降38.3%。

2016年1—11月，1.6升及以下乘用车销售1562.8万辆，同比增长22.5%，占乘用车销量比重为72.1%，市场占有率同比提高3.8个百分点。

2016年1—11月，自主品牌乘用车共销售925.1万辆，同比增长20.2%，占乘用车销售总量的42.7%，市场占有率同比提高1.6个百分点。其中，自主品牌轿车销量207.7万辆，同比下降4.6%，市场占有率为19.1%，同比下降1.8个百分点。

2016年1—11月，商用车产销分别完成328.4万辆和327万辆，分别同比增长6.3%和5.3%，产销增速进一步加快。分车型看，客车产销分别同比下降6.9%和8.6%；货车产销分别同比增长9%和8.1%。

2016年1—11月，新能源汽车产销分别完成42.7万辆和40.2万辆，分别同比增长59%和60.4%。其中，纯电动汽车产销分别完成34万辆和31.6万辆，分别同比增长75.6%和77.8%；插电式混合动力汽车产销分别完成8.7万辆和8.6万辆，分别同比增长16.2%和18%。

图2-2 2016年1—12月汽车分月产销量及同比变化情况

资料来源：中国汽车工业协会，2017年1月。

（二）机械工业延续分化走势

2016 年，机械工业总体运行平稳，主要经济指标保持了小幅上升的态势，但行业间运行走势分化更为突出。其中，发电设备产量有增有减，输配电设备产量保持增长：2016 年 1—11 月，发电设备产量同比增长 2.8%。其中，汽轮发电机、水轮发电机组和风力发电机组产量分别同比增长 12.9%、下降 17.1% 和下降 7.7%；变压器和电力电缆产量分别同比增长 6.4% 和 1.7%。工程机械行业主要产品产量增长分化：2016 年 1—11 月，挖掘机和装载机产量分别同比增长 15.5% 和下降 4%；混凝土机械、水泥专用设备和压实机械产量分别同比增长 4.4%、增长 8% 和下降 9.4%；电动叉车和内燃叉车产量分别同比增长 4.7% 和 10.4%；起重机产量同比下降 3.3%。机床行业结构调整成效逐步显现：2016 年 1—11 月，金属切削机床产量同比增长 1.4%，其中数控金属切削机床产量同比增长 4.1%；金属成形机床产量同比增长 3.6%。金属切削工具和铸造机械产量分别同比增长 0.6% 和 18.1%。农业机械行业主要产品产量下降：2016 年 1—11 月，大型拖拉机产量同比下降 18.8%，中型拖拉机产量同比下降 7.5%，小型拖拉机产量同比下降 3.6%；收获机械产量同比下降 7.3%，饲料生产专用设备产量同比增长 6.5%。通用机械、机械零部件行业多数产品产量保持增长：2016 年 1—11 月，风机、发动机、气体压缩机、齿轮、泵和锻件产量分别同比增长 16.8%、10.4%、10.1%、5%、4% 和 3%；阀门和减速机产量分别同比下降 1.7% 和 1.1%。新兴装备产品产量快速增长：2016 年 1—11 月，锂离子电池和太阳能电池（光伏电池）产量分别同比增长 36.8% 和 16.6%；工业机器人产量同比增长 31.7%。

（三）船舶工业将逐渐好转

2016 年，由于发展中经济体经济增长放缓，国际大宗货物市场需求端购买力不足等原因，全球航运市场低迷，船舶和海洋工程装备增长压力较大。船舶工业三大指标同比下降，面临严峻形势。2016 年 1—11 月，全国造船完工 3183 万载重吨，同比下降 12.1%；承接新船订单 1994 万载重吨，同比下降 14%；截至 11 月底，手持船舶订单 10301 万载重吨，同比下降 20.4%，比 2015 年底下降 16.3%。2016 年 1—11 月，51 家重点监测的造船企业造船完工 2986 万载重吨，同比下降 10.4%；承接新船订单 1836 万载重吨，同比下降

14.4%；截至11月底，手持船舶订单10004万载重吨，同比下降22.1%。海洋工程装备市场也出现较大程度萎缩。

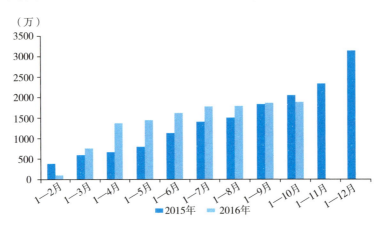

图 2 - 3   2015 年 1 月—2016 年 10 月我国船舶工业新接订单量情况

资料来源：中国船舶工业协会，2017 年 1 月。

三、智能制造加速发展

2016 年以来，《智能制造工程实施指南（2016—2020）》和《机器人产业发展规划（2016—2020 年）》的发布、智能制造试点示范专项行动的继续实施、增材制造产业联盟的成立等产业政策与行动推动智能制造产业加速发展，一些产品获得新突破。如上海电气电站设备有限公司发电机厂完成研发 1300MW 核电发电机数字化样机项目，实现工厂数字化三维设计应用新突破。在互联网、云计算等信息技术，以及传感技术、控制技术高速发展的协同作用下，智能制造以大规模个性化定制、网络协同开发、在线监测、远程诊断与云服务等为代表的新业态、新模式快速发展。此外，工业机器人、服务机器人、新型传感器、智能仪器仪表与控制系统、可穿戴设备、智能电网等智能装备和产品的应用不断拓展，需求规模呈快速扩大的态势。

四、高端装备创新加快

2016 年，在国家一系列产业政策的推动下，高端装备制造业的发展取得明显成效，产值占装备制造业比重逐步提高。《高端装备创新工程实施指南

（2016—2020 年）》中明确提出要集中资源，着力突破大型飞机、航空发动机及燃气轮机、民用航天、先进轨道交通装备、节能与新能源汽车、海洋工程装备及高技术船舶、智能电网成套装备、高档数控机床、核电装备、高性能医疗器械、先进农机装备等一批高端装备，提高产业创新发展能力和国际竞争力。除了政策长期利好外，随着制造业转型升级和国产化替代的推进，高端装备创新发展成为未来制造业发展的主要趋势愈发明显。以产业化应用为目标的高端装备创新发展加快推进，一批标志性、带动性强的重点产品和重大装备加快布局，自主设计水平和系统集成能力、核心部件研制技术水平逐步提升，产业创新能力不断增强。随着一批重大装备的工程化、产业化应用，高端装备作为装备制造业"新名片"，将带动我国装备制造业水平的全面提升。

五、重点行业国际竞争力增强

目前，高铁、电力装备、工程机械、造船已成为中国制造"新名片"。具有自主知识产权的轨道交通装备成功进入国际市场，印尼雅加达至万隆、中国老挝高铁、非洲亚吉铁路相继开工建设。电力装备技术水平持续国际领先，海外首台"华龙一号"建设进展顺利，并成功参与建设英国欣克利角 C 核电站项目。我国生产的履带挖掘机、装载机、推土机等工程机械产品大量出口，徐工集团、三一重工、中联重科连续上榜全球工程机械制造商 50 强。我国建造的出口船舶已占到总量 80% 以上。增材制造装备、机器人、无人机、新能源汽车等新兴产业发展势头良好，沈阳新松研制成功首台柔性多关节机器人；深圳大疆创新小飞机无人机占据全球 70% 以上市场份额，年销售突破 10 亿元；我国大型承力构建金属增材制造和生物增材制造已达国际先进水平，产业规模年均增速 30% 以上；2016 年 1—11 月，新能源汽车产销分别完成 42.7 万辆和 40.2 万辆，分别同比增长 59% 和 60.4%，位居全球第一。

六、首台（套）重大技术装备取得新进展

2016 年是首台（套）重大技术装备保险补偿机制实现试点的第二年。在财政部、工信部、保监会等三部门的积极推动下，在各地政府、行业协会的

通力配合下，目前已经逐步形成了用户积极响应、装备制造企业积极投保、保险公司积极推进的新局面，首台（套）重大技术装备保险补偿机制试点工作初见成效。

为将重点工作进一步推向深入，不断适应重大技术装备创新发展的需求，2016年，工信部联合财政部和保监会开展了2016年首台（套）重大技术装备保险项目与评审工作、《首台（套）重大技术装备推广应用指导目录》修订工作以及配合财政部对2015年首台（套）重大技术装备保险补偿试点补助资金开展绩效评价工作等重点工作。

据统计，截至2016年11月底，保险公司实际理赔金额超过3亿元，占全部保费的25%，中央财政累计补贴金额9.74亿元，撬动了价值500多亿元装备产品的首台（套）应用。通过首台（套）保险补偿试点工作，探索完善了公共财政市场化支持方式，在支持实体经济发展方面取得了明显成效。

第二节　存在的问题

一、自主创新能力薄弱

我国装备制造企业研发投入占销售收入的比重不足德国的一半，创新能力指数仅为美国的1/4。以企业为主体的制造业创新体系仍需进一步完善。企业研发投入不足，试验检测手段欠缺，行业关键共性技术缺失，原始创新能力薄弱。基础共性技术的研发创新能力是高端装备产业的核心竞争力，也是保持高端制造的必要条件和保障。由于高端装备产品结构升级换代快、高新技术和信息技术广泛应用，基础共性技术的创新难度与资金消耗越来越大，单独企业的技术水平和资金能力都不可能支撑大型的技术开发活动。底层技术的"黑匣子"不突破，一些关键产品也很难通过逆向工程实现自主设计、研发和创新、质量和性能提升。如国内涡喷、涡扇发动机主要轴承寿命与国际先进水平相差10倍以上，"液气密"产品使用寿命是国外同类产品的30%—50%。

二、基础配套能力不足

关键元器件、核心零部件受制于人的局面仍未得到根本解决，先进工艺、材料等基础能力严重滞后，试验检测基础设施严重不足。目前，80%以上的海洋工程装备配套设备、90%的航空工业所需发动机、近100%的高铁轴承、70%的高档数控机床配套的高档功能部件以及占整体生产成本70%左右的精密减速器等核心零部件依赖进口。配套零部件的进口数量与价格也决定了主机装备的产量与利润，据统计，零部件进口成本占装备制造总成本的40%以上，行业近70%利润的被外商攫取。

三、部分产品市场需求持续低迷

受下游行业运行低迷的影响，装备产品的市场需求持续下降，传统装备产业如工程机械、重型矿山机械、石化通用机械、船舶等相关行业的企业订单明显不足。工程机械协会统计的前十家重点企业大部分亏损，企业产能利用率在30%左右，施工单位产能利用率也在30%左右。重工行业开工率下降，企业多数单班生产，大型骨干企业生产、订货下滑严重。此外，2016年1—9月，装备工业固定资产投资同比增长1.54%，创2008年以来同期增速的新低，分别低于全社会及制造业固定资产投资增速6.66个和1.56个百分点，也低于2015年装备工业投资增速7.16个百分点，装备工业固定资产投资需求的下滑也导致投资类装备产品的需求不足。

四、产业结构仍不合理

2016年以来，我国装备制造业加快结构调整步伐，但仍有部分行业低端产能过剩，恶性竞争加剧，尤其一些新兴产业过剩风险增加，亟待加快结构调整和转型升级。如工业机器人领域，国内产品主要以搬运和上下料机器人等中低端产品为主，而且由于行业进入门槛低，一些省市在本地行动纲要中都进行了积极的布局，未充分论证本地产业发展基础及需求，存在盲目投资建设产业园的倾向。据不完全统计，全国40多个园区、800多家企业中，机器人技术水平还主要徘徊在中低端，能够真正实现自主高端制造及盈利的寥寥无几。真正体现综合国力和国际竞争力的高精尖产品与重大技术装备生产力不足，远不能满足制造业日益提升的需求，航空航天、能源装备、军工及战略性新兴产业所急需的高端装备仍大量依赖进口，每年进口额高达 2000 多亿美元。国内高端装备领域外资品牌占据绝对优势，如通用、飞利浦、西门子（GPS）三巨头垄断 CT、核磁共振、核医学、血管造影机等高端医疗设备 70% 以上市场份额，据统计，2015 年外资企业占据我国高端装备市场 67% 的市场份额。此外，我国高速加工中心、高端切割焊接设备、大型高端医疗机械设备等由于产品质量安全性、稳定性和可靠性等方面满足不了用户的需求，几乎全靠进口。

五、技术标准建设落后

标准是衡量装备技术水平的主要标志，对高端装备尤为重要，是高端装备有效参与国际竞争的重要工具和手段。目前，由我国主导制定的国际标准化组织（ISO）、国际电工委员会（IEC）的国际标准只有 179 项，不足总量的 0.7%，"标龄"高出德、美、英、日等发达国家 1 倍以上。不能对接国际标准一直制约着我国高端装备"走出去"，以核电装备为例，自主知识产权、技术认证和参考机组三大关键环节均已实现突破，但由于国内标准和国外标准不匹配，在实际项目执行过程中还会受制于欧美的相关标准制约。另外，我国对高端装备制造领域国际标准研究与制定的参与程度不高，如有关滚动轴承的 40 多项国际标准，没有一项是我国轴承行业主持执行或参与制定的。

六、外贸形势依然严峻

当前国际经济复苏道路依然曲折，国际市场需求总体仍然偏弱，由于竞争压力，各国纷纷通过间接的、非关税性质的贸易壁垒和保护性竞争规定来保护国内市场，我国在国际市场面临的贸易保护压力依然较大，装备制造企业出口遭遇技术性、绿色环保、标准等贸易壁垒的倾向增多。从制造业出口订单来看，自 2014 年 10 月以来，出口订单指数一直在 50% 以下，且呈现下降趋势，2016 年 1—9 月，装备产品出口 2787 亿美元，同比下降 4.69%。尽管国内政策有望推动我国装备产品出口增速加快回暖，但国外的环境形势对出口仍将形成较大压力。

行业篇

第三章　机械行业

2016 年，机械工业总体运行平稳，增加值增速小幅回升，主营业务收入、利润总额等主要经济效益指标呈现稳步提升态势，同比增长的主要产品种类逐步增加，两化融合持续深入，智能制造加快推进。然而，机械行业行业分化不断加剧，具体到细分行业：工程机械发展形势日趋严峻，农业机械总体运行平稳，机床工具结构调整成效显现，电工电器经济效益继续向好，工业机器人保持快速增长态势，增材制造实现较快增长，内燃机下行压力较大。与此同时，机械行业面临创新能力亟待提升、资金周转存在困难、人才瓶颈制约依然较大、进出口额持续下降等诸多问题。

第一节　行业运行基本情况

一、行业增速小幅回升

2016 年，机械工业总体运行平稳，增加值增速出现小幅回升。1—6 月，机械工业增加值同比增长 7.8%，分别高于同期全国工业和制造业 1.8 个和 0.9 个百分点。1—10 月，机械工业增加值增幅达到 9.3%，分别高于全国工业和行业上年同期 3.3 个和 4.1 个百分点。1—11 月，仪器仪表制造业增加值同比增长 9%，电气机械和器材制造业增加值同比增长 8.6%，专用设备制造业增加值同比增长 6.5%，通用设备制造业增加值同比增长 5.7%，分别较上年同期加快 3.7 个、1.4 个、3.1 个、2.6 个百分点。

二、经济效益稳步提升

2016年，机械工业主要经济效益指标由回落态势转为稳步提升态势。在主营业务收入方面，2016年1—6月，机械工业主营业务收入11.29万亿元，同比增长6.68%，高于上年同期3.21个百分点；1—9月，机械工业实现主营业务收入17.34万亿元，同比增长7.19%，高于上年同期4.27个百分点。在营业利润方面，2016年1—6月，机械工业实现利润总额7538亿元，同比增长6.53%，高于上年同期6.4个百分点；1—9月，机械工业实现利润总额11379.2亿元，同比增长7.43%，高于上年同期7.09个百分点。

三、产品产量整体向好

2016年，机械工业同比增长的主要产品种类逐步增加，发展形势超出预期。1—6月，机械工业重点监测的119种主要产品中，累计实现同比增长的产品为60种，占比50.42%，1—11月，同比增长的产品种类已达到73种，占比超过60%。与消费、技术升级、环境保护关系密切的产品保持较快增长，1—11月，电力电缆产量同比增长2.2%，挖掘机、内燃叉车、混凝土机械产量分别同比增长7.4%、8.6%、3.2%，电工仪器仪表产量同比增长21.3%，汽车仪器仪表产量同比增长4.9%。然而，金属冶炼设备、机床、发电设备出现持续下滑，水轮发电机组产量同比下降24.1%、风力发电机组产量同比下降10%；装载机、压实机械、起重机产量分别同比下降7.1%、11.1%、3.5%；金属切削机床产量同比下降2.4%，前期始终保持高速增长的拖拉机、收获机械等农业机械类产品产量则出现全线下滑。

四、进出口持续下降

受国际国内市场需求不足、增长乏力以及传统市场竞争激烈、贸易摩擦加剧等因素影响，2016年，我国机械工业进出口贸易额整体处于持续下降态势，1—9月，机械工业全行业进出口总额4768亿美元，同比下降4.89%，其中出口2787亿美元，同比下降4.69%。部分子行业下降幅度更为明显。其中，工程机械进出口贸易额为150.54亿美元，同比下降12.6%；农机行业进出口总额为 83.44 亿美元，同比下降 14.49%。2016 年 1—10 月，通用机械行业进出口总额为 188.02 亿美元，同比下降 7.75%；电工行业进出口总额为 1098.75 亿美元，同比下降 4.74%。

五、产业结构调整加快

随着《中国制造 2025》相关配套"工业强基""智能制造"等专项工程的实施，两化融合持续深入，智能制造加快推进，2016 年，机械工业转型升级取得积极进展，新产品、新技术、新科技成果不断涌现，适应用户需求、符合国家政策导向的工业汽轮机、电工仪表、汽车用仪表、液压元件等产品保持较快增长，锂离子电池、工业机器人等新兴装备产品产量保持高速增长，分别同比增长 36.8%、31.7%。机械工业对战略性新兴产业的投入占比稳中有升，新产品对行业增长的贡献率不断提高，重点企业数字化、智能化步伐加快，创新驱动引领行业转型升级的成效日益显现。

第二节　各子行业运行分析

一、工程机械

（一）产业发展形势日趋严峻

受市场需求不足、投资增幅连续下降等因素影响，工程机械发展形势日益恶化。2016 年 1—9 月，工程机械行业重点联系企业营业收入继续下降，利润连续出现大幅度下降，分别同比下降 1.19%、276.4%。一些大型骨干企业出现较大幅度亏损，企业应收账款继续保持较高水平，流动资金越来越紧张，存货、产成品库存继续压缩的空间较小。连续多年的销售量下滑导致部分企业经营活动困难较大，行业骨干企业效益连续下降，一些企业连续大量裁减人员，行业发展面临严峻考验。此外，一些企业资金供给环境越来越恶劣，生产经营困难增加，长期积累的问题难以消化，导致企业经营风险、资金风险和人员流失状况逐步恶化，并有可能带来连锁风险。

（二）产品产量出现分化

2016年以来，工程机械行业主要产品产量同比呈现V型态势，1—3月9种主要工程机械产品销量合计同比增长6.51%，然而第二季度并未延续这种态势，4—6月，9种主要工程机械产品销量均出现同比下滑，导致1—6月，9种主要工程机械产品销量同比下降0.66%。进入2016年下半年，工程机械行业下降趋势得到缓解，7—8月，9种主要工程机械产品销量分别同比增长2.51%、22.3%，1—9月，9种主要工程机械产品销量累计同比增幅扩大至4.17%。与此同时，主要产品产量同比增速出现分化。1—9月，装载机、汽车起重机、随车起重机销量出现明显下降，分别同比下降14.1%、8.93%和12.3%，而挖掘机、推土机等其余六种主要产品产量均明显增长。

（三）产品进出口持续下降

2016年1—9月，工程机械进出口贸易额为150.54亿美元，同比下降12.6%。其中，进口金额25.6亿美元，同比下降3.71%；出口金额124.94亿美元，同比下降14.2%；贸易顺差99.34亿美元，同比缩小19.64亿美元。在进口产品方面，进口同比减少金额较多的产品依次为其他起重机、履带起重机、混凝土搅拌机械、内燃叉车、电动叉车、隧道掘进机等。进口额增加较多的依次为履带挖掘机、电梯与扶梯、摊铺机等。在出口产品方面，出口减少较多的产品依次为装载机、非公路自卸车、其他汽车起重机、电梯及扶梯、履带挖掘机、塔式起重机、混凝土搅拌机械、混凝土搅拌车、内燃叉车等。出口增长的产品主要有电动叉车、隧道掘进机、堆垛机等。

（四）产业发展仍然面临诸多困难

当前，工程机械行业发展仍然面临诸多不利因素：一是工程机械部分企业效益下滑局面尚未改变，下行压力仍未解除；二是社会保有量保持较高水平，老旧设备缺乏退出机制，二手机交易活跃，缺乏监管机制；三是工程机械行业结构调整和供给侧结构性改革未达到预期，结构性、周期性产能过剩局面没有明显改变。这就需要以"一带一路"为契机，借势"中国制造2025"相关工作任务，加快建立工程机械标准化管理体系以及二手工程机械身份识别和有效退出机制。

二、农业机械

（一）产业总体运行平稳

2016 年 1—10 月，农机行业 2471 家规模以上企业实现主营业务收入 3425.4 亿元，同比增长 5.99%；实现利润 189.46 亿元，同比增长 6.91%。然而，固定资产投资增速明显回落，2016 年 1—10 月，农机行业完成固定资产投资 1309.5 亿元，同比增长 3.44%。农机行业经过近 10 年投资高速增长，增速趋于明显回落，表明企业在目前全行业增速明显下降的情况下，企业投资比较谨慎。主要产品增长出现乏力，2016 年 1—10 月，100 马力以上大型拖拉机生产 5.7 万台，同比下降 19.12%；中型拖拉机生产 47.88 万台，同比下降 6.68%；25 马力以下小型拖拉机生产 110.22 万台，同比下降 3.82%；收获机械生产 70.67 万台，同比下降 8.49%。农机行业运行总体平稳，但已步入调整期。

（二）产品结构持续优化

在农机购置补贴政策以及市场的有力带动下，全国农机装备总量持续增加，高性能机械及绿色环保型农机装备增长迅速。2016 年全年，农机总动力达 11.44 亿千瓦，同比增长 2.4%。大中拖、联合收获机、插秧机、烘干机保有量增幅分别达到 7.4%、8.2%、6.0%、19.5%，新增秸秆还田离田、固液分离、残膜回收等绿色环保机具 18 万台（套）。

（三）重点企业效益下滑

中国一拖、雷沃重工、常州东风农机等主要大中型拖拉机生产企业销售产值出现较大幅度的下滑。雷沃重工、星光农机、山东科乐收金亿、天津勇猛、中机南方等主要企业联合收割机销量出现了较大幅度的下滑，特别是原来市场一直处于高位增长的玉米联合收割机出现了市场始料未及的大幅下降；天津勇猛机械是生产 4 行以上玉米联合收割机的主要企业，2015 年主营收入同比增长超过 50%，2016 年 1—10 月，同比下降 33.75%。水稻收割机行业的情况不容乐观，星光农机、中机南方等主要水稻收割机企业营收下滑幅度较大，中机南方下滑幅度达到近 80%。

（四）进出口下降幅度较大

2016 年 1—9 月，农机行业进出口总额为 83.44 亿美元，同比下降 14.49%，其中，进口 18.62 亿美元，同比增长 0.49%；出口 64.79 亿美元，同比下降 18.01%。进出口下降幅度较大，表明国际国内市场需求不足，增长乏力。

三、机床工具

（一）产业结构调整成效显现

在供给端，2016 年 1—11 月，金属切削机床产量同比增长 1.4%，其中数控金属切削机床产量同比增长 4.1%；金属成形机床产量同比增长 3.6%。金属切削工具和铸造机械产量分别同比增长 0.6% 和 18.1%。但是，在需求端，机床工具市场主要细分领域的消费额呈现下行趋势，但降幅收窄。金属切削机床消费额同比下降 5.3%，金属成形机床消费额同比下降 2.9%，工量具消费额同比下降 8.9%。

（二）高端产品尚未摆脱对外依赖

近些年，随着数控机床和基础制造装备行业技术的不断提升，我国的高端数控技术发展迅速，许多关键技术都已经实现突破。前瞻数据库的数据显示，2016 年 1—11 月，我国数控机床进口数量累计 10245 台，数量同比减少 15.9%。然而，我国的数控机床产品在精度、耐用度等方面还与世界先进水平存在较大差距，高端数控产品的进口率依然很高。

四、电工电器

（一）经济效益继续向好

2016 年 1—9 月，电工电器行业实现主营业务收入 41471.15 亿元，同比增长 6.39%，新增收入 2492.65 亿元，占同期机械工业新增收入的 21.43%。电工电器行业实现利润总额 2366.51 亿元，同比增长 7.82%，新增利润 171.67 亿元，占机械工业新增利润比重为 21.81%。

表3-1　2016年1—9月电工电器经济效益情况

名称	单位	累计	上年同期
亏损面	%	15.85	15.17
亏损额	亿元	188.69	197.31
资产负债率	%	54.7	56.01
流动资产周转率	次	1.77	1.8
主营业务收入利润率	%	5.71	5.63
总资产利润率	%	4.81	4.87

资料来源：赛迪智库整理，2017年1月。

电工电器经济效益情况基本与上年基本持平，1—9月，主营业务收入利润率为5.71%（上年同期为5.63%），同比提高0.08个百分点；尽管亏损面（15.85%）较上年同期（15.17%）扩大0.68个百分点，但亏损企业亏损额却减少了8.62亿元，降幅为4.37%。

（二）产品产量有增有减

2016年1—10月，电工行业11类主要产品中有8类产量保持增长，其中7类产品产量增幅低于10%，增幅超过10%的有1类，即电焊机产量同比增长16.08%。

表3-2　2016年1—10月电工电器行业主要产品产量

产品	单位	累计	同比增幅（%）
发电机组	万千瓦	11275.11	1.53
其中：水轮发电机组	万千瓦	1054.71	-19.42
汽轮发电机	万千瓦	7038.71	11.32
风力发电机组	万千瓦	2055.62	-7.78
工业锅炉	蒸吨	365117	3.48
电站锅炉	蒸吨	359843	0.94
电站用汽轮机	万千瓦	5647.75	-5.73
电站水轮机	万千瓦	176.62	4.1
燃气轮机	万千瓦	249.28	-16.91
交流电动机	万千瓦	22534.37	-2.93
变压器	万千伏安	133405.24	6.77

续表

产品	单位	累计	同比增幅（%）
电力电缆	万千米	4505.74	1.25
电焊机	万台	535.91	16.08
电动手提式工具	万台	20924.84	2.02

资料来源：赛迪智库整理，2017年1月。

（三）投资增速连续下滑

电工电器行业固定资产投资在保持了近10年的高速增长态势后，全行业出现普遍的产能过剩，市场竞争加剧，致使行业盈利能力大幅度下降，近年来，电工电器行业固定资产投资增速连续下滑，但呈现逐步趋稳态势。2016年1—10月，电工电器行业固定资产投资完成额为8906.08亿元，同比增长8.48%，增速同比降低0.08个百分点。

（四）进出口形势依然严峻，但有向好趋势

2016年1—9月，电工行业进出口总额为1098.75亿美元，同比降低4.74%。其中，进口额354.35亿美元，同比减少6.68%；出口额744.4亿美元，同比减少3.78%；贸易顺差为390.05亿美元。

五、工业机器人

（一）产业保持快速发展态势

2016年，国产工业机器人市场形势良好。据中国机器人产业联盟统计，2016年国产工业机器人销量继续保持增长，上半年销量达到19257台，同比增长37.7%，增速比上年同期高10.2个百分点；由于存在前期研发企业实现投产、新企业进入等因素，实际销量比上年同期增长70.8%。企业方面，超过60%的国产工业机器人制造企业销售量实现同比增长，特别是部分龙头企业发展形势良好。

（二）产品结构不断优化

2016年以来，随着我国机器人产业的健康发展，附加值高的国产多关节机器人销量占比持续提升，并联机器人、平面多关节机器人占比逐年下降，

产品结构延续近几年不断优化态势。2016 年上半年，国产坐标机器人继续保持销量第一位，销量超过 8100 台，占国产工业机器人总销量的 42.1%，同比提高 4.7 个百分点。多关节型机器人上半年累计销售 6225 台，同比增长 67.2%，在工业机器人总销量中占 32.3%。工厂物流机器人销量超过 1000 台，同比增长 71.3%，在机器人销售总量的比重与上年持平。平面多关节机器人销售 1750 台，同比增长 12.6%，占总销量的比重比上年回落 4.7 个百分点。圆柱坐标机器人累计销售 563 台，同比增长 17.8%。并联机器人上半年销售 330 台，同比下降 7%。

（三）应用行业不断扩展

国产工业机器人已广泛地服务于国民经济 37 个行业大类，91 个行业中类，与上年相比应用领域更为广阔。具体应用范围涉及农副食品加工业，医药制造业，酒、饮料和精制茶制造业，餐饮业，食品制造业，有色金属冶炼和压延工业，非金属矿物制品业，化学原料和化学制品制造业，专用设备制造业，电气机械和器材制造业，汽车制造业，金属制品业，橡胶和塑料制品业等领域。其中以 3C 制造业和汽车制造业，在国产工业机器人销售总量中的占比最高，分别为 30% 和 12.6%。特别是 3C 制造业，占比较 2015 年同期提高近 20 个百分点。

六、增材制造

我国增材制造技术发展起步于 20 世纪 90 年代初，经过多年的发展，已经具备了良好的技术基础，在部分技术领域已形成局部优势，突破了一批关键工艺技术和装备，产业化进程明显加速，行业应用不断拓展和深化。据调研统计，2015 年我国增材制造工艺装备产值规模超过 20 亿元，同比增长 30% 以上。据中国增材制造产业联盟不完全统计，2016 年上半年，我国增材制造产业规模已超 37 亿元，同比增长 50% 以上，预计全年规模可达 70 亿元，产业规模实现了较快增长。

七、内燃机

（一）整体下行压力较大

2016 年，内燃机销量整体出现下滑。1—11 月，内燃机销量累计完成 4878.80 万台，同比累计下降 4.98%，其中，柴油机累计销售 449.36 万台，同比累计下降 24.08%；汽油机累计销售 4429.25 万台，同比累计下降 2.49%。在柴油机方面，单缸柴油机累计销售 113.47 万台，同比累计下降 56.66%，多缸柴油机企业共销售 335.89 万台，同比累计仅增长 1.78%。在汽油机方面，小汽油机企业累计销售 737.41 万台，同比累计下降 4.11%，多缸汽油机累计销售 1995.83 万台，同比累计增长 14.54%。

（二）产品销量出现分化

2016 年 1—11 月，乘用车用、商用车用、工程用内燃机累计销量良好，乘用车用内燃机累计销售 1909.55 万台，同比累计增长 14.51%；商用车用内燃机累计销售 318.78 万台，同比累计增长 15.77%；工程机械用内燃机累计销售 42.90 万台，同比累计增长 8.55%。发电机组用、园林机械用、农用机械用出现小幅下降，发电机组用内燃机累计销售 153.80 万台，同比累计下降 5.63%；园林机械用内燃机累计销售 297.01 万台，同比累计下降 5.93%。摩托车用、农用机械用、船用则出现较大幅度下降，摩托车用内燃机累计销售 1800.53 万台，同比下降 15.83%；农用机械用内燃机累计销售 315.43 万台，同比累计下降 35.77%；船用内燃机累计销售 2.21 万台，同比累计下降 45.72%。

（三）行业集中度较高

在单缸柴油机方面，排名靠前的五家企业为：常柴、江苏农华（原江动）、三环、常林农装、莱动，其中单柴类产品销量占行业销量比例 77.23%；在多缸柴油机方面，玉柴、潍柴、全柴、锡柴、云内等销量前十名的销量占总销量的 70.61%；在多缸汽油机方面，一汽—大众、上汽通用五菱、上海大众动力总成、东风日产、长城等十家企业销量占总销量的 51.01%。

第三节　行业发展面临的问题

一、行业分化不断加剧

2016 年，汽车、电工电器行业拉动作用明显，两大行业新增主营业务收入占同期行业总体比重为 80.3%，新增利润约占行业总体新增利润比重的90%，机床、石化行业依然困难，工程机械行业总体上依然困难，尤其是大中型企业效益下滑局面尚未改变，亏损面继续扩大。重型矿山行业开工率出现下降，行业呈现一部分企业平稳，一部分企业亏损，一部分企业转产或停产。石化通用机械行业订单持续不足，行业利润继续下滑。机床行业依然处于低迷状态。

二、创新能力亟待提升

一是基础理论、设计方法等方面的研究欠缺，重要前沿和原理性创新匮乏，基础试验研究短缺，检测检验手段陈旧，共性技术研究缺位，导致自主创新能力不强，高性能基础零部件及关键元器件核心技术发展滞后，对外依存度较高，高端装备、先进集约化装备以及重大装备核心技术仍需进口，为重大技术装备配套的自动化控制系统、科学测试仪器等品种满足率不高，成为各类主机和重大装备自主研制制约因素。二是设计理念落后，工艺适应性较差，产品趋于通用化，针对性不强、工艺适应性较差，一些新的设计方法尚处于发展阶段，导致产品同质竞争、缺乏市场影响力，用户满意度不高。三是研发投入仍旧较低，据统计，机械工业合计研发投入强度为 1.36%，低于世界发达国家 2.24 个百分点。试验检测和工业性验证技术与装备等基础共性技术研究投入仍显不足。此外，知识产权保护不力，也对研发投入带来负面影响。

三、资金周转依旧困难

2016 年 1—8 月，机械企业应收账款 38499.75 亿元，同比增长 10.35%，应收账款的上涨幅度仍在加大，企业流动资金大量占用，与此同时，随着宏观经济增长放缓，实体经济产能过剩压缩盈利能力和现金流，机械企业融资压力不断增加。虽然 2016 年央行已多次降准、降息，但银行惜贷与部分企业不愿贷并存，工程机械等行业普遍反映的融资难、贷款成本高、制造商担保融资负担重等问题较为突出。1—9 月，机械工业投资到位资金同比下降 1.53%，机械工业投资中占比近 90% 的企业自筹资金压力加大。预计 2017 年，机械工业企业生产经营仍将面临较大的困难。

四、人才仍是制约瓶颈

一是高端技术人才缺口较大，当前，我国高端技术人才的老化趋势日趋明显，青年高级技术人才存在很大缺口，以数控机床为例，目前我国每年数控机床操作人才缺口达 30 万人之多，其中，掌握操控多轴联动数控设备进行数控多轴加工技术的"高端蓝领"严重匮乏，企业难以找到适用的技能人才，较大程度上影响了生产设备的更新换代和产品升级，高端技术人才"断层"问题较为突出。二是人才流失较为严重，当前，机械工业企业在人才招聘、培训和管理方面的能力还有待进一步提高，且普遍缺乏优秀人才长期工作的激励机制，尚未形成发挥人才聪明才智的工作氛围和工作环境。此外，与金融、证券、房地产、互联网等行业相比，机械工业企业的盈利能力较弱，对于人才的吸引力不足。

第四章　汽车行业

　　2016 年以来，在小型 SUV 需求快速增长和 1.6 升及以下购置税减半政策的双重作用下，我国汽车市场恢复了之前的中高速增长，依旧保持世界第一大汽车产销国地位。但受整体经济增长放缓、各地方限购限行等负面因素的影响，汽车市场增速的波动较大，汽车产销呈现了前期低速后期高速的态势，乘用车部分领域，SUV 和 MPV 销量高速增长。商用车领域，重型卡车市场在低库存和物流车持续向好的基础上，呈现连续复苏态势。但是受骗补调查和补贴政策推迟出台的影响，我国新能源汽车市场没有延续上一年的爆发式增长，增速逐渐回落。同时，各地加快布局新能源汽车零部件产业。2016 年全年，中国品牌乘用车销量首次超过千万辆，市场占有率略有提升。在智能网联汽车方面，以 ADAS 为主，智能驾驶辅助产品加速产业化，国内自主品牌汽车企业也开始发力自动驾驶领域。汽车产品进出口实现小幅增长，汽车制造业企业经营情况有所回暖。但行业发展仍面临如下问题：一是产业政策扶持体系有待进一步优化；二是产业关键共性技术有待进一步突破；三是新能源汽车充电设施建设滞后且管理有待加强；四是新能源汽车安全监管有待进一步加强。

第一节　行业运行基本情况

一、汽车产销前期低速后期高速

　　2016 年以来，在小型 SUV 需求快速增长和 1.6 升及以下购置税减半政策的双重作用下，我国汽车市场恢复了之前的中高速增长，依旧保持世界第一大汽车产销国地位。但受整体经济增长放缓、各地方限购限行等负面因素的影响，汽车市场增速的波动较大。汽车工业协会最新数据显示，2016 年 12 月，中国汽车产销量均超 300 万辆，再创历史新高。2016 年全年汽车产销分别为 2811.88 万辆和 2802.82 万辆，同比增长分别为 14.46% 和 13.65%，增幅比 2015 年提升 11.21 个和 8.97 个百分点。2016 年全年，我国汽车产销量分别达到了 2811.88 万辆和 2802.82 万辆，连续八年蝉联全球第一，再次刷新汽车大国的最高纪录。从 2016 年初的大概 5% 的预测到如今接近 14% 的增长，除了购置税优惠的重要刺激，新技术和新消费理念正在逐渐改变汽车格局，成长为推动汽车发展的新动能。

图 4 - 1 2016 年我国汽车产销量及增长情况

资料来源：赛迪智库整理，2017 年 1 月。

二、乘用车部分车型销量高速增长

2016 年，我国乘用车市场，整体保持了高速增长，特别是 1.6 升及以下乘用车持续快速增长。全年乘用车生产和销售分别实现 2442.1 万辆和 2437.7 万辆，比上年同期分别增长 15.5% 和 14.9%，增速高于汽车总体 1.0 个和 1.3 个百分点。从不同类车型的产销情况来看，轿车产销分别增长 3.9% 和 3.4%；SUV 产销继续保持高速增长，分别增长 45.7% 和 44.6%；MPV 产销增速分别为 17.1% 和 18.4%；交叉型乘用车产销分别下降 38.3% 和 37.8%。受购置税优惠政策影响，1.6 升及以下乘用车销售 1760.7 万辆，比同期增长

21.4%，占乘用车销量比重为72.2%。1.6升及以下乘用车购置税减半政策促进了汽车产销增长，对于节能减排、促进小排量车型消费起到了很大引导作用。

表4-1 2016年我国基本型乘用车产量情况

指标	基本型乘用车（轿车）产量—当期值（万辆）	基本型乘用车（轿车）产量—累计值（万辆）	基本型乘用车（轿车）产量—同比增长（%）	基本型乘用车（轿车）产量—累计增长（%）
2016 年 12 月	125.46	1225.2	-2.3	3.4
2016 年 11 月	128.1	1099.7	6.4	4
2016 年 10 月	102.7	897.7	9.6	3.9
2016 年 9 月	113	854.4	29.9	3.5
2016 年 8 月	90.1	741.6	23.9	0.4
2016 年 7 月	89.4	650.2	26.6	-2.4
2016 年 6 月	92.1	563.2	0	-5.7
2016 年 5 月	90.3	471.6	-2.6	-6.7
2016 年 4 月	93.7	381.4	-3.2	-8.2
2016 年 3 月	109.2	284.9	-4	-9.4
2016 年 2 月	68.1	176.1	-17.6	-12.3
2016 年 1 月	108.01	—	-3.0	—

资料来源：赛迪智库整理，2017年1月。

表4-2 2016年我国SUV产量情况

指标	运动型多用途乘用车（SUV）产量—当期值（万辆）	运动型多用途乘用车（SUV）产量—累计值（万辆）	运动型多用途乘用车（SUV）产量—同比增长（%）	运动型多用途乘用车（SUV）产量—累计增长（%）
2016 年 12 月	108.21	882.3	35.61	44.6
2016 年 11 月	100.8	774.1	44.8	40.2
2016 年 10 月	77.4	630.3	37	39.4
2016 年 9 月	82.7	589.7	51.5	39.3
2016 年 8 月	62.5	506.4	32.7	37.4
2016 年 7 月	58.9	442.7	36.3	37.7
2016 年 6 月	61.7	383.8	23.4	39.7
2016 年 5 月	60.4	321.1	26.1	42.7
2016 年 4 月	64.4	260.7	33.9	47.3
2016 年 3 月	72	195.9	49.1	56.5
2016 年 2 月	35.1	123.2	44.0	60.4
2016 年 1 月	88.1	—	-21.3	—

资料来源：赛迪智库整理，2017年1月。

三、商用车重卡市场回升明显

2016 年，商用车产销分别完成 369.8 万辆和 365.1 万辆，与上年同期相比产销分别增长了 8% 和 5.8%，增幅进一步提高。分车型来看，客车产销比上年同期分别下降 7.4% 和 8.7%；货车产销比上年同期分别增长了 11.2% 和 8.8%，货车 3 月起产销持续上升，拉动作用明显。

表 4–3　2016 年 2—11 月我国载货汽车产量情况

指标	载货汽车产量—当期值（万辆）	载货汽车产量—累计值（万辆）	载货汽车产量—同比增长（%）	载货汽车产量—累计增长（%）
2016 年 11 月	29.3	269.9	23.1	8.6
2016 年 10 月	23.9	232.4	12.2	6.8
2016 年 9 月	25.1	215.2	16.7	6.4
2016 年 8 月	22.2	190.1	22	5.2
2016 年 7 月	19.8	166.5	14.5	2.5
2016 年 6 月	22.5	147.8	9.2	1.8
2016 年 5 月	24.3	125	3.8	0.4
2016 年 4 月	27.5	100.7	3	−1.1
2016 年 3 月	31.7	73.5	6	−2.1
2016 年 2 月	—	40.8	—	−8.1

资料来源：赛迪智库整理，2017 年 1 月。

2016 年以来，商用车特别是重型卡车市场在低库存和物流车持续向好的基础上，已经连续复苏 8 个月。2016 年 9 月全国开始正式治理超载，执行较严，促进了重卡更新换代。自 2016 年 2 月以来，重卡已经连续 8 个月同比正增长，其中 8 月增速更是创下 2016 年以来新高，同比增长达到 44.2%。2016 年 1—9 月累计销量达到 49 万辆，同比增长 20%。重卡销量自 2010 年超过 100 万辆之后，2011/2012 年明显见顶回落，2013 年短暂复苏之后又开始两年的下滑，我们预计 2016 年销量为 65 万辆左右，同比增长 18.2%。重卡三类车型销量均于 2016 年开始呈现整体向上趋势，同比正增速已站稳，尤其是半挂牵引车和整车，8 月同比增速分别达到了 42% 和 67%。其中整车与非完整车辆增长恢复前期弱于半挂牵引车，但近 3 个月也开始明显回升，后续如基建继续加码，仍有向上空间。半挂牵引车 2016 年以来一直保持着好于其他两类重卡的增速，近几个月一直保持着 30% 以上的增速。2013 年前后中国重卡的保有量数据已经超过了 500 万辆，目前接近 550 万辆左右，按照重卡 5—8 年的更新周期来看，每年的更新需求在 68 万—110 万辆，更新的需求空间较大。

四、新能源汽车增速回落

2016 年，受骗补调查和补贴政策推迟出台的影响，我国新能源汽车市场没有延续上一年的爆发式增长，增速逐渐回落。

据中国汽车工业协会统计，分乘用车和商用车来看，两车型销量走势与 2015 年有区别。其中，2016 年新能源乘用车基本跟随整体走势，上半年销量连续数月攀升，从 7 月回落后保持稳步小幅回升，10 月销量达 3.2 万辆，同比增长 52%；而新能源商用车 2016 年从 3、4 月销量提升至 1 万辆水平后再次回落，到 9 月销量升至 1.3 万辆，10 月再次出现 0.1 万辆的下滑，销售 1.2 万辆，同比下降 14.3%。2016 年全年，新能源汽车生产 51.7 万辆，销售 50.7 万辆，比 2015 年同期分别增长 51.7% 和 53%。其中纯电动汽车产销分别完成 41.7 万辆和 40.9 万辆，比 2015 年同期分别增长 63.9% 和 65.1%，保持了快速发展。

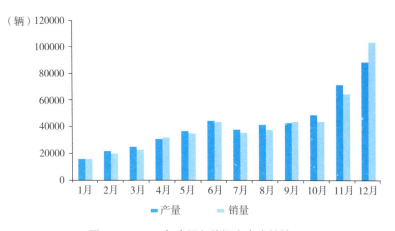

图 4 - 2　2016 年我国新能源汽车产销情况

资料来源：赛迪智库整理，2017 年 1 月。

图 4-3　2015—2016 年我国新能源汽车销量及增长情况

资料来源：赛迪智库整理，2017 年 1 月。

累计方面，2016 年新能源汽车生产 51.7 万辆，销售 50.7 万辆，比上年同期分别增长 51.7% 和 53%。其中纯电动汽车产销分别完成 41.7 万辆和 40.9 万辆，比上年同期分别增长 63.9% 和 65.1%；插电式混合动力汽车产销分别完成 9.9 万辆和 9.8 万辆，比上年同期分别增长 15.7% 和 17.1%。

新能源乘用车中，纯电动乘用车产销分别完成 26.3 万辆和 25.7 万辆，比上年同期分别增长 73.1% 和 75.1%；插电式混合动力乘用车产销分别完成 8.1 万辆和 7.9 万辆，比上年同期分别增长 29.9% 和 30.9%。

图 4-4　2009—2016 年我国新能源汽车销量及增长情况

资料来源：赛迪智库整理，2017 年 1 月。

新能源商用车中，纯电动商用车产销分别完成 15.4 万辆和 15.2 万辆，比上年同期分别增长 50.2% 和 50.7%；插电式混合动力商用车产销分别完成 1.9 万辆和 1.8 万辆，比上年同期分别下降 22.5% 和 19.3%。

从车企销量来看，2016 年 1—9 月，全球新能源汽车销量前十位的企业依次为比亚迪、特斯拉、日产、宝马、北汽、大众、三菱、雷诺、雪佛兰、福特，其中比亚迪销售新能源汽车 7.4 万辆，北汽销售 2.9 万辆，分别排名第一位和第五位。

从车型销量来看，比亚迪的插电式混合动力车型唐和秦继续保持领先优势，2016 年 1—10 月累计销售近 5 万辆，北汽的 EV 和 EU 系列在纯电动车型销量中也保持领先，2016 年 1—10 月累计销售超过 3 万辆。

表 4 – 4　2016 年 1—10 月我国新能源汽车分车型销量情况

排名	车型	2016 年 1—10 月销量（辆）
1	比亚迪唐	28317
2	比亚迪秦	19929
3	北汽 EV 系列	17852
4	比亚迪 e6	16008
5	知豆	15928
6	北汽 EU 系列	14727
7	荣威 e550	13600
8	比亚迪 e5	11106
9	奇瑞 eq	10857

资料来源：赛迪智库整理，2017 年 1 月。

由于政策原因，2015 年 4 季度，新能源汽车销量大爆发，但由于受到骗补的影响，2016 年新能源汽车的销量目标主要取决于"补贴调整政策"发布时间，2016 年 1—10 月，国内新能源汽车累计销量为 33.2 万辆，同比增长 95%，虽然增幅仍较大，但从近几月的销量情况来看，放缓迹象比较明显。

五、各地加快布局新能源汽车零部件产业

北京市目前拥有新能源汽车产业链相关企业超过 40 家，已经形成较为完整的新能源汽车整车及零部件供应链体系，初步具备产业基础，并基本掌握

电池、电机、电控等三大关键核心技术及系统集成技术，产品覆盖乘用车、商用车两大类别和轿车、多功能乘用车、大客车、轻客等产品系列，产品谱系国内最全。

在关键零部件方面，已形成了涵盖动力电池及其材料、燃料电池系统、驱动电机、智能网联等环节的核心产业链，具备年产动力电池 15 亿瓦时、电机 7 万台套的产业化配套能力。围绕三大整车企业布局关键零部件，形成了大兴新能源汽车科技产业园（东南部）、昌平新能源汽车设计制造产业基地（北部）和房山高端现代制造产业基地（西南部）等三大新能源汽车产业基地。

上海市新能源汽车整车产品系列类型较丰富，涵盖从 A0 级小型纯电动乘用车到 A 级、B 级插电式混合动力乘用车，从纯电动 MPV 多用途商用车到轻型宽体纯电动客车、纯电动大客车等多类产品；整车及核心部件相关产业链发展完整，基本可满足本市新能源汽车产品量产需求。产业发展布局已形成综合性功能基地、乘用车产业基地和商用车产业基地等三大产业基地。新能源汽车产业链发展比较完整，自主技术水平保持国内领先，有些产品技术达到国际先进水平。

在关键零部件方面，上海市围绕新能源整车产品的量产需求，动力电池、驱动电机、电控系统核心零部件协同配套能力大幅提升，具备较大产业化规模，尤其在驱动电机方面，技术水平国际先进、国内领先。动力电池的电芯和系统集成的产能规模进一步提升。上海航天电源、卡耐新能源、德朗能等的磷酸铁锂和三元材料电芯及系统已累计形成年产 10 亿瓦时以上产能，为金龙、中通、申沃、申龙等国内大型主流客车厂商提供电池配套。驱动电机产能规模全国第一，技术水平达到国际先进。电控系统软硬件技术水平处于国内领先。

六、中国品牌乘用车市场继续提高

据中国汽车工业协会统计，2016 年，中国品牌乘用车共销售 1052.9 万辆，同比增长 20.5%，占乘用车销售总量的 43.2%，比上年同期提高 2 个百分点；其中：中国品牌轿车销售 234 万辆，同比下降 3.7%，占轿车销售总量的 19.3%，比上年同期下降 1.4 个百分点；中国品牌 SUV 销售 526.8 万辆，同比增长 57.6%，占 SUV 销售总量的 58.2%，比上年同期提高 4.8 个百分点；中国品牌 MPV 销售 223.8 万辆，同比增长 19.9%，占 MPV 销售总量的 89.6%，比上年同期提高 1.2 个百分点。

七、智能网联汽车初级产品加速产业化

ADAS 是智能网联汽车的重要落地，伴随着市场规模快速成长，中资公司可能在后装 ADAS 和预警类 ADAS 领域寻求突破。近一年，创业型公司在智能网联汽车领域大量涌现，但对于整车企业而言，综合考虑产品可靠性、供应商的技术实力和体量规模，创业型公司的 ADAS 产品并不是最佳选择。

表 4-5 我国 ADAS 供应商情况

公司	业务	客户范围	实现方式
苏州智华	LDW/FCW/BSD/PDS/NVS/TSR/3D 泊车系统	广汽、北汽、长安、吉利、上汽、宇通、金龙	摄像头
前向启创	摄像头/核心控制芯片/ADAS 算法/LAW/FCW/DSM/PDS/TSR/NVS/SVC	后装	摄像头
灵动飞扬	FCW/LDW/PDS/BSD/SVC	前装后装	摄像头
纵目科技	LDW/BSD/SVC	后装	摄像头
中科慧眼	FCW/LDW	后装	双目摄像头
清研微视	疲劳驾驶预警/远程监控/营运车辆一体化智能监控	后装	—
经纬恒润	前视主动安全摄像头/全景泊车（基于 Mobileye EyeQ3 芯片）	后装	摄像头

资料来源：赛迪智库整理，2017 年 1 月。

另外，国内自主品牌汽车企业也开始发力智能驾驶领域，2016 年 4 月的北京车展，长安无人驾驶汽车成功从重庆开往北京参展，已经实现高速路况

下自动驾驶；北汽也展出了自动驾驶汽车。7月，上汽和阿里巴巴发布首款量产互联网汽车荣威 RX5。国内自主品牌车企已经具备智能驾驶技术储备，预计最快于 2017 年将实现 CA 级智能驾驶汽车量产。

表 4－6　我国汽车企业智能网联汽车布局情况

公司	商业化日期	具体内容
长安	2018 年	推出智能互联 SUV CS95，完成 2000 公里无人驾驶路试，目标 2018 年量产高速路无人驾驶汽车
上汽	2020 年	推出智能互联 SUVRX5、智能驾驶汽车 MgiGS，计划在 2020 年推出能在结构化道路上行驶的无人驾驶汽车
北汽	2017 年	研发智能驾驶电动车，面向公众试乘，最快年底商业化
吉利	2018 年	沃尔沃实现自动驾驶车量产，吉利博瑞搭载 ADAS 模块，计划未来 2—3 年推自动驾驶车
长城	2020 年	已展示辅助驾驶技术，计划 2020 年推出高速全自动自动驾驶车辆
一汽	2025 年	已展示自动驾驶技术，计划 2025 年实现 50% 车型高度自动驾驶

资料来源：赛迪智库整理，2017 年 1 月。

近年来，车联网的快速发展也实现了智能汽车的延伸和拓展。车联网产业链覆盖广，包括整车厂、互联网公司、地图导航、电信运营商、销售及后市场等，在物联网发展变革的大趋势下，车联网推进将带来全产业链的普遍机遇。其中前装车联网 V2V、V2X 等有望成为智能驾驶感知机构的延伸。欧美日发展 DSRC 技术，国内发展可利用现有的蜂窝网络基础设施的 LTE－V 技术。工信部 2016 年发布了"智能网联汽车技术路线图"，相关行业标准也有望于 2017 年推出。总体来看，车联网已进入验证阶段，2017 年内可期快速发展。国内目前已建立的验证基地包括，一是上海嘉定汽车城测试基地，已于 2016 年 6 月投入运营，是由工信部批准的国内首个"国家智能网联汽车（上海）试点示范区"封闭测试区，可为无人驾驶汽车提供综合性的测试场地和功能要求；二是杭州云栖小镇 5G 车联网实验示范区，工信部和浙江省于 2015 年签署合作协议，旨在研发基于宽带移动互联网的智能汽车、智慧交通的应用项目，目前正在开展基础设施建设；三是重庆智能汽车与智慧交通应用示范区，工信部和重庆市于 2016 年 1 月签署合作协议，旨在推进 4G/5G 通信、智能汽车、车联网、智慧交通及智慧城市建设融合创新发展；四是北京通州国家车联网产业基地，由中国交通通信信息中心和千方科技牵头，以车辆动态监控和运营服务为核心，推动包括汽车电子、车载终端、金融支付等产业链上下游共同发展，于2016年正式启动建设；五是芜湖自动驾驶实验区，百度与安徽省芜湖市于2016年5月签订合作协议，预计将于2018年完工。

八、进出口

根据海关统计口径，2016年，汽车出口70.8万辆，比上年同期下降2.7%，降幅继续缩小。其中乘用车出口47.7万辆，比上年同期增长11.5%；商用车出口23.1万辆，比上年同期下降23.1%。根据海关数据整理，1—11月，汽车整车进口95.8万辆，比上年同期下降3.4%；出口73.2万辆，比上年同期增长4.7%。

表4-7 2016年我国汽车制造业出口交货值

指标	汽车制造业出口交货值—当期值（亿元）	汽车制造业出口交货值—累计值（亿元）	汽车制造业出口交货值—同比增长（%）	汽车制造业出口交货值—累计增长（%）
2016年12月	205.6	3146.3	7	3.9
2016年11月	281	2840.3	14.9	3.6
2016年10月	262.4	2542.5	10.2	4.4
2016年9月	277.9	2283.7	8.2	3.6
2016年8月	271.5	2022.6	11.2	4
2016年7月	265.4	1735.8	5.3	2.1
2016年6月	285.8	1473	9	2.1
2016年5月	256.5	1187.1	3.3	0.5
2016年4月	298.3	975	18.6	4.1
2016年3月	254.5	675.1	0.4	-1.6
2016年1—2月	420.2	420.2	-2.5	-2.5

资料来源：赛迪智库整理，2017年1月。

九、汽车制造业企业经营情况有所回暖

根据国家统计局数据，2016年1—11月，汽车工业重点企业（集团）主

要经济指标快报显示，主要经济指标保持不同程度增长，增幅与1—10月相比，利润、利税总额有所回落。1—11月，汽车工业重点企业（集团）营业收入呈较快增长，累计实现营业收入32596.89亿元，同比增长16.21%，增幅与1—10月相比，提高0.23个百分点。1—11月，汽车工业重点企业（集团）累计实现利润总额3300.04亿元，同比增长7.21%，增幅与1—10月相比，回落2.43个百分点。累计实现利税总额5309.48亿元，同比增长7.44%，增幅与1—10月相比，回落2.29个百分点。总的来看，汽车行业主要经济指标增速呈快速回暖趋势，主营业务收入较快增长；利润总额较快增长；固定资产投资增幅回落；应收账款、产成品库存资金增幅略降。

表4-8 2016年我国汽车工业重点企业（集团）营业收入情况

指标	汽车制造业主营业务收入—累计值（亿元）	汽车制造业主营业务收入—上年同期累计值（亿元）	汽车制造业主营业务收入—累计增长（%）
2016年12月	36406.3	31477.00	15.66
2016年11月	32596.89	28052.40	16.2
2016年10月	28796.66	24828.99	15.98
2016年9月	25399.42	22038.54	15.25
2016年8月	21989.39	19483.78	12.86
2016年7月	19215.81	17347.49	10.77
2016年6月	16589.07	15187.28	9.23
2016年5月	13728.18	12687.78	8.2
2016年4月	11006.46	10139.53	8.55
2016年3月	8095.03	7560.50	7.07
2016年1—2月	5019.12	4822.83	4.07

资料来源：赛迪智库整理，2017年1月。

表4-9 2016年我国汽车工业重点企业（集团）利润总额情况

指标	汽车制造业利润总额—累计值（亿元）	汽车制造业利润总额—上年同期累计值（亿元）	汽车制造业利润总额—累计增长（%）
2016年12月	3653.35	3457.65	5.66
2016年11月	3300.04	3078.11	7.21
2016年10月	2985.94	2723.40	9.64
2016年9月	2678.10	2469.66	8.44
2016年8月	2374.19	2234.74	6.24

续表

指标	汽车制造业利润总额—累计值（亿元）	汽车制造业利润总额—上年同期累计值（亿元）	汽车制造业利润总额—累计增长（%）
2016 年 7 月	2130.84	2092.34	1.84
2016 年 6 月	1897.42	1863.32	1.83
2016 年 5 月	1552.51	1515.53	2.44
2016 年 4 月	1035.80	1013.01	2.25
2016 年 3 月	716.48	711.92	0.64
2016 年 1—2 月	412.01	416.13	−0.99

资料来源：赛迪智库整理，2017 年 1 月。

第二节　行业发展面临的问题

一、产业政策扶持体系有待进一步优化

从企业和产品准入来看，目前的产业政策是 2009 年出台的，当时出发点是鼓励企业参与新能源汽车研发生产，近几年技术进步很快，目前看准入门槛已经相对偏低，需要尽快修订，防止行业步入"散、小、弱"的发展态势。而现有补贴政策在拉动市场消费方面起到重要作用，但随着市场快速发展，补贴标准和推荐车型条件的调整不够及时，造成产品良莠不齐和骗补问题突出。另外，地方政府在推动新能源汽车推广应用、加快充电基础设施建设方面出台了很多政策措施，取得了很好的效果，但在统筹地方和中央扶持政策、防止过度补贴等方面有待进一步完善。自 2009 年至今，北京市仅在补贴购买新能源汽车方面已累计投入超过 30 亿元。如果仅仅将财政补贴作为新能源汽车推广的主要驱动力，对地方政府形成将较大的财政压力。在部分城市仍然存在地方保护主义的隐忧，比如有些城市通过制定地方车型目录限制外地新能源汽车进入本地市场；规定采购本地整车企业产品；对外地产品设置了与国家相关要求不同的申请、检测等程序。

二、产业关键共性技术有待进一步突破

动力电池在相关性能方面仍存差距。在产品性能方面。目前我国在电池

性能、成本和寿命等方面都有很大进步，而国产动力电池在能量密度、循环寿命、成组可靠性与热管理等方面与国际主流电池产品相比仍有较大差距。目前国内很多新能源汽车企业所采用的电池多是合资及外资动力电池电芯，我国新能源汽车用动力电池在技术方面尚未形成自主可控的产业链，特别是在高比能量动力电池领域。这种情况同样也发生在高功率密度电机等关键核心零部件领域。关键技术的不能自主可控也成为制约我国新能源汽车产业发展的主要瓶颈，产业存在一定风险。在产业发展方面面临一定的产业空心化隐忧。国内部分电池企业看好未来市场前景，加大了投入力度，但大多缺少核心技术，只是简单扩大产能，低水平重复建设现象加剧。另外，一些整车企业在整车集成方面能力较弱，缺乏高性能新能源汽车产品。

三、新能源汽车充电设施建设滞后且管理有待加强

使用便利性有待提高。现有充电配套设施数量相对不足，覆盖范围小，公共充电设施布局不尽合理，使用率低；机关企事业单位专用充电桩对社会开放程度不高；社会公共充电车位被传统车占用现象时有发生；消费者充电不便，对市场的撬动作用不明显。建设积极性尚需加强。绝大多数城市没有出台明确的居民小区、停车场等停车设施配电方案，部分地区电网企业参与积极性不高；由于前期投入巨大，短期内无法产生明显收益，缺乏必要的资金扶持，相关市场主体投资建设意愿低。

四、新能源汽车安全监管有待进一步加强

近年来，我国新能源汽车推广应用明显加速，新能源汽车推广数量呈爆发式增长。而随着保有量的快速增长，车辆、电池及线束的逐步老化，起火甚至爆炸等安全问题逐渐显现。据统计，2011年以来，我国共发生各类电动汽车事故31起，其中2015年9起，2016年上半年8起。其中，随着新能源汽车推广数量爆发式增长，北京电动汽车保有量突破6万辆，超过机动车保有量的1％，由于产品质量问题导致的安全事故逐步增加，企业售后服务能力不足引发的问题和投诉也逐步显现，因此，对地方政府在新能源汽车安全监控、售后服务等方面提出了更高要求。

第五章　航空行业

2016 年，我国民用航空产业规模继续扩大，产值持续增长，产业布局不断完善，企业发展形势良好，民机研发进入收获期，通用航空产业高速发展，航空发动机产业发展前景广阔。此外，我国航空领域国际合作持续深入，行业管理不断加强，我国民用航空工业面临重大发展机遇。但同时，航空产业发展也面临制造规模仍然偏小、技术差距较大等问题，同时通用航空、无人机盲目布局、黑飞频繁等问题开始显现，正成为困扰我国航空产业发展的新的不利因素。

第一节　行业运行基本情况

一、民机研发进入收获期

2016 年，我国民用飞机多机种、多机型研发取得重大突破，国产民用飞机研发进入收获期。经过 7 年的设计研发，2015 年 11 月 2 日，我国自主研制的 C919 大型客机完成总装下线，标志着 C919 大飞机机体大部件对接和机载系统安装工作正式完成，可进入地面试验阶段，更标志着 C919 大型客机项目取得了阶段性成果。截至 2016 年底，C919 大型客机已获得了来自 23 家用户的 570 架订单。2017 年 5 月 5 日，C919 大型客机在经历一系列的机载系统安装和主要的静力、系统集成试验、地面滑行试验、高速滑行抬起落架等试验后，成功在上海浦东机场完成首飞，这是我国大型飞机项目取得的具有里程碑意义的标志性成果。

2016 年 11 月 29 日，我国首款完全按照国际适航标准研制的涡扇喷气支线客机 ARJ21‑700 正式交付成都航空公司，进入试运行阶段。这是我国航空工业史上一项重大突破。2016 年 6 月 28 日，首架 ARJ21 新支线客机正式投入航线运营，开启了我国民机产业化发展之路。9 月 29 日，第二架 ARJ21 新支线喷气客机交付成都航空公司。目前，中国商飞公司正加快建立满足我国适航规章要求的生产质量保证体系，推进 ARJ21 飞机取得生产许可证（PC），确保飞机及其零部件均能符合经批准的设计并处于安全可用状态，最终实现批量生产交付。同时，中国商飞公司也在加快 ARJ21 飞机装配线改造升级，全面提升自动化水平，为 2017 年实现批量生产奠定基础。

2016 年 7 月 23 日，我国自主研制的大型灭火/水上救援水陆两栖飞机 AG600 完成总装正式下线。AG600 是 2009 年 6 月经国家正式批复立项的全球在研最大的、也是世界上最先进的水陆两栖飞机。2012 年完成初步设计；2013 年完成详细设计，2014 年转入全面试制，2015 年实现部件陆续总装，2016 年 7 月完成总装下线，2017 年 4 月开始低速滑行试验，目前已取得 17 架意向订单。

二、产业布局不断完善

经过几十年的发展，我国基本形成了干支线飞机、通用飞机、直升机、特种飞机的产业布局。具体分布情况为：以上海、陕西及天津为主的现有骨干企业布局发展民用干支线飞机；哈尔滨、石家庄、珠海、成都和荆门等优势地区发展大中型通用飞机、公务机和特种飞行器；景德镇、哈尔滨和天津等优势地区发展大中型直升机；同时，多地航空产业园区和企业正在发展轻小型通用飞机和直升机。此外，我国形成了以深圳、北京、天津和武汉等地为中心的无人机研制生产格局。

在国家政策引导和市场需求推动下，全国各地发展航空产业热情高涨，我国航空产业初步形成集聚发展格局。航空装备制造业基本形成环渤海地区、长三角地区、珠三角地区、中部地区、西部地区、东北地区等 6 大聚集区；国家发展和改革委员会批准建设了西安阎良国家航空高技术产业基地、珠海航空产业园、北京航空产业园、长春航空产业园、南昌航空工业城、天津滨海航空城、成飞航空高科技产业园、沈阳航空产业园、宝鸡航空装备产业园、株洲航空城等 10 个航空航天高科技产业基地；工业和信息化部批准了上海市民用航空、陕西西安市阎良区、天津空港工业园区、广东珠海航空产业园、陕西汉中航空产业园和镇江航空航天产业示范基地 6 个航空领域新型工业化产业示范基地。

三、企业发展形势较好

2015 年，在纳入全国民用航空工业统计调查的 145 家企事业单位中，63 家隶属于中国航空工业集团公司（简称中航工业），其产值占全国民用航空产品产值的 21.2%。2015 年，中航工业实现营业总收入 3827.7 亿元，实现利润总额 173.8 亿元，同比增长 23%。交付各类民机 72 架，交付国际用户 5 架。6 家隶属于中国商用飞机有限公司（简称中国商飞公司），其产值占全国民用航空产品产值的 6.6%；2 家隶属于中国电子科技集团公司（简称中国电科），其产值占 0.4%；3 家隶属于中国航天科工集团公司，产值占 0.2%。其余 71 家产值占 71.6%，同比增长 5.1%。

表 5-1 2015 年民用航空产品收入排名（前十名）

名次	单位名称	民用航空产品收入（万元）	2014 年排名
1	中航工业西安飞机工业（集团）有限责任公司	667771	1
2	厦门太古飞机工程有限公司	557146	4
3	上海飞机制造有限公司	485263	—
4	深圳市大疆创新科技有限公司	447250	5
5	珠海保税区摩天宇航空发动机维修有限公司	444347	2
6	广州飞机维修工程有限公司	217273	3
7	中航工业西安航空发动机（集团）有限公司	125485	7
8	深圳中集天达空港设备有限公司	124511	9
9	中航工业沈飞民用飞机有限责任公司	85335	8
10	通用电气航空系统（苏州）有限公司	81310	11

注：不含空中客车（天津）总装有限公司。

资料来源：《中国民用航空工业年鉴 2016》，2017 年 1 月。

四、航空发动机产业前景可期

航空发动机被誉为飞机制造业"皇冠上的明珠",是集最先进技术的国家战略性产业。长期以来,我国高度重视航空发动机的发展。2015 年,我国启动了"两机"专项;2016 年 8 月,中国航空发动机集团有限公司成功组建;2016 年 11 月,工业和信息化部领导在全国工业和信息化创新大会上指出,"十三五"期间我国将全面启动实施航空发动机和燃气轮机重大专项,突破"两机"关键技术,推动大型客机发动机、先进直升机发动机、重型燃气轮机等产品研制,初步建立航空发动机和燃气轮机自主创新的基础研究、技术与产品研发和产业体系。

经过半个多世纪的发展,我国已建成了比较完整的航空发动机工业体系,实现了从涡喷到涡扇、从中推力到大推力的"跨越",自主研发能力取得了很大提高。据预测,未来 10 年,国内干线客机对大型涡扇发动机的市场累计需求总量将超过 6000 台,总价值 500 多亿美元,发展航空发动机具备巨大的市场空间。

表 5 - 2　近年我国航空发动机研制项目统计

研制单位	型号项目	级别	生产时间	推力/功率	装备机种
中航发动机公司	CJ - 1000A	大涵道比发动机	2016 年	13 吨	C - 919 客机
中航沈阳黎明发动机公司	岷山	小型涡扇发动机	2015 年	4.7 吨	多用途教练机
	九寨	小型涡扇发动机	2015 年	1 吨	小型公务机
中航南方航空工业公司	WS - 16	小型涡扇发动机	2013 年	4.2 吨	多用途教练机
	WZ - 16	中型涡轴发动机	2014 年	1500kW	直 - 10A/直 - 15

资料来源:美国商业周刊,2016 年。

五、通用航空产业高速发展

我国通用航空产业起步较晚,目前尚处于初级阶段,与发达国家相比,我国通用航空产业整体处于较低水平。但随着国家政策的大力支持以及经济建设的发展、低空空域的放开和配套设施的完善,我国通用航空产业获得了一定发展。

据中国民用航空局飞行标准司发布的《2015 年通用和小型运输运行概况》通告，截至 2015 年底，我国实际运行的通用及小型运输航空公司达到201 家，从业飞行人员 2830 名，航空器 1435 架。其中，仅按照 CCAR－91 部运行的主要从事航空作业的公司 152 家、飞机 759 架；仅按照 CCAR－135 部运行，主要从事小型运输，包括通勤和商务包机的公司 10 家、飞机 32 架；上述两类兼营的公司有 27 家、飞机 286 架。2015 年全年飞行总量 73.2 万小时，以实际运行的 1435 架飞机来看，全部飞机的平均飞行小时数为 510 小时，显著超过美国。

此外，我国通用航空领域产品创新能力持续增强。目前，我国已具备了自主研制和批量生产多种型号直升机、轻型多用途飞机等通用飞机的能力。H425 直升机、运十二通用飞机等成功开拓国际市场；小鹰 500 固定翼飞机、V750 无人直升机、A2C 超轻型水上飞机、直 9 民用系列等飞机实现批量生产；6 吨级先进多用途中型直升机、海鸥 300 轻型水陆两栖飞机、农 5B 农林专用飞机、锐翔电动飞机、天骄和领航（领世）系列公务机等重点产品研制取得阶段性成果。

表 5－3　2011—2015 年我国通用飞机系列产品交付情况（单位：架）

产品名称	2011 年	2012 年	2013 年	2014 年	2015 年
运 12IV	5	2	10	3	—
运 12E	2	3	—	5	1
"小鹰" 500 飞机	20	—	5	13	18
运 5B 飞机	5	12	15	12	8
DA 40 TDI	23	17	16	25	18
赛斯纳 208B 飞机	—	—	5	14	18
赛斯纳 "奖状" xls＋	—	—	—	—	2
轻型飞机 SA60L	—	11	9	8	—
A2C 超轻型水上飞机	11	12	13	21	7
"空中国王" 350 飞机	—	—	—	—	2
总计	66	57	73	101	74

资料来源：《中国民用航空工业年鉴 2016》。

第二节　行业发展面临的问题

一、制造规模仍较小

根据波音公司预测，2016—2035 年的 20 年间中国将需要超过 6800 架的新飞机，其总价值约为 1 万亿美元。与此同时，中国民航机队规模在未来 20 年将扩大到近三倍，从 2015 年的 2880 架增至 2035 年的 7720 架。面对巨大的中国市场，波音和空客公司均在中国建立了飞机完成及交付中心。中国民用飞机发展实行"一干两支"战略，即 C919 大飞机和 ARJ21、新舟 700 支线飞机，近年来不断取得突破；其中，2016 年两架 ARJ21 支线飞机交付成都航空公司，并实现了商业运营。总体而言，中国民用飞机制造处于起步阶段，制造规模与国际主要制造商差距较大。表 5 - 4 列出了 2013—2015 年中外支线飞机交付数量。

表 5 - 4　2013—2015 年中外支线飞机交付数量（单位：架）

年份	中国	欧洲	加拿大	巴西	俄罗斯
2013	6	74	55	90	10
2014	14	83	84	92	27
2015	7	90	70	101	19

资料来源：航升公司（Ascend）。

通用航空方面，经过国家政策扶持和国内企业的发展，我国通用航空产业在产品质量和技术水平都有长足的进步，但总体而言，制造规模尚小、体系不完善，整体仍处于起步培育阶段。目前我国通用航空产业的发展水平与民航运输业的发展水平有很大差距，通用机场占民用机场比例仅为 46%，而美国达到了 96%，各类临时起降点不到 400 个，且大多不对社会公众开放。这与我国世界排名第二的国民经济地位和民航市场份额不相对应。目前，高端机型主要依靠收购国外企业或引进产品，缺乏本地创新和自主研发机型。表 5 - 5 列出了 2013—2015 年中外通用飞机交付数量。

表 5 – 5 2013—2015 年中外支线飞机交付数量（单位：架）

年份	中国	美国	欧洲	加拿大	巴西
2013	73	1615	657	319	119
2014	101	1631	722	406	116
2015	74	1541	585	199	120

资料来源：航升公司（Ascend）。

二、技术差距仍较大

当前，波音和空客两大巨头始终占据着大飞机制造的主系统集成商地位及资源和技术优势。世界各国各大航空企业不断加大技术研发投入，充分利用各类先进制造技术，提升创新能力，提高技术水平和升级产品服务等，不断提升核心竞争力。因此，面临严峻的国际垄断及激烈竞争形势，为取得我国航空工业长足的发展，必须实现更大跨度的技术进步。虽然我国自主研发了包括 C919、ARJ21 在内的多种机型，航空产品的研制水平不断提高，但部分产品核心技术与国际一流水平相比仍然落后，国外技术依赖较强，核心产品仍需依赖进口。发动机、关键材料和元器件等仍是我国民用航空工业发展的瓶颈。飞机发动机被称为现代工业"皇冠上的明珠"，是飞机性能的主要决定者。我国研制的飞机，如 C919、ARJ21、新舟 60 等，均采用国外的发动机，关键设备仍然依赖进口。目前，我国新一代飞机关键复合材料已经能够实现完全国内保障，但在结构设计及制造技术方面仍然存在不足；关键零部件制造技术仍有待突破。这些核心技术及核心产品占据了我国整机制造成本的绝大部分，降低了我国航空工业企业竞争优势。此外，民用航空工业基础薄弱、高端技术人才短缺也是制约我国民用航空工业发展的瓶颈。我国民用航空制造业起步较晚，设计制造经验不足，技术储备不充分，民用航空高端技术人才存在巨大缺口，严重影响了我国航空领域自主创新能力的提升。

通用航空方面，我国仍然处于初创期向发展期过渡的阶段，技术基础极为薄弱。我国自主知识产权的通用航空器种类、数量少，产品单一、生产线重复，无法满足市场日益增长的需求。据统计，我国自主研制的在册通用飞机种类和数量分别仅占国内市场份额的 10% 和 20% 左右，大部分依靠进口。通航企业缺乏先进整机设计、研制及材料工艺、核心关键技术，严重影响了通航产业对经济发展的带动作用。

三、通航空乱象显现

随着通用航空产业的高速发展，一些乱象显现出来。从通用机场布局来看，通用机场是通用航空发展重要的基础和前提，通用机场网络建设应当适度超前于行业的发展。现有通用机场从数量和分布上难以满足通航发展需要，从区位和设施上也无法支撑消费类、公益型等"十三五"重点通航业务开展，因此亟须规划建设一批通用机场，形成广覆盖、能通达、有效支撑行业发展的通用机场体系。2015年以来，全国超过20个省、区、市陆续发布了通用机场布局规划，在"十三五"期间计划新建超过1000座通用机场。根据通航资源网分析，目前的规划缺少供需结合的系统分析，部分省份存在为了建机场而建机场，谁来投资、谁来建设、谁来运营、谁来使用等一概不清，缺少机场规划与产业规划之间的衔接；三是，规划选点方法单一，简单套用运输机场选点规划方法，或在此基础上增加少量指标，方法的适用性值得商榷；三是缺少系统性考虑，省域规划仅考虑本省内的通用机场布局，缺少从地区乃至全国视角对省与省之间通用机场布局的考虑，此外通用与运输机场之间整体的协调发展也存在欠缺。

近年间，国内无人机市场呈井喷式发展，预计到2023年，国内民用无人机市场规模将会达到976.9亿元，年复合增长率59%。但目前无人机市场缺少行业规范，无人机市场上鱼龙混杂，大多数公司没有自己的产品和技术，山寨成风。另外，无人机"黑飞"事件层出不穷，相关法规和管理体系亟待建立。2016年5月28日，"黑飞"无人机逼停双流机场55个航班，造成重大安全隐患，引起公众广泛关注。

第六章 船舶行业

2016 年是全球造船业深度调整，也是我国船舶工业进入全面做强阶段的关键之年。2016 年，我国船舶行业实现了产业集中度不断提高、科技创新能力逐步提升、过剩产能有效化解、行业发展短板有所弥补、降本增效扎实推进、国际产能合作稳步开展。中国船舶工业行业协会数据显示，2016 年我国出口船舶在全国造船完工量、新接订单量、手持订单量中所占比重分别为94.7%、77.2%、92.6%。但受国际船舶市场持续深度调整的影响，行业仍然面临船舶市场需求乏、创新能力亟待提高、产能结构性过剩、配套产业发展滞后等问题，船舶工业面临的形势更为严峻。

第一节 行业运行基本情况

一、三大指标同比下降

中国船舶工业行业协会数据显示，2016 年，我国造船完工量达 3532 万载重吨，同比下降 15.6%；承接新船订单量为 2107 万载重吨，同比下降32.6%；截至 2016 年 12 月底，我国船企手持船舶订单量为 9961 万载重吨，同比下降 19%。此外还选取了 51 家重点监测的造船企业，监测得到的统计数据显示，2016 年 1—11 月份，造船完工量共计 2986 万载重吨，同比下降10.4%；共承接新船订单 1836 万载重吨，同比下降 14.4%。截至 2016 年 11月底，手持船舶订单 10004 万载重吨，同比下降 22.1%。整体产业及重点企业的数据均显示，我国造船三大指标呈现同比下降的形势，且下降幅度较大。

二、市场份额保持领先

2016 年，国际船舶市场继续深度调整，全球新船成交量同比大幅下降67%，年末全球船企手持订单较 2015 年底下滑 25%。我国船企克服市场低迷带来的困难，逆势拼抢订单，造船完工量、新船订单量和手持订单量在全球市场所占份额分别为 35.9%、59.0% 和 43.0%，继续保持世界前列。结合世界造船三大指标分析，我国船舶工业相对日本、韩国仍保持相对优势。

表 6 - 1   2016 年世界造船三大指标

指标/国家		世界	中国	韩国	日本
2016 年造船完工量	万载重吨	9997	3594	3630	2185
	占比重（%）	100	35.9	36.3	21.9
	万修正总吨	3445	1103	1221	702
	占比重（%）	100	32.0	35.4	20.4
2016 年新接订单量	万载重吨	2742	1617	582	410
	占比重（%）	100	59.0	21.2	15.0
	万修正总吨	1123	403	175	130
	占比重（%）	100	35.8	15.6	11.6
2016 年底手持订单量	万载重吨	22332	9595	5028	5919
	占比重（%）	100	43.0	22.5	26.5
	万修正总吨	8621	3049	1989	2007
	占比重（%）	100	35.4	23.1	23.3

注：此表资料来源于英国克拉克松研究公司。

三、经济效益有所下降

2016 年 1—11 月，全国规模以上船舶工业企业有 1459 家，实现主营业务收入 6975.7 亿元，同比下降 1.6%。其中，船舶建造业 3421.9 亿元，同比下降 3.1%；船舶配套业 936.1 亿元，同比增长 0.8%；船舶修理业 184.7 亿元，同比下降 4.6%；海洋工程专用设备制造 675.5 亿元，同比增长 15.3%。规模以上船舶工业企业实现利润总额 147.4 亿元，同比下降 1.9%。其中，船舶建造业 123.1 亿元，同比增长 5.3%；船舶配套业 51.8 亿元，同比增长 18.2%；

船舶修理业 5 亿元，同比下降 35.2%；海洋工程专用设备制造亏损 41.9 亿元。2016 年 1—11 月，船舶行业 94 家重点监测企业实现主营业务收入 2880 亿元，同比下降 3%；利润总额 29 亿元，同比下降 9.6%。数据显示，除部分子行业实现了小幅上升外，船舶工业主营业务收入及利润整体有所下降。

四、产品出口全面下滑

中国船舶工业行业协会数据显示，2016 年我国出口船舶在全国造船完工量、新接订单量、手持订单量所占比重分别为 94.7%、77.2%、92.6%。2016 年 1—11 月，我国船舶完工出口量共计 2932 万载重吨，同比下降 8%；承接出口船订单共计 1593 万载重吨，同比下降 22.5%；2016 年 11 月末，手持出口船订单共计 9559 万载重吨，同比下降 22.6%。我国出口船舶分别占全国造船完工量、新接订单量、手持订单量的 92.1%、79.9% 和 92.8%。2016 年 1—11 月，51 家重点监测的造船企业完工出口船 2747 万载重吨，同比下降 5.2%；承接出口船订单 1469 万载重吨，同比下降 22.2%；11 月末，手持出口船订单 9254 万载重吨，同比下降 24.2%。出口船舶分别占重点造船企业完工量、新接订单量、手持订单量的 92%、80% 和 92.5%。2016 年 1—11 月，我国船舶出口金额为 215 亿美元，同比下降 19.4%。我国出口船舶产品中，散货船、油船和集装箱船仍占主导地位，其出口额合计 122.5 亿美元，占出口总额的 57%。我国船舶产品出口到 160 多个国家和地区，亚洲仍然是我国船舶出口的主要地区。我国向亚洲出口船舶金额为 100.9 亿美元，占出口总额的 47%；向欧洲出口船舶金额为 40.1 亿美元，占 21%；向拉丁美洲出口船舶金额为 15.4 亿美元，占 7.2%。

第二节　行业发展面临的问题

一、船舶市场需求乏力，海工市场持续萎缩

2008 年国际金融危机爆发后，散货船等常规船型订单量直线下降，海洋

工程装备需求上升，船企纷纷转向加入海工装备制造领域，进而迅速推动海工装备产能饱和。2014年下半年以后，国际油价大幅下降并维持低位震荡，使得海工装备市场遇冷，需求乏力，支撑全球船舶工业需求的动力仅剩下节能环保型、技术复杂型等高技术船舶。

2015年，海洋工程装备市场萎缩了70%，2016年，尽管业界对全球海洋工程装备市场充满了期待，但市场持续萎缩的态势依然没有改变。据中国船舶工业经济与市场研究中心统计，2016年全球共成交各类海洋工程装备81艘/座，同比下滑56%；成交的海洋工程装备价值合计52.3亿美元，同比下降53%。这是继2015年的又一次严重下滑，成交额更是不及2012年市场成交额的十分之一。

国际原油价格自2014年年中开始大幅下滑，此后全球海洋工程装备市场就迎来了较长的低迷期。油价的持续低迷，甚至低于海洋油气的开发成本，严重挫伤了海洋油气开发商的积极性，2016年海洋油气开发活动依然低迷，海工装备运营市场下行之势依旧难以遏制，新租约减少、已有租约到期和租约提前终止持续打压装备利用率，因此造成了海洋工程装备大量积压，在建装备也面临着船东弃单的风险。未来油价持续低迷甚至是再度下滑的预测更容易被业界所接受，短期内全球海工市场的发展颓势难有明显改观，因此船东及油气开发商的投资意愿不强，大型浮式生产平台总包项目也一推再推，全球范围内几乎没有新订单产生，海洋工程装备市场正处于寒冬期。

二、市场需求结构变化，创新能力亟待提高

随着世界经济形势的变化，国际船舶市场需求结构发生了重大变化，我国具有竞争优势的散货船需求量急速下跌，而超大型原油船、超大型集装箱船、液化天然气船等"双高"船型在整个市场需求结构中所占比重明显提升。我国绝大多数造船企业都是以建造散货船为主，在当前散货船市场走势异常低迷的情况下，我国造船业国际市场地位受到威胁。

当前，新科技革命和产业变革正在兴起，其特点是信息技术和制造业逐渐深度融合，多领域多技术交叉融合，技术变革的新趋势是数字化、网络化和智能化。顺应形势，船舶制造也正朝着设计智能化、产品智能化、管理精

细化和信息集成化等方向发展，智能船厂的概念已经被一些大型船舶企业所接受。另外，国际上对船舶安全和环保的技术要求越来越高。技术创新能力对船舶企业的影响日益重要，但我国大多数船舶企业对技术创新重视不够，或受条件所限难以采取行动，中国船企技术创新能力仍显不足。一是船舶设计方面。我国船舶企业所使用的船舶设计软件多是从国外引进，国产自主设计船舶方案用钢量偏高，经济指标偏低，设计周期长，出错率偏高。此外，我国自主研发船舶新产品不多，且船舶原始设计多数来源于国外，尤其是高技术、高附加值船舶领域，其设计仍要依靠国外设计院所。二是船型开发方面。我国目前正处于缺乏核心技术的状态，技术创新能力不足，正在进行技术积累和储备。同时，由于我国船型开发设计的不够成熟，船东更倾向于国外的船型，故此类订单较少，国内船型开发进展缓慢。三是创新体系方面。中国是一个造船大国而非造船强国，我国船舶工业整体上仍处于全球价值链的中低端，这种现状集中表明了我国严重缺乏兼具原始创新和集成创新的技术创新体系。我国船舶行业整体技术创新能力不强，缺乏统一的规划和持续的投入。应该看到，近些年我国船舶领域也有一些技术创新上的突破，只是这些点还难以汇聚成面，难以形成系统的技术创新体系。

经过多年的发展，我国船舶与海洋工程装备建造能力已位居全球首位，但是科技原始创新能力还不足，在高技术船舶、深海海洋工程装备制造等关键核心领域与外国公司仍有一定差距，特别是核心知识产权拥有、知识产权运营等方面仍有很大发展空间。一些企业重建造轻研发设计的现象还是不同程度地存在，甚至有的大企业研发设计也比较弱。船舶工业系统科研院所的实力是相当雄厚的，多年来，为我国的船舶工业，特别是对于海军装备的发展作出了重大贡献。由于管理体制的问题，特别是考核体系的问题。致使这些院所在引领全行业科技发展的作用方面，还没有很好地发挥。

虽然近年来我国船舶工业在技术创新方面取得了显著的成绩，但是与国外造船业先进技术水平相比，我国船舶产业技术能力仍然存在一定差距。我国船舶工业研发投入强度和研发人员占比落后于韩国和日本，自主知识产权产品少，企业创新动力不足。同时基础技术薄弱、技术储备不足、自主创新能力和综合技术水平不高，创新模式仍属追随型，缺乏原始创新和引领性创新。特别是在当前国际造船新公约规范标准不断升级、船舶技术与产品升级换代加快的背景下，我国船舶工业在创新引领和创新驱动方面的能力亟待提升。

三、产能结构性过剩，产业组织结构分散

船舶工业行业是产能过剩的行业之一，准确的说是"结构性过剩"，即散货船类过剩（最高时达到70%），高技术船舶不足，如豪华邮轮刚刚起步，还没有形成产能。2016年，我国船舶工业行业去产能工作，已经取得了阶段性的成绩，从原有的8000多万载重吨减到6500万载重吨左右。据预测，目前以至于今后很长一段时间里，国际船舶市场的规模在8000万载重吨左右（有的专家预测还要低），即使到1亿载重吨，我国的6500万载重吨，也大大超过了50%，开工率按70%计算，也大大超过了40%，可见我国船舶工业产能结构性过剩问题依然严峻。

前几年的海洋工程装备市场爆发，迅速扩大了全球海洋工程装备产能，包括新建海工装备企业、现有企业扩大产能以及船舶制造企业因船市遇冷转型而来，短时间内的产能膨胀以及油价的快速下滑，造成了当前全球海洋工程装备产能过剩的局面。产能过剩，新订单几近消失，使得海工装备建造企业危机重重，同时海工装备运营市场持续恶化也导致海工运营企业生存空间受到严重挤压，严重困扰全球海洋工程装备产业的发展。

与日、韩先进造船国家相比，我国造船产业组织结构分散，具有国际一流水平的优势企业不多。2015年，我国造船完工量排名前10家企业占比为55.9%，韩国前10家企业完工量占比高达95%，日本也达到了76%。世界造船完工量、新接订单量前10企业中，我国分别仅有2家和3家企业进入，而且排名相对靠后。2015年，中国船舶企业经济效益同比大幅下滑，除去外部环境的客观影响，更主要的原因是在变化加快的市场竞争中，船舶企业的管理能力严重不足，管理水平较低。尽管大型重点企业在降低成本增加效率等方面取得显著成效，但仍有部分企业面临较高的研发、制造和人工成本；生产计划常常被延误，管理效率低下；产品质量受限于设计、工艺、采购等方面问题，内外部质量风险难以避免。面对市场的紧缩及竞争的加剧，企业生存日渐困难。因此，提高船舶企业管理水平已成当务之急。

四、配套业发展滞后，融资成本压力加大

船用设备的价值量极高，约占船舶产品价值的一半，而我国船舶配套业一直严重落后于船舶制造的发展，长期制约着我国船舶工业的长远发展，影响船舶产业链的完整性，降低了我国船舶工业的经济效益和竞争力。我国生产的船用设备平均装船率不足60%，韩国、日本分别高达85%以上和90%以上。在高技术船舶和海工装备配套领域，核心设备仍主要依赖进口。在船用关键配套设备方面，如中速机、机舱自动化系统、货油系统、舵机、通信导航设备、换热设备等，我国产品在质量和服务方面，都落后于国外先进企业，市场竞争力不强。同时，设备的安全环保节能技术与世界先进水平差距明显。

船舶行业是资金密集型行业，有着巨大的融资需求。现在新船订单量大幅下降，新船价格下跌，生产成本相对升高，而订单首期预付款比例下降，船企需要大量资金来维持企业的运营管理。船舶建造所资金需求量巨大，企业很难独自支付船舶建造过程所需资金，大多需要通过向银行贷款、融资等渠道筹集资金，但是融资难一直是船舶企业面临的重要困难。近年来，国家有关部委出台了多部金融支持船舶工业的指导意见，引导银行业金融机构等给予优质船舶企业信贷支持，帮助有前景的企业渡过难关。但受国际市场持续低迷和部分企业破产重组等因素影响，金融机构对船舶工业的信贷政策仍持续收紧，造船资金总量缺口问题仍然严重，船企融资成本居高不下，企业垫付资金显著增多，现金流日趋紧张。骨干船企的资金压力已经影响到企业的正常生产经营，国际竞争能力持续下降。2016年，船企面对新船订单有较大顾虑，错失了很多订单。如何破除船舶融资的障碍、如何有效对接船舶融资机构、如何与银行和金融机构构建良性的沟通渠道，是船企面临和迫切需要解决的重要课题。

区域篇

第七章　东部地区

　　东部地区是我国高端装备制造业的主要集聚地，也是低端产业去产能工作任务的"主战区"。近年来，东部省份出台了诸多产业政策支持高端装备制造业发展。2012—2015年，浙江省三次修订印发《浙江省高端装备制造业发展重点领域》的通知，实时把握高端装备制造业发展状态，指导产业发展。上海市实施了"国产首台（套）重大技术装备的风险补偿机制"，对本市用户单位首次订购或使用首台（套）重大技术装备，给予首台设备合同金额10%或保费额50%的风险补贴。广东省发布了《广东省人民政府办公厅关于加快先进装备制造业发展的意见》（2014）、《广东省智能制造发展规划（2015—2025年）》（2015）、《广东省先进制造业重点产业发展"十三五"规划》（2016）等相关产业发展规划，并发布提供相关的专项资金支持和财政政策实施细则。在丰富的科技、教育、财政及制度等资源条件下，东部地区在装备产业领域具备转型升级的强烈诉求和动力，高端装备制造业增势喜人。2016年，山东省、江苏省、广东省、福建省等东部省份的装备工业维持了较高增速，总体运行较为平稳。其中，山东省装备制造业增长势头强劲，产业增加值占规模以上工业的比重达到历史最高水平；广东省装备制造业规模以上企业已达1.63万家，占规上企业总数的40%左右，通用航空、机器人、节能环保、新能源汽车等高端装备业率先增长，增加值均保持10%以上增速。

第一节 2016年整体发展形势

一、运行状况

（一）总体情况

2016年，山东、江苏、广东、福建等省份的装备工业维持了较高增速，总体运行较为平稳。2016年，山东省装备制造业增加值增长7.6%，比全部规模以上工业高出0.8个百分点，产业增加值占规模以上工业的比重为29.4%，达到历史最高水平，产业发展势头良好。福建省装备工业产销增速持续加快，呈现出较好的发展态势。2016年上半年，全省规模以上装备制造企业的工业增加值同比增长13.2%，同比提高6.8个百分点，完成工业总产值同比增长11.2%，增幅同比提高3.8个百分点。

（二）高端装备制造业增势喜人

东部地区是我国高端装备制造业的主要集聚地，也是低端产业"去产能"工作任务的"主战区"。2016年，广东省工业经济总体保持平稳运行态势，产业分化和结构优化趋势明显，效益持续向好，采购经理指数（PMI）已连续8个月处于荣枯线以上。全省高技术制造业、先进制造业增加值增速始终高于全省规模以上工业。其中，2016年前10个月，全省汽车制造业增加值累计增长14.5%，仍维持两位数增长，传统制造业增速放缓，低于2015年同期。山东省的汽车、通用设备、专用设备等行业增加值分别增长11.7%、8.2%、6.6%，依次比上年提高5.0个、4.4个、0.6个百分点。通信设备、计算机、电子及电工机械专用设备等高端装备制造业均实现9%以上的增长速度。

二、发展特点

（一）产业转型升级动力强劲

东部地区的科技、教育、财政及制度等资源丰富，在装备产业领域具备产业转型的强烈诉求和动力。北京和上海拥有我国最集中、最优秀的大学和科研机构，集聚大批科研人才，有较强的自主创新能力，正向高端装备研发、营销中心发展。2017年初，北京印发实施《北京市"十三五"时期现代产业发展和重点功能区建设规划》，《规划》指出，要大力发展战略性新兴产业和高端制造业，壮大新能源汽车、高端装备制造等相关产业。上海紧抓国家培育发展战略性新兴产业和振兴装备制造业的重大机遇，以加快发展高端装备为重点，不断提升装备制造业智能化、自主化水平。结构高端化趋势愈加明显，重点产品市场占有率不断增长，以智能制造、新能源装备、轨道交通装备、新能源汽车、微电子装备以及船舶装备、航空装备为代表的高端装备产业逐渐成为上海市装备产业的主力军。上海的大型港口起重机械全球市场占有率达70%，百万千瓦级超超临界火电机组国内市场占有率近50%，核电装备国内市场占有率达40%。

（二）政策引导促进产业做大做强

得益于良好的科技、产业、经济、区位等优势，东部省份出台了诸多政策支持高端装备制造业发展。

浙江省将高端装备制造业作为装备制造业转型升级的关键。为适应当前国内外环境的变化，浙江省经信委2012—2015年三次修订印发了《浙江省高端装备制造业发展重点领域》的通知，实时把握高端装备制造业发展脉络。2013年，浙江省政府发布《浙江省人民政府关于推动现代装备制造业加快发展的若干意见》，提出通过"建设省级重点企业研究院并给予补助、实施装备制造产业技术攻关重大专项、实施青年科学家培养计划"三项举措推动现代装备制造业加快发展。2015年2月，浙江省经信委制定《浙江省高端装备制造业发展规划（2014—2020）》，提出将"重点发展新能源汽车及轨道交通装备、高端船舶装备、光伏及新能源装备、机器人与智能制造装备及关键基础件等十个领域"。

上海市一直将高端装备制造业作为重点发展领域，出台了一系列具体的政策支持高端装备制造业的发展，例如实施使用国产首台（套）重大技术装备的风险补偿机制，对本市用户单位首次订购或使用首台（套）重大技术装备，给予首台设备合同金额10%或保费额50%的风险补贴；利用《关于在临港地区建立特别机制和实行特殊政策的意见》政策机遇，加快建立了8项特别机制、落实了24项特殊政策。对符合临港产业发展方面的重大产业项目，临港税收区级留成形成财力的50%以及临港专项发展资金市级出资的一部分，用于支持吸引重大产业项目落地；推进本市承接的国家科技重大专项，以及航空零部件、新能源高端装备、工业机器人、精密制造、电子信息装备等战略性新兴产业重大项目优先在临港地区布局。

广东省先后发布《广东省人民政府办公厅关于加快先进装备制造业发展的意见》（2014）、《珠江西岸先进装备制造产业带布局和项目规划》（2015）、《广东省智能制造发展规划（2015—2025年）》（2015）、《珠江西岸先进装备制造产业带布局和项目规划（2015—2020年）》（2015）、《广东省先进制造业重点产业发展"十三五"规划》（2016）等相关产业、区域发展规划，并发布提供相关的财政政策实施细则和专项资金支持。

三、发展经验

（一）自主创新支撑产业转型升级

实施自主创新驱动发展战略是突破高端装备制造业发展瓶颈的必经之路，是拉动实体经济快速发展的必然选择，也是我国由制造大国向制造强国转变的重大举措。依托自主创新，东部地区实现了装备制造业转型升级的重大突破，一批高端设备的自主成功研发。比如，在基础领域，优质冷轧矽钢片、大型电站锻件、高压绝缘套管、变压器出线装置等关键基础件、核心零部件的国产化工作取得新进展，替代进口。在核电领域中，哈电集团自主研制的核反应堆冷却剂泵组设备通过验收，1000KV出线装置、"华龙一号"主管道和主蒸汽安全阀、第三代核电站1E级停堆断路器屏通过新产品鉴定。重大装备领域，杭氧集团为宁煤400万吨煤制油项目提供的6套10万立方米超大型空分装置及沈鼓集团研制的国内首套大型空分压缩机组正在现场安装调试，沈鼓集团研制的我国首台套120万吨/年乙烯三机试车成功，东北炼化工程公司研制的国内首台大直径聚乙烯离心机设备通过验收，中铁工程集团自主研发制造的世界最大断矩形顶管机下线。

（二）注重区域协同发展

依托核心区域带动，周边区域协同的发展方式，我国已经初步形成了的环渤海地区、长三角地区、珠三角地区三大高端装备制造产业带。

按照京津冀区域整体功能定位和具体的功能定位，北京积极优化三产结构，发挥科技创新中心作用，加快构建高、精、尖经济架构，着力发展服务经济、知识经济和绿色经济。天津积极发展高端装备制造业，大力发展航空航天、生物医药和节能环保等战略性新兴产业和金融、航运物流、服务外包等现代服务业，打造全国先进制造研发基地和生产性服务业集聚区。河北承接首都产业功能转移和京津科技成果转化，改造提升传统优势企业，推动产业转型升级，大力发展先进制造业、现代服务业及战略性新兴产业，建设新型工业化基地和产业转型升级试验区。长三角地区将以上海张江高新技术产业开发区为核心，联合上海周边城市和长三角域内城市，共同打造航空、造船、海洋工程、智能装备制造等产业集群。

珠江西岸是拥有机械、海洋工程、通用航空、智能制造等一批竞争优势明显、支撑带动作用较强的主导产业。2014 年 8 月，广东省政府正式启动珠江西岸先进装备制造业产业带的建设，珠海、佛山、中山、江门、阳江、肇庆六市及顺德区"六市一区"被划入建设范围。2015 年 1 月，广东出台《珠江西岸先进装备制造产业带布局和项目规划（2015—2020 年）》，在产业规划方面，佛山以工业母机为重点，着重发展以数控装备、增材制造和工业机器人为代表的智能装备制造业；珠海全力推进海洋工程设备和航空航天装备的发展；江门延伸轨道车辆制造和维修产业链，打造千亿轨道交通产业集群；中山瞄准"专、特、精、高"发展定位，加快发展机床类制造业；阳江正着力打造"中国（阳江）高端不锈钢产业基地"和"风力发电装备制造产业基地"。2016 年 9 月，珠江西岸"六市一区"获批成为"中国制造 2025"试点示范城市群。目前，该区域初步形成了以珠海和佛山为"双龙头"，其他各市优势互补、错位发展的产业带建设格局，是广东的装备工业集聚区。

第二节　重点省份与城市发展情况

一、辽宁省

辽宁省从强化顶层设计入手，突出产业政策的引领作用，积极贯彻落实《中国制造2025》，推动装备制造业转型升级，力求以产业规划和政策引领全省工业发展。近年来，辽宁省先后制定出台了《辽宁省装备制造业重点领域发展指导意见》《关于推进工业供给侧结构性改革的实施意见》《工业八大门类产业发展政策》《中国制造2025辽宁行动纲要》《辽宁省智能制造工程实施方案》等一批政策意见，明确发展思路、提振发展信心。《辽宁省装备制造业重点领域发展指导意见》提出，要加快发展航空装备、海洋工程装备及高技术船舶等八大重点领域，通过开展首台（套）重大技术装备保险申报工作等举措，补齐装备制造业高端产品少、核心技术依赖进口的短板，推动机器人、数控机床、新能源汽车等产业发展。

围绕落实《中国制造2025辽宁行动纲要》，辽宁省实施了智能制造工程、绿色制造工程和服务型制造专项行动，编制《辽宁省智能制造工程实施方案》，提升辽宁省装备制造业竞争力。截至2016年，共推进了50户智能制造及智能服务试点示范企业项目建设，引导制造业企业从生产型制造向服务型制造转变；加快两化融合管理体系贯标建设，启动工业互联网发展行动计划，推进百户工业企业互联网试点，打造一批制造、营销、物流、国际产能合作领域的互联网龙头企业。同时，围绕产业共性技术、高端技术、前瞻性技术进行研究攻关，辽宁省鼓励企业与高校、科研院所合作，推进创新成果产业化，积极开展军民融合需求对接活动，促进军民两用技术成果双向转移和应用。目前，全省工业转型升级步伐加快，产业向中高端迈进趋势明显。

二、山东省

山东省积极应对国内外发展环境变化和经济下行压力，新旧动能持续转换，大力推进供给侧结构性改革，着力扩大总需求，加大基础设施建设力度，各项政策措施落地，对工业装备、零部件需求明显增多。目前，山东省装备工业生产运行总体平稳，工业结构持续优化，装备制造业全面提速，企业效益正在好转，工业经济阶段性筑底迹象明显，实现了"十三五"良好开局。

为贯彻实施《中国制造2025》，推进山东制造强省建设，努力打造中国制造"山东版"。2016年3月28日，山东省人民政府印发了《〈中国制造2025〉山东省行动纲要》，提出把握世界前沿技术和产业发展方向，立足山东现有产业基础，按照高端、高质、高效发展要求，加大对装备制造业的扶持力度，规划未来十年，山东省以实施山东制造强省建设的重点方向——发展壮大新一代信息技术与装备、高档数控机床和机器人、海洋工程装备和高技术船舶、轨道交通装备、汽车及零部件、电力装备、现代农业机械、工程机械、专用设备、节能环保装备等十大装备制造业，培植提升十大特色优势产业，实施创新能力提升工程、智能制造工程、工业强基工程、绿色制造工程、中小企业创业成长工程、服务型制造工程、军民融合工程等八大专项工程，推动制造业实现中高速发展，产业结构向中高端迈进。

三、江苏省

江苏省是我国装备制造业强省，无论是规模实力，还是区域综合竞争力都稳居全国首位。围绕促进制造业转型升级需求，进一步壮大新兴装备制造业，提升传统装备制造业，推动整机成套装备与零部件产业、基础制造产业协同发展，加快构建门类齐全、功能完整的装备制造产业新体系，贯彻落实《中国制造2025江苏行动纲要》，江苏省制定了《江苏省装备制造业"十三五"发展规划》。

全省装备产业规模总量稳步增长，产业结构不断优化，产业布局不断优化，创新体系逐步完善，企业实力显著增强。"十二五"以来，江苏装备制造业发展平稳，航空航天装备、轨道交通装备、智能制造装备、高端专用装备等高端装备制造业实现快速发展。2015年，全省装备制造业主营业务收入6.1万亿元，"十二五"期间年均增长10.5%；实现利润4122.8亿元，"十二五"期间年均增长10.1%。其中，机械工业产值4.2万亿元，主营业务收入

77

4.0万亿元，实现利润2999.1亿元。2015年，全省高端装备制造业销售收入过万亿元，一大批主业突出、研发能力较强的装备领军企业（集团）脱颖而出，企业综合竞争实力日益增强。到"十二五"末，全省拥有销售收入超百亿元企业20余家，超10亿元企业400余家，全省拥有全国机械工业百强企业数量连续多年稳居全国前三位。徐工集团、南高齿集团、沃得集团、天奇自动化等一大批行业龙头企业和四方冷链、明志科技、润源经编等一大批行业"小巨人""单打冠军"企业竞争力突出。江苏省装备制造业积极建设自主创新体系建设，加大技术进步投入力度，"十二五"累计认定省级首台（套）重大装备及关键部件462个，高速轨道交通车辆牵引制动技术、高速大型精密数控机床制造技术、智能化网络化机器人生产线集成技术等关键核心技术领域实现明显突破。1600吨热模锻冲压线、高速重载工业机器人、高压油缸等一批重大智能装备和关键零部件市场竞争优势明显增强，高档全地面起重机、新型轨道交通装备、新型电力装备市场占有率进一步提高，装备制造业服务化水平不断提升。截至2015年底，装备制造业累计建成国家级企业技术中心49家、省级企业技术中心612家，分别占全省国家级和省级企业技术中心总数的51.0%和37.5%。

江苏省装备制造业的发达，离不开政策的引导支撑。"十二五"以来，江苏省每年安排10亿元的省级战略性新兴产业发展专项资金，重点支持战略性新兴产业发展的重要环节、关键技术、重大工程以及载体。江苏将从2016年起，连续三年统筹安排省级各类资金超过1000亿元，支持"一中心、一基地"建设，即建设有全球影响力的产业科技创新中心和有国际竞争力的先进制造业基地。此外，江苏省还实施"育鹰计划""333高层次人才培养计划"，围绕对未来新兴产业的形成和发展具有引领作用的前沿技术，着力培养青年科技人才，完善人才使用和激励机制，鼓励省内外装备制造业优秀人才和团队到江苏创新、创业，切实提高江苏企业原始创新能力。

四、广东省

装备制造业是广东省的支柱产业，近年来，产业发展呈现出平稳快速增长态势。广东省装备制造业与其所处沿海地区的主导产业的发展息息相关，因而有别于东北地区、山东、上海等地以重大装备为主的发展模式，而是呈现出总量大、门类齐全、以轻型为主的发展特点。据统计，广东省装备制造业规模以上企业已达 1.63 万家，占规上企业总数的 40% 左右，通用航空、机器人、节能环保、新能源汽车等高端装备业率先增长，增加值均保持 10% 以上增速。

广东省实施创新驱动发展战略，加快智能制造加推广应用，2016 年新增 6 个国家级智能制造试点示范项目；加快两化融合贯标试点，新增 79 家国家级贯标试点企业。2016 年，广东出台《深化制造业与互联网融合发展的实施意见》，建设 10 个智能制造示范基地，培育 36 个省级智能制造试点示范项目。同时，启动建设了印刷及柔性显示、机器人、轻量化高分子材料等领域的首批 3 个省级制造业创新中心，建成智能装备、智能机器人等新型研发机构，支持 8 家大型工业骨干企业建设中央研究院，扶持 42 家企业技术中心建设创新平台。大力推进科技成果产业化，广东省举办了泛珠三角科技成果对接活动，推介创新成果 341 项。

广东省大力发展珠江西岸先进装备制造产业带，壮大工作母机类制造业，培育龙头骨干企业，支持产业集聚区建设，珠江西岸"六市一区"成为《中国制造 2025》试点示范城市群，2016 年 1—11 月，珠江西岸"六市一区"装备制造业增加值增长 13.3%，投资额增长 33.7%。围绕高端项目招商引资和项目落地，2016 年 1—11 月，珠江西岸新引进投资亿元以上项目 197 个，新开工亿元以上项目 163 个，完成投资 111 亿元；新投产亿元以上项目 117 个。

第八章 中部地区

近年来，中部地区的高端装备制造产业发展较好，呈现规模增长趋势。2016 年 1—11 月，河南省装备工业持续平稳增长。全省装备工业增加值同比增长 11.6%，增速高出全省工业平均水平 3.6 个百分点；完成主营业务收入 1.09 万亿元，同比增长 10.12%，占全省工业的比重达到 19.9%；实现利润总额 745 亿元，同比增长 7.64%，占全省工业的比重达到 20.7%。2016 年 1—11 月，安徽省装备工业实现增加值 2686.4 亿元，同比增长 12.2%，增速高于全省工业平均水平 3.6 个百分点，占全省工业的比重为 37.3%。其中，9 月当月实现增加值 327.4 亿元，同比增长 12.4%。2016 年 1—11 月，湖北省在汽车、电子设备等行业带动下，装备制造业增加值增长 10.7%，同比加快 1.5 个百分点，但环比回落 0.7 个百分点。2016 年 1—11 月，山西省装备制造业实现主营业务收入 1368.7 亿元，同比增长了 4.9%；实现利润 20.9 亿元，同比回落了 66.3%；实现利税 45.6 亿元，同比回落了 50.2%；实现工业增加值 400.6 亿元，同比增长了 7.8%。2016 年 1—9 月，湖南省装备工业累计完成规模工业增加值 2126.1 亿元，同比增长 12.1%，占全省规模工业增加值比重为 29.9%，增加值对全省工业的贡献率为 50.3%。目前已经形成了电工电器、工程机械、汽车、电子信息等千亿产业集群。轨道交通、新能源汽车及零部件和节能环保产业走势较好，特别是对增材制造、北斗导航、智能驾驶、航空航天等前沿产业抢滩布局，有可能培育出新的支柱产业。

第一节　2016 年整体发展形势

一、运行状况

2016 年 1—11 月，河南省装备工业持续平稳增长。全省装备工业增加值同比增长 11.6%，增速高出全省工业平均水平 3.6 个百分点；完成主营业务收入 1.09 万亿元，同比增长 10.12%，占全省工业的比重达到 19.9%；实现利润总额 745 亿元，同比增长 7.64%，占全省工业的比重达到 20.7%。

2016 年 1—11 月，安徽省装备工业实现增加值 2686.4 亿元，同比增长 12.2%，增速高于全省工业平均水平 3.6 个百分点，占全省工业的比重为 37.3%。其中，9 月当月实现增加值 327.4 亿元，同比增长 12.4%。2016 年前三季度，安徽省装备工业实现主营业务收入 10796.8 亿元，同比增长 10.2%，增速高于全省工业平均水平 3.5 个百分点，占全省工业的比重为 36.7%；实现利润 493 亿元，同比增长 7.4%，占全省工业的比重为 38.2%。截至 9 月底，全行业应收账款 2573.1 亿元，同比增长 18.4%，产成品 527.7 亿元，同比增长 7.1%，两项合计 3100.8 亿元，同比增长 17.6%；亏损企业亏损额 31 亿元，同比下降 15.5%。

2016 年 1—11 月，湖北省在汽车、电子设备等行业带动下，装备制造业增加值增长 10.7%，同比加快 1.5 个百分点，但环比回落 0.7 个百分点。汽车行业轿车产销两旺、商用车好转以及产品结构改善和上海通用等增长点发力，增加值增长 13%，同比加快 3.4 个百分点。汽车产量 216.4 万辆，超过 2015 年全年 20 万辆，同比增长 24.3%。分车型看，轿车、运动型多用途乘用车（SUV）产量增长 27.3%、35.1%，客车产量下降 11.8%，载货车增长 17.6%，其中运动型多用途乘用车（SUV）产量达到 70 万辆，占比超过 32%；11 月当月产量 26.5 万辆，创历史新高，同比、环比增长 25.6%、19.4%。机械行业增势放缓，增加值增长 6.9%，同比、环比分别回落 1.1 个、0.3 个百分点，其中通用设备、专用设备分别增长 8.5% 和 6.5%，铁路航空等运输设备制造业、仪器仪表制造业分别增长 11.8%、7.3%，电气机械制造业当月增长 12.2%，累计增长 4.6%。电子设备制造业受同期高基数及重点企业波动影响增速高位放缓，11 月当月增加值下降 0.5%，累计增速由 1—10 月的 15.6% 放缓至 12.2%。

2016 年 1—11 月，山西省装备制造业实现主营业务收入 1368.7 亿元，同比增长了 4.9%；实现利润 20.9 亿元，同比回落了 66.3%；实现利税 45.6 亿元，同比回落了 50.2%；实现工业增加值 400.6 亿元，同比增长了 7.8%。装备制造业 1—11 月实现工业增加值同比增长了 7.8%。虽低于上年同期 1.9 个百分点，但是高出全国制造业（6.9%）0.9 个百分点，高于全省制造业 1.6 个百分点。装备制造业实现工业增加值中贡献最大的是计算机、通信和其他电子设备制造业，1—11 月实现工业增加值 400.6 亿元，其中九个分行业的贡献率分别是：电子装备制造业约占 56.29%；专用设备制造业 9.62%；金属制品业 8.71%；电气机械和器材制造业 7.7%；通用设备制造业 6.42%；汽车制造业 4.48%；铁路、船舶、航空航天和其他运输设备制造业 3.61%；金属制品、机械和设备修理业 3.06%；仪器仪表制造业 1.11%。1—11 月，装备制造业主营业务收入为 1368.7 亿元，其中，电子装备制造业 719.7 亿元，专用设备制造业 157.3 亿元，电气机械和器材制造业 110.8 亿元，通用设备制造业 104.8 亿元；汽车制造业 92.3 亿元，金属制品业 84.2 亿元，铁路、船舶、航空航天和其他运输设备制造业 74.7 亿元，仪器仪表制造业 16.9 亿元。

2016 年 1—9 月，湖南省装备工业累计完成规模工业增加值 2126.1 亿元，同比增长 12.1%，占全省规模工业增加值比重为 29.9%，增加值对全省工业的贡献率为 50.3%。目前已经形成了电工电器、工程机械、汽车、电子信息等千亿产业集群。轨道交通、新能源汽车及零部件和节能环保产业走势较好，特别是对增材制造、北斗导航、智能驾驶、航空航天等前沿产业抢滩布局，有可能培育出新的支柱产业。

二、发展特点

（一）湖北省新能源汽车呈现爆发式增长

湖北省新能源汽车不断整合上下游资源，创新商业模式，加快推进示范推广应用及基础设施建设，累计产量达 1.4 万辆，同比增长 9.1 倍。其中，东风汽车公司在鄂产量 1.2 万辆，同比增长约 10 倍；东风扬子江汽车公司产量 2000 辆，同比增长约 8 倍。涌现出湖北新楚风汽车股份有限公司、程力专用汽车股份有限公司、武汉九通汽车公司、武汉客车股份公司、世纪中远专用汽车公司、湖北精功科技有限公司、武汉市汉福专用车有限公司等一批新能源整车和专用汽车生产企业。武汉经开投资公司控股东风扬子江公司，收购武汉斯贝卡专用汽车公司和山东沂星汽车公司，组建武汉东湖新能源汽车集团，开始新能源汽车全产业链布局。骆驼集团重组宇清科技公司，推出电池、电机一体化新能源汽车动力系统解决方案，进一步完善了产业链。

（二）安徽省大力发展智能装备，培育经济发展新动能

安徽省以工业机器人、高档数控机床、增材制造装备、智能传感与控制装备、智能检测与装配装备、智能物流与仓储装备、智能化生产线为重点，大力发展智能装备产业。一是智能装备总量不断攀升。2015 年，安徽省智能装备产业实现工业总产值 735 亿元，同比增长 10.8%。二是机器人产业快速发展。目前，全省已初步形成以中科院智能研究所、合工大智能研究院等科研机构为研发主体，以埃夫特、欣奕华等企业为龙头的整机企业集群，以巨一自动化、井松自动化、松科智能等系统集成企业集群，以固高自动化、翡叶动力科技等企业为龙头的关键零部件企业集群，以中联重机、江淮汽车、奇瑞汽车等典型示范的应用企业，产、学、研、用产业链集聚发展态势逐渐凸显。2016 年 1—10 月，全省工业机器人产量突破 2600 台，在国内处于前列。三是高档数控机床集群发展。2015 年，全省生产金属切削机床 8.1 万台，主要有合肥锻压、芜湖恒升、安徽东海、安徽中德、皖南机床、池州家机等骨干企业，在马鞍山博望区和芜湖县形成了两大高档数控机床产业集群。其中，马鞍山博望区的高端数控成形机床在全国处于前列，2015 年产值达 50 亿元，企业数达 150 家，其中规上企业 38 家。

（三）湖南省重点产业发展优势突出

从工业总量来看，2016 年 1—9 月，湖南省装备工业累计完成规模工业增加值 2126.1 亿元，同比增长 12.1%，占全省规模工业增加值比重为 29.9%，增加值对全省工业的贡献率为 50.3%。从产业结构来看，形成了电工电器、工程机械、汽车、电子信息等千亿产业集群。轨道交通、新能源汽车及零部件和节能环保产业来势较好，特别是对增材制造、北斗导航、智能驾驶、航空航天等前沿产业抢滩布局，有可能培育出新的支柱产业。从产业竞争力来看，工程机械产业占据国内绝对领导地位；轨道交通产业在国内处领先水平；中小航空发动机是全国重要的生产研发基地。晟通科技、博云新材、远大住工等企业技术领先国内新材料行业；新能源汽车产业拥有全球最大的纯电动大巴生产基地；电子信息细分领域聚集了以蓝思科技、长城信息等为代表的一大批单项冠军型企业。

（四）江西省试点示范成效明显

江西省通过试点示范工作的推进，在生物医药、石化、纺织等行业，部分企业在资源配置、工艺优化、过程控制、产业链管理、质量控制与溯源、节能减排及安全生产等方面的智能化水平得到提升。如江西科伦医疗器械制造有限公司实现企业生产过程中，人、机、料、法、环、测等方面的全面信息化、协同化、实时化、数字化和智能化，企业生产效率提高40%、能源利用提高30%、企业运营成本降低40%、产品不良品降低30%、产品配件成型周期缩短30%。在电子信息、机械、航空、汽车等领域，部分企业已经应用数字化三维设计与工艺技术，通过制造执行系统（MES）与企业资源计划系统（ERP），实现数字化设计、产品在线监测、质量溯源、工况识别和质量控制等生产过程自动化与互联互通。如汉腾汽车有限公司运用的MES系统，采用PMC、AVI、ANDON、RC、CCR等系统和控制算法，实现生产过程的关键零部件、车身等进度、设备状态、现场操作、过程质量检验等数据采集，实现生产任务、现场物料配送的管控。达到生产效率提高15%，能源利用率提高5%，企业运营成本降低12%、产品不良品率降低10%，研制周期降低20%的效果。

三、发展经验

（一）湖北省打造装备制造特色园区

一是武汉装备制造园区发展开创新模式。武汉机器人产业园采取"一南一北、双园驱动"模式，南园即东湖高新区机器人产业园，规划5700亩，北园即蔡甸机器人产业园，规划 5000 亩。机器人南园以本地企业为主，已组建机器人孵化器（2 年免租），目前已入驻企业近 10 家。机器人北园以引进为主，积极引进江淮新能源汽车、国瑞智能、东风涂装等一批工业机器人应用大户的项目建设，推进了数码模（亿和）机器人项目生产、武汉瑞明数字化工厂等本地项目建设。格力电器与武汉市蔡甸区合作建设智能装备产业园总投资 50 亿元以上，分三期建设，用地规划 1500 亩，从事机器人、高端数控机床等产品的研制，达产后年产值 150 亿元。

二是地市装备制造园区发展突出产业链。孝感市高新区智能装备产业园计划投资 10 亿元，重点引进掌握基础零部件和核心元器件的上游企业，拓宽下游产品群种类，从而增强区域产业配套协作，打造完善的机器人与智能装备产业链。新引进的湖北亿鹏展精密机械有限公司，专业生产注塑机专用机械手，目前一期工程基建完成，设备已调试就位。骏腾发智能装备产业园规划占地 200 亩，计划总投资 5 亿元。园区计划招商引进多家机器人控制系统研制及系统集成企业，产业园计划 3 年建成，实现机器人相关产业年产值 10 亿元，税收 1 亿元。

（二）安徽省强化智能制造试点示范推广应用

一是加强经验交流。2016 年 7 月 28 日，安徽省经信委召开的全省经信系统稳增长调结构座谈会上，江南化工作为国家试点示范项目典型企业在大会上作主题为"以智能制造提高民爆企业本质安全水平"的交流发言。8 月，安徽省经信委举办三期机关党员干部轮训班，委领导重点介绍了彩虹（合肥）液晶玻璃有限公司的电子玻璃智能制造项目情况。10 月 18 日，在合肥举办的 2016 中国国际徽商大会智能制造专题推介会上，安徽省从事工业机器人生产的龙头企业埃夫特智能装备股份有限公司作主题为"聚焦智能制造推动创新发展"的交流发言。

二是强化示范推广应用。安徽省大力推进智能装备和技术在工业领域的推广应用。督促芜湖机器人产业基地建设，指导合肥经开区万台机器人项目建设，大力支持埃夫特公司、欣奕华、雄鹰自动化等机器人企业加强自主研发，提高工业机器人产业化规模。鼓励重点企业建设智能工厂和数字化车间，加快人机智能交互、工业机器人、智能物流管理、增材制造等技术和装备在生产过程中的应用。加快产品全生命周期管理、客户关系管理、供应链管理系统的推广应用，促进集团管控、设计与制造、产供销一体、业务和财务衔接等关键环节集成，实现智能管控。

三是搭建产销对接平台。2016 年 11 月 10—12 日，安徽省经信委举办了安徽省第五届装备制造产品（芜湖）产需对接会和安徽省工业机器人推广应用（芜湖）产需对接会。会议期间，举行了安徽省首届智能制造高端论坛，还组织参会代表参观了第七届科学技术博览会（芜湖）机器人展，现场体验工业机器人及服务机器人在细分领域的应用场景，并分机械及汽车行业、家电建材及化工行业、食药酒及家居行业、机器人教育行业等进行了对接交流，20 家机器人示范应用企业进行了应用情况汇报、10 家机器人生产企业和集成企业现场作了产品和解决方案介绍。

四是加强政策引导。为全面贯彻落实国家和省委、省政府文件精神，结合安徽省产业发展需要和现有产业基础，制定了《安徽省智能制造工程实施方案（2016—2020）》《关于加快智能制造发展的实施意见》《安徽省智能工厂和数字化车间认定暂行管理办法》。以构建新型制造体系为目标，大力推动制造业数字化、网络化、智能化进程。

五是加大资金支持力度。安徽省经信委充分利用现有渠道，加大省级财政资金对智能制造的支持力度，在省企业发展专项资金中设立了省级智能制造工程专项资金，2016 年安排了 5000 万元，2017 年拟安排 1 亿元，用于支持智能制造项目、首台（套）重大装备和工业机器人应用项目。此外，安徽省政府新设立 10 亿元工业投资综合奖补资金，每年 20 亿—30 亿元的战略性新兴产业基地集聚发展专项资金，以及总规模 800 亿—1000 亿元的产业发展基金，都把智能制造作为重点进行支持。

（三）江西省加快促进航空产业集聚

江西省景德镇市委、市政府全力支持市高新区作为承载全市直升机产业发展的主平台，推进高新区扩园强区，将规划面积从原有 15 平方公里扩大至 31 平方公里，出台《关于促进景德镇高新技术产业开发区跨越式发展的意见》，通过实行"党政合一"、财税封闭管理体制，授予园区工业项目市级审批权和加强督查问责制度等，在破除园区发展体制机制束缚的同时，确定了

"航空立区"战略,并编制景德镇航空科技城规划,总体规划面积超过 18 平方公里,按照"一基地三区"开发建设,分研发创新区、装配制造区、通航产业区三大功能区。其中:研发创新区主要致力于打造国际国内知名的直升机研发中心;装配制造区重点建设为直升机重要的配套产业基地;通航产业区全力打造成为中国通航业务的重点区域之一。

坚持"走出去、引进来",在国内外知名航展、直博会和各类大型招商引资洽谈会等有效平台上,加大景德镇市直升机产业的招商和宣传力度,邀请知名航空企业和科研院所等单位来景参观、考察并洽谈。紧密围绕巩固延伸直升机产业链,从提升完善配套能力,加快通航产业发展等方向入手,着力引进具备直升机产业高端技术和发展潜力的大项目、好项目,结合"土地清理"和"腾笼换鸟"等举措,提供江直公司和昌兴公司等企业的发展用地过千亩,为江直公司和昌兴公司引进比利时 Dynali 两款直升机、意大利 K4A 公司 KA-2HT 型直升机提供了重要保障,着力营造"整机企业顶天立地,配套企业铺天盖地"的良好集聚氛围。

(四)湖南省制定配套措施共推首台套推广应用

2012 年,湖南省经信委就与省财政厅联合制定出台了《湖南省首台(套)重大技术装备认定及奖励实施办法》(湘财企〔2012〕39 号),并确定在省战略性新兴产业专项中每年安排一定的资金用于奖励。2012—2016 年,五年来湖南省共认定首台(套)重大技术装备产品 376 个(其中省内采购应用单位 19 家),省财政累计安排奖励资金 1.3 亿元(其中 2012—2013 年每年 2000 万元、2014—2016 年每年 3000 万元)。自开展首台套保险试点以来,湖南省将认定的首台套产品及专家评定意见作为开展首台套保险试点的一个重要参考依据,提高了开展首套保险业务和申报的精准性和国家审批通过率。通过实施首台(套)保险补偿试点和开展首台套产品的认定和奖励,在湖南省初步形成两个政策相辅相成,形成合力促进湖南省首台套装备推广应用的良好局面,对推动湖南省企业创新发展,提升湖南省装备工业整体水平和企业核心竞争力产生了积极作用。

第二节 重点省份与城市发展情况

一、湖北省

(一) 工业机器人蓬勃发展

湖北省华中数控通过并购、重组、新建等方式打造工业机器人全产业链，建立了 27 个省级服务网点，7 个大区服务中心，以及总部服务中心。汉迪机器人获得了全向移动可控机器人、远程临境机器人等多项专利，推出了全向移动平台和工业机器人两个系列产品。武汉思瑞法机器人已签订法国哈金森公司出口订单，向该公司提供制造汽车管道核心装备——全伺服管道端口成型机器人。人天机器人推出的二自由度 Delta 并联机器人，成功应用于民爆大药卷自动装箱生产线。武汉·中国光谷机器人产业创新战略联盟被列入省级联盟试点。

(二) 3D 打印产业加速聚集

工业级 3D 打印装备迈向国际先进水平，武汉华科三维科技有限公司宽台面金属 3D 打印装备出口德国，研究开发的康复医疗领域"假肢接受腔新产品及假肢矫形器专用修型"3D 打印系统，已经在省康复辅具中心开始应用。湖北嘉一三维高科股份有限公司正式挂牌新三板，成为中国 3D 技术综合应用第一股。

(三) 高档数控机床发展成果丰硕

华中数控华中 8 型高档数控系统装备可以加工 40% 以上的航天复杂零部件，公司已承担了数控专项立项支持研发的 300 多台高档机床的配套任务。华中 8 型钻攻中心数控系统在东莞市台群机械设备有限公司、深圳市鼎泰实业有限公司等厂家批量配套；与大连机床集团一起参与钻攻中心项目竞标成功，首批交付的机床与国外系统同台竞技。

(四) 医疗装备产业化和质量水平不断提升

医疗设备产业是资本技术密集、产业关联度大、带动性强、发展前景广阔的朝阳产业。武汉中旗生物医疗电子有限公司首创的 18 导平板心电图机开始量产，并经武汉同济、亚洲心脏病医院等临床测试。安翰光电技术（武汉）有限公司的百万颗磁控胶囊内镜机器人生产线签约落户光谷生物城。

（五）农机装备开始挤进全国前列

东风井关农机装备公司襄阳工厂在襄阳市国际物流园开工。总投资 15 亿元，占地面积 560 亩，兴建总装、检测、涂装、焊接、机加等车间，预计未来年产农业专用车辆、农业机械、专业农机具 6 万台套，实现年销售收入达 150 亿元，并跻身全国农机前五强。

二、湖南省

（一）农机行业筑底回升

2016 年前三季度，农机行业逐步走上探底回升通道。分产品看，收获机械生产 23.2 万台，同比增长 4.3%；大型拖拉机生产 21772 台，同比下降 4.2%；中型拖拉机生产 7.7 万台，同比下降 4.3%；小型拖拉机生产 18.3 万台，同比下降 7.5%。9 月当月，收获机械生产 3.4 万台，同比增长 8.7%；大型拖拉机生产 3086 台，同比增长 3.1%；中型拖拉机生产 9000 台，同比增长 20.2%；小型拖拉机生产 2.7 万辆，同比增长 47.6%。

（二）汽车行业持续快速增长

2016 年前三季度，汽车生产 47 万辆，同比增长 31.8%。其中，SUV 生产 24.4 万辆，同比增长 53.5%；新能源汽车生产 3.9 万辆，同比增长 68.7%。9 月当月，汽车生产 6.1 万辆，同比增长 41.8%。其中，SUV 生产 3.1 万辆，同比增长 73.6%；新能源汽车生产 7000 辆，同比增长 114.4%。

（三）电工电气行业平稳健康发展

2016 年前三季度，电工电气行业实现主营业务收入 2356.23 亿元，同比增长 12%；实现利润 168.22 亿元，同比增长 11.3%；截至 9 月底，产成品库存 80.4 亿元，同比下降 1.5%。从重点产品看，发电设备生产 69.1 万千瓦，同比增长 18.9%；变压器生产 1462.8 万千伏安，同比增长 10.6%。

（四）机床行业转型升级成效显著

近年来，机床行业逐步向高端数控机床转型。2016 年前三季度，机床行业生产 1.4 万台，同比增长 20.7%。其中，9 月当月生产 2806 台，同比增长 89.1%。

（五）冶金矿山装备出现回暖

2016 年前三季度，冶金矿山装备生产 133 万吨，同比增长 6.5%。其中，9 月当月生产 16.9 万吨，同比增长 8.3%。

三、安徽省

（一）汽车行业结构调整成效明显

2016 年前三季度，安徽省汽车工业实现增加值 423.7 亿元，同比增长 17.4%，生产汽车 108.5 万辆，同比增长 25.3%。其中，9 月当月生产汽车 14.5 万辆，同比增长 52.4%。由于整车企业产品结构调整产生效果，汽车产量一直保持较快增长，效益回升。

（二）智能制造装备等高端装备行业增长态势较好

随着劳动用工成本不断攀升，加上企业提高劳动生产率、升级产品的需要，智能制造装备、自动化生产线、工业机器人等高端装备持续快速发展。上半年，安徽省生产工业机器人 1350 台，同比增长 35%。芜湖埃夫特实现产值 5 亿元，同比增长 95%；生产机器人 686 台，同比增长 82%。

（三）节能环保装备行业生产增长较快

受国家节能环保政策拉动，安徽省节能环保装备持续增长较快。2016 年前三季度，海螺川崎实现产值 49.9 亿元，同比增长 24.9%；实现利润 1.56 亿元，同比持平。国祯环保实现利润 1.07 亿元，增长 87%。安徽威达环保科技股份有限公司实现利润 5500 万元，同比增长 10%。

（四）农业装备发展势头较好

2016 年前三季度，中联重机实现利润 5980 万元，较 2015 年同期亏损 4980 万元；实现产值 41.15 亿元，同比增长 23.8%；生产大型农机 4.45 万台，同比增长 10.4%。

（五）工程机械行业仍然比较困难

因国内投资增速减缓影响，工程机械等投资类行业生产下降。2016 年前三季度，安徽雄峰起重机公司实现产值 6 亿元，同比下降 18.4%；实现利润 2470 万元，同比下降 16.6%。

（六）船舶行业下降减缓，矿山设备行业下降较多

2016 年前三季度，受船舶产能过剩和需求不旺影响，安徽省造船完工量 125 万载重吨，同比下降 31.1%；新接订单 125 万载重吨，同比下降 8.6%，产值 96 亿元，同比下降 10.2%。采矿、煤炭、钢铁装备生产情况不佳，全省矿山设备生产持续下降。

第九章　西部地区

　　西部地区装备工业总体实现平稳增长，产业规模不断扩大。四川、陕西、重庆、贵州等地区继续保持较高速增长。但重点行业分化严重，西部地区主导产业、高端装备制造、新能源汽车等普遍增长较快，但传统产业增速较低甚至下滑明显。出口情况不容乐观，由于全球经济复苏疲弱，国内低成本优势削弱等原因限制了外需增长，直接影响了西部各省装备制造业的出口规模和效益。总体来看，西部地区装备工业发展问题仍然突出：一是市场需求依然不足，投资增速明显放缓。二是创新能力还不足，产品竞争力有待提升。三是结构调整形势仍然严峻。四是企业生产经营困难。从发展经验来看，随着《中国制造 2025》的推进，西部地区各省市地方政府积极对接国家政策，细化实施方案。推进产需对接，落实重大项目。各省市结合本地特点，积极提升装备制造业竞争力，积极组织企业申报国家重大专项和重大产业化工程项目，抓好政策的贯彻落实。

第一节　2016 年整体发展形势

一、运行状况

（一）总体实现平稳增长

　　产业规模不断扩大，总体平稳运行。四川、陕西、重庆、贵州等地区继续保持较高速增长。2016 年 1—7 月，四川省机械装备制造业（规模以上，不含汽车）工业增加值比上年同期增长 7.7%，累计完成工业总产值 3202.88 亿元，同比增长 7.61%，比 2015 年同期增速高出 1.07 个百分点。陕西省前三季度，非能源工业增加值同比增长 13.1%，其中，装备制造业增长 18.2%。重庆市 2016 年 1—11 月，全市规模以上工业增加值同比实际增长 10.3%，其中，汽车制造业增长 11.3%，电子制造业增长 23.2%，装备制造业增长 10.8%。2016 年 1—4 月，贵州省规模以上装备制造业完成工业总产值 501 亿元，实现工业增加值 100.2 亿元，同比增长 26%。

（二）重点行业分化严重

西部地区主导产业、高端装备制造、新能源汽车等普遍增长较快，但传统产业增速较低甚至下滑明显。2016 年 1—4 月，四川航空航天装备工业总产值同比增长达 30.5%，节能环保装备增长 17.6%，但传统工程施工机械增速下滑 1.1%。

（三）出口情况不容乐观

由于全球经济复苏疲弱，国内低成本优势削弱等原因限制了外需增长，直接影响了西部各省装备制造业的出口规模和效益。

（四）发展问题仍然突出

一是市场需求依然不足，投资增速明显放缓。传统装备产品市场需求明显减少，企业生产任务不足，产销量和经济效益出现较大下降，2016 年 1—4 月，新疆重点联系企业累计完成工业总产值 103.4 亿元，同比仅增长 1.8%，2016 年全年增速预计只有不到 2015 年的一半。二是创新能力还不足，产品竞争力有待提升。内蒙古、甘肃等西部地区装备工业创新能力建设不足表现较为明显，装备工业整体规模较小，重大技术装备自主研发和制造能力不足，创新滞后成为转型发展的重要障碍。三是结构调整形势仍然严峻。部分地区工程机械、船舶、电机、机械基础件等部分行业产品结构性和周期性产能过剩较为严重，西部地区高端装备占装备制造业比重仍较小，产品档次低，特别是装备工业结构失调并未改善。四是企业生产经营困难。部分需求不足、产能过剩的传统产业市场竞争激烈，产品价格保持低位；中小企业融资难、融资贵的问题仍然突出，金融机构惜贷、抽贷现象较严重，三角债问题突出。

二、发展特点

（一）区域分化较为明显

西部地区装备工业基础较弱，总量偏小，如贵州省主要表现为主机企业数量较少、规模小，难以带动相关配套产业发展。传统装备行业下滑明显，如云南省机床行业下降幅度较大。贵州省受煤炭及房地产行业低迷影响，煤炭机械和工程机械下滑明显。由于总量基数较小，在新建项目逐步达产带动下，新疆生产建设兵团 2016 年 1—4 月规模以上装备制造业企业工业增加值和销售产值增速更超过 33%。但是受市场需求总体不足和缺少创新人才队伍等长期问题困扰，西部地区高端装备发展仍然滞后，地区不平衡状况还将存在。

（二）高端装备和新兴产业发展势头良好

2016 年，陕西省新能源汽车销售同比增长 150%，其中，比亚迪插电式混合动力汽车秦的产销实现高速增长，位居国内新能源汽车单一车型销量冠军。重庆市一季度机器人及智能装备产业产值增长 31%，新能源汽车产值同比增长 17 倍。

（三）提质增效取得明显进展

面对工业发展普遍存在的过剩与短板并存、成本高企、结构性矛盾突出等问题，西部地区着力加快发展高端装备制造业，多措并举降低企业成本，加快工业供给侧结构性改革，实现经济增长质量和效益的明显提升。装备工业各指标增速更快，带动工业经济增长更加突出，新疆装备制造业工业总产值近十年平均增速达到 29% 以上，逆势成为全区优势产业。

（四）结构调整转型升级成效显著

西部地区装备工业着力加强创新驱动，大力推进结构调整和转型升级，加快新旧动能转换，取得明显成效。新疆克拉玛依威奥公司的短电弧机床、特变电工的智能变压器等整机产品已实现产业化，金风科技风电机组风机变桨系统等控制技术应用已走在全国前列。

三、发展经验

（一）细化政策实施，完善组织保障

随着《中国制造 2025》的推进，西部地区各省市地方政府积极对接国家政策，细化实施方案。新疆研究制定了《中国制造 2025 新疆行动方案》围绕制造强区，提出发展输变电装备、农牧业装备、石油石化装备等战略重点。新疆生产建设兵团制定并印发了《兵团贯彻〈中国制造 2025〉实施意见》，在南北疆分别布局建设现代装备制造基地。二是健全租住领导机制。成立落实《中国制造 2025》专门领导机构，建立并不断健全工作责任机制，邀请国内外技术、产业专家和企业家成立专家委员会。

贵州省制订了《关于推进装备制造业供给侧改革的工作方案》，以航空航天等重点产业为突破口，从加强技术创新和成果产业化、实施"千企改造"工程、提升产品质量品牌、开展生产性服务业试点等几个方面入手，解决总体规模小、配套支撑不足等突出矛盾，增加中高端供给。

云南省委、省政府组织成立先进装备制造业推进组和 5 个稳增长调研督查组，突出重点项目及行业企业建设，加大协调服务力度，积极开展国际产能合作。

同时，各省均把智能制造作为推进落实《中国制造 2025》的重要抓手，积极对接国家政策，支持省内企业积极争取国家智能制造试点示范，并出台省内智能制造示范或专项政策。贵州省在装备、建材、化工、民爆等行业遴选企业进行省级试点示范，加强智能制造现状调研，在省内集中培育 2—3 家智能制造系统解决方案提供商。云南省结合本省装备制造业实际，组织开展了一批装备制造项目，共遴选了 24 个项目作为 2016 年云南省智能制造示范项目。

（二）推进产需对接，落实重大项目

组织企业参加产需对接会。新疆协调人保财险新疆公司、平安财险新疆公司等与特变电工、金风科技对接，实现金风科技 3 个型号的首批次产品列入首台套重大技术装备保险补偿，报废补助额度预计将超过 6000 万元。贵州省建设工业云平台，实现注册企业用户 30286 家，汇聚规上工业企业经济运

行数据、产业规划投资数据、云制造资源数据等，初步实现工业云内部政府服务系统的互联互通和数据交换，提供经济运行和产业调度分析。

（三）结合本地特点，积极提升装备制造业竞争力

各省市积极组织企业申报国家重大专项和重大产业化工程项目，在智能制造专项、试点示范、首台套保险补偿、高档数控机床及基础制造装备专项、重大技术装备零部件减税、政策性贷款等方面抓好贯彻落实。新疆积极引导企业加强技术创新能力建设，支持企业争取各项财政奖励及税收减免政策。

云南省积极培育机器人等产业，重点支持现有企业大力发展 AGV 引导车、水下机器人、搬运机器人、金属 3D 打印等，对机器人项目均给予大力支持。云南省加快机床行业优化升级，在资金、用地等方面给予优先重点支持，组织有实力的企业争取重点专项支持，积极研发智能单元、柔性智能生产线。

贵州省抓紧编制贵州省新能源汽车推广应用实施方案，会同有关部门做好新能源汽车补助资金的申报组织和审核工作。云南省到 2015 年底共推广各类新能源汽车 4748 辆，完成目标任务 95%，引进企业采取租赁模式进行推广，研究制定充电设施发展规划，加快配套建设。贵州着力打造延伸产业链，围绕航空航天、汽车、工程机械和煤炭机械等产业，梳理产业缺失环节，培育重点龙头企业和关键配套企业。

第二节　重点省份与城市发展情况

一、四川省

2016 年，四川省实施"一地一策""一业一策""一企一策"，狠抓总量前十大行业稳增长，1—11 月，4 个大类行业中有 35 个行业保持增长，在工信部的大力支持下，推动二重集团与国机集团成功实施战略合作，预计全年工业总产值可增长 60%，并实现扭亏为盈。全省实现了优势产业快速增长，2016 年 1—11 月，全省制造业完成投资 5464 亿元，增长 13.8%，比工业投资增速高 3.1 个百分点，其中汽车制造、装备制造投资分别增长 29.6% 和 15%。

2016 年 1—7 月，四川省机械装备制造业（规模以上，不含汽车）工业增加值比 2015 年同期增长 7.7%，高出七大优势产业平均水平 2.6 个百分点。累计完成工业总产值 3202.88 亿元，同比增长 7.61%，比 2015 年同期增速高出 1.07 个百分点，工业销售产值 316.70 亿元，增长 7.8%，产销率 97.3%，增加 0.2 个百分点。

图 9 – 1　四川省机械装备制造业（不含汽车）2016 年 1—7 月发展趋势

资料来源：赛迪智库整理，2016 年 7 月。

（一）强化创新驱动，增强内生动力

四川省每年设立创新驱动发展专项资金，推动创新中心建设，2016 年设立了 6 亿元专项资金，重点支持智能制造、高端装备创新研制等领域。制定发布了《中国制造 2025 四川行动计划》。

（二）推动高端装备和新能源汽车发展

四川省确定了高端装备制造业的发展重点，支持一批高端产业联盟建设，省级财政连续 5 年每年设立 20 亿元专项资金支持重点产品研制和产业化。

二、陕西省

2016 年前三季度，陕西省规模以上工业总产值 15270.66 亿元，同比增长 4.6%，增速较上半年加快 2.5 个百分点；规模以上工业增加值增长 6.8%，加快 0.1 个百分点。工业结构持续优化。前三季度，全省非能源工业增加值同比增长 13.1%，高于能源工业增速 13.8 个百分点。其中，装备制造业增长

18.2%，较上半年加快 1.6 个百分点，计算机、通信和其他电子设备制造业增长 48.5%，加快 5.8 个百分点；高技术产业增长 29.8%，加快 2.4 个百分点。工业企业效益好转。2016 年 1—8 月，全省规上工业利润总额 696.6 亿元，同比下降 7.1%，降幅较上半年收窄 9.4 个百分点；亏损面 20.8%，收窄 1.6 个百分点；亏损企业亏损额 129.2 亿元，下降 39.1%，扩大 7.3 个百分点。

表 9-1　2016 年前三季度陕西省规上工业产值情况

行业	前三季度产值（亿元）	2015 年同期（亿元）	增长（%）	拉动增长（%）
电气机械和器材制造业	237.6	233.9	1.6	0.2
铁路、船舶、航空航天和其他运输设备制造业	163.6	145.2	12.7	0.9
专业设备制造业	100.9	84.6	19.3	0.8
通用设备制造业	99.1	130.9	-24.3	-1.5
汽车制造业	47.7	40.4	18.1	0.4

资料来源：赛迪智库整理，2017 年 1 月。

（一）加强顶层设计，加大政策扶持力度

陕西省积极落实装备工业稳增长、调结构的措施，对落实《中国制造 2025》工作高度重视，紧密结合省内实际，出台了相关政策，制定了《中国制造 2025 陕西实施意见》，全力打造新材料、节能与新能源汽车、集成电路等 14 个重点产业领域，力求到 2025 年全省制造业总产值占工业比重由 72.4% 提升至 80%。

（二）开展国际合作，借力推动发展

陕西省与施耐德电气合作，将施耐德电气先进的智能制造技术应用于陕西企业的智能化提升改造，加快推进施耐德电气参与陕西省工业云平台的建设。此外，陕西省还积极引进国内装备制造名企与西门子等国际智能制造知名企业合作在山西组建合资公司，开展智能制造服务，形成"设计研发 + 制造 + 服务"的商业发展模式。

三、重庆市

2016 年 1—4 月，重庆市装备工业实现主营业务增长 10.6%，利润增长 31.2%。

2016 年 1—11 月，全市规模以上工业增加值同比实际增长 10.3%（以下增加值增速均为扣除价格因素的实际增长率），较 1—10 月下降 0.1 个百分点。其中，11 月当月同比增长 9.2%，较上月下降 0.9 个百分点。39 个大类行业中有 33 个行业工业增加值同比增长。"6＋1"支柱产业中，汽车制造业增长 11.3%，电子制造业增长 23.2%，装备制造业增长 10.8%。

表 9－2　重庆市 2016 年前三季度规上工业产值

指标	累计（亿元）	同比增长（%）	比重（%）
汽车制造业	3710.68	12.6	
装备制造业	2602.51	9.6	15.3

资料来源：赛迪智库整理，2017 年 1 月。

分产品看，2016 年 1—11 月，388 种主要产品中 243 种产品产量同比增长。汽车 286.57 万辆，增长 3.9%；摩托车 715.81 万辆，下降 5.7%；微型计算机设备 6123.02 万台，增长 8.2%；打印机 1251.76 万台，下降 6.7%；手机 26162.39 万部，增长 60.5%；液晶显示屏 3113.89 万片，增长 586.8%。

2016 年 1—11 月，重庆规模以上工业企业实现利润总额 1332.85 亿元，同比增长 14.5%，实现利税总额 2242.23 亿元，同比增长 11.1%。

2016 年 1—11 月，在 39 个工业大类行业中，37 个行业盈利，2 个行业亏损。主要行业利润增长情况：汽车制造业同比增长 15.6%，计算机、通信和其他电子设备制造业同比增长 25.6%，电气机械和器材制造业同比增长 16.7%，通用设备制造业同比增长 19.9%。

（一）推进智能制造，助力企业升级

重庆市设立专项资金，每年滚动投入 3 亿元，推动新一代信息技术与制造装备融合的集成创新和工程应用，到 2020 年力争重点行业数字化研发设计工具普及率达到 72%，关键工序数控化率达到 60%。

（二）加快科技成果转化，实现产需精准对接

重庆市建设一批先进制造产学研协同创新联盟，推广以互联网为基础的众创、众包、众扶、众筹等创新模式，加快创新成果产业化，力争到2020年企业研发投入强度由目前的0.94%提高到1.4%。

（三）探索新型发展模式，打造装备发展新动能

重庆市大力培育专业化金融结算、工业物流、工业设计、营销体验、咨询服务等生产性服务业。重庆市加强开放引领，拓展产业发展空间，一是推动中新（重庆）战略性互联互通示范项目建设，组建并运行新渝基金；二是完善"新渝欧"战略通道功能作用，支持企业通过并购、重组、新建、参股等方式开展国际合作。

园 区 篇

第十章　哈南工业新城机器人产业园

2016 年，哈南工业新城机器人产业园正式成立，产业园的总体规划面积大约 3 平方公里。其发展规划分两期进行，第一期规划面积达到 97 万平方米。截至 2016 年 10 月，工业、服务和特种机器人三类五十余家机器人相关企业入驻园区进行研发生产，园区内企业的注册资本突破 3 亿元，包括工业自动化生产线应用机器人企业 15 家；生活、医疗康复、教育娱乐服务应用机器人企业 14 家；侦查反恐、极限作业和应急救援特种企业 6 家；3D 技术、智能系统集成等相关机器人企业 15 家。2017 年 1 月，哈南机器人产业园集聚了机器人企业共 83 家，2016 年销售额超过 5 亿元人民币，预计至 2020 年，园区内机器人产业规模可达到 60 亿元。

哈南工业新城机器人产业园区内入驻的部分企业已成为行业带头领导企业，拥有多项技术专利与知识产权。例如，哈工大机器人集团在机器人领域拥有 300 余项核心技术及发明专利的；天愈康复医疗机器人有限公司自主研发的脊柱康复机器人、多关节牵引康复机器人综合系统和智能颈椎牵引康复机器人综合系统也极大填补了国内相关市场的空白；目前国内唯一使用视觉和激光融合导航技术的公共服务机器人产品就来自园区内的黑龙江中科诺晟自动化设备开发有限公司。

第一节　发展现状

一、园区概况

为加快转变经济发展方式，实现创新驱动发展，推进产业转型升级，按照省、市领导关于推进机器人产业发展的指示要求，哈经开区于 2012 年 12 月正式创建"哈南工业新城机器人产业园"。哈南工业新城机器人产业园总规划面积约 3 平方公里。整体规划分两期进行，一期规划面积 97.1 万平方米，北起南城第五大道，南至南城第九大道，西起南城十一路，东至联盟南路。其中，园区启动区占地 15.8 万平方米。

二、产业规模

哈南机器人产业园辟建以来，在政府及工信、科技等主管部门的大力支持下，边招商边建设，初步形成了"四个一"的格局体系，即"一个中心孵化、一个基地转化、一个龙头带动和一个园区承载"。"一个中心孵化"，是通过开展"区企合作"，采取租赁区内企业厂房无偿供给中小机器人企业的方式，辟建了 12000 平方米的"哈南机器人产业化孵化中心"，阿尔特、中科晟诺、众德合创、云瀚智能等一批研发型企业及博强、哈工药装、中自精合、智越程斯等一批中试企业入驻。

"一个基地转化"，是通过开展"区校合作"，采取与哈尔滨工业大学合作共建的模式，辟建了 15000 平方米的"哈工大机器人产业化示范基地"，恒德、瑞博特、龙海特、工大天才等一批成果转化项目及展达、海鹰、行健、广龙等一批机器人生产型企业入驻基地；"一个龙头带动"，是通过省、市、区、校共建的模式，组建了注册资金 2 亿元、占地面积 7 万平方米的哈工大机器人产业集团。该集团旨在整合省市高校院所科技优势，集中打造哈工大机器人品牌，全面带动上下游产业，最终实现主板整体上市。"一个园区承载"，是哈南新城机器人产业园一期规划规模 10 万平方米，总投资 3 亿元，机器人订制厂房、研发中心、中试基地及生产基地等工程开工建设，为孵化成功和后续涌入的机器人产业化项目提供承接载体。

截至 2016 年 10 月，已有工业、服务和特种机器人三大类型 50 家企业入驻研发生产，注册资本突破 3 亿元。其中：工业自动化生产线应用机器人企业 15 家，生活、医疗康复、教育娱乐服务应用机器人企业 14 家，侦查反恐、极限作业和应急救援特种企业 6 家，3D 技术、智能系统集成等相关机器人企业 15 家。2014 年，哈南机器人产业园企业销售收入突破 1 亿元，2015 年将突破 5 亿元。

三、主要产品

哈南工业新城机器人产业园内经营的机器人产品主要为教育机器人、工业机器人、服务机器人、医用机器人、智能化设备五大类。产品以解决客户实际问题、提高客户作业效率、节约客户作业时间为核心，在技术方面实现多项瓶颈突破，从为老人端水送药、陪老人说话聊天的生活服务机器人，到超市导购、医院导诊的公共服务机器人；从可排爆、灭火的特种机器人，到可喷洒农药、投递邮件的民用无人机；从精度到毫米级的 AGV 车工业机器人，到可提供按摩理疗等功能的智能养老护理床等医疗康复机器人，实现了样式多样化，科技含量较高。

哈南机器人产业园参展的产品应用范围辐射生产、生活、服务、教育、医疗等各个维度。近期哈南机器人产业园区面世的一款汽车自动加热机器人更是具有国内独有的性价比体验：能耗比市面同类产品节约 40%，质量与世界大牌在一个层级，价格是其四分之一。

四、经济效益

经过多年发展，哈南工业新城机器人的经济效益有显著增长。2014—2016 年是中国机器人高速发展年代，也是机器人市场的导入期，机器人园区与企业均面临着开拓市场的艰难。多家企业自 2013 年入驻哈南机器人产业园后，借助园区提供的免房租及创业创新基金等政策，公司迅速发展壮大。其中一家公司更是从成立之初只有 3 个人、6 万元的启动资金发展至 2016 年销售额已达 800 多万元，在全国有 20 多个经销和服务网点，成为全国同行业中率先实现机器人 4S 店的机器人产品全国联保企业。成立于 2014 年 12 月的哈工大机器人集团，截至 2015 年 12 月，已推出 20 余类 100 余种高新技术产品，集团产值突破 3 亿元。哈尔滨海鹰机器人制造有限公司的产品更是形成了品牌效应，2015 年参加世界机器人大会接到订单中，仅中国制造的变脸机器人订货额就达 200 多万元人民币。

截至 2016 年 12 月，哈南机器人产业园已集聚机器人企业 83 家，年销售收入突破 5 亿元，预计 2020 年机器人产业规模可达到 60 亿元，正快步向国家级机器人产业示范基地进军。

五、技术进步

哈南工业新城机器人产业园区内入驻的部分企业已成长为行业带头领导企业，拥有多项技术专利与知识产权。作为国内最早从事机器人技术研究、在机器人领域拥有 300 余项核心技术及发明专利的哈工大机器人集团（HRG），在如今科技发展的制高点纳米技术上取得了重大突破。HRG 拥有全球唯一具备位移反馈传感器的纳米操作系统的纳米操作机器人，其在超过厘米以上的运动范围内仍能保证纳米以下的定位精度。此外，HRG 还拥有目前国内外唯一一款能在集装箱内壁稳定吸附行走检查的机器人产品，它可替代人在高空壁面、狭窄空间作业，具有自主越障能力。国内首创的电动爬楼轮椅和电动载物爬楼机器人也隶属 HRG 旗下，电动爬楼轮椅可搭载老年人或残疾人完成上下楼梯的工作，而电动载物爬楼机器人则是新型的载物爬楼设备，可以快速安全地搬运重物上下楼，替代人们进行繁重的体力劳动。

服务机器人方面，哈南工业新城机器人产业园区内的机器人企业也取得了突破。目前国内唯一使用视觉和激光融合导航技术的公共服务机器人产品就来自园区内的黑龙江中科诺晟自动化设备开发有限公司。在医疗机器人方面，天愈康复医疗机器人有限公司自主研发的脊柱康复机器人、多关节牵引康复机器人综合系统和智能颈椎牵引康复机器人综合系统也极大填补了国内相关市场的空白。其中，智能颈椎牵引康复机器人综合系统，在技术上将牵引反馈时间缩短到 0.001 秒，牵引力精确到 50g，临床实验中获得患者的高度好评。

六、产业集群

哈南工业新城机器人产业园目前已形成较大规模的产业集群，行业龙头企业和蓝筹项目几乎都在园区内实现。此外，园区内建立了专家咨询委员会，整合科研、企业、人才和基地等优势资源，形成机器人全面发展的合力。园区领导企业积极建立共性技术平台，完善标准体系，引导产业发展。机器人产业项目库也正在筹建中，这一发展方向吸引龙头机器人生产企业集聚，形成具有较强技术创新能力和国际竞争力的产业集群。哈南工业新城机器人产业园致力于打造国家级的机器人产业集聚群，其目标是力争建设成为哈尔滨市、黑龙江省乃至全国最大的机器人产业基地、服务中心和应用中心。

第二节　发展经验

一、产业推进经验

中国电子信息产业发展研究院在 2016 版《中国机器人产业发展白皮书》中指出，2015 年全球机器人产业快速发展，产业规模与市场空间不断扩大，亚洲成为最重要的市场，工业机器人继续保持产销国高度集中态势，各国高度重视技术创新，产品日益模块化、智能化和系统化，技术发展呈现人机协作、自主化、信息化、网络化四大趋势。

哈南工业新城机器人产业园就是在机器人产业蓬勃发展的背景下大力发展起来的。在《中国制造 2025》规划中，机器人与高档数控机床被列为政府需大力推动实现突破发展的十大重点领域，《机器人产业"十三五"发展规划》已正式发布。

哈南工业新城机器人产业园坚持贯彻国家战略目标，衔接政府与企业需求，旨在引导机器人企业明确目标、树立信心，汇聚资源、挖掘潜力，发挥各方优势，协同发展，共同提升国家机器人产业的市场成熟与规范，携手迈向机器人产业新阶段。

截至 2016 年 10 月，哈南工业新城机器人产业园已经与 10 余家国内外机器人企业达成了合作意向，通过世界范围内的学习经验交流、技术发展合作，哈南工业新城机器人产业园将具备更加丰富的经验以促进行业沟通交流、共商产业发展大计，持续推动我国工业、服务、特种机器人产业的蓬勃发展。

二、园区建设经验

（一）积极对接机器人产业发展的国家战略

抢抓国家重点支持发展机器人产业和省市打造千亿级机器人产业的有利契机，适时调整哈南机器人产业园的发展定位和目标，对应省市即将出台的机器人产业支持政策，先行配套出台哈南机器人产业园的优惠政策和实施方案，大力扶持已有引进的机器人企业发展，抢占先机，争当龙头。

（二）全面启动哈南机器人产业园的建设

全面落实哈南机器人产业园建设规划，当年实现投资 3 亿元，完成机器人产业园启动区 10 万平方米的建设工程。出台并落实土地、资金等方面的优惠政策，吸引智的、讯达广、新盟等正在洽谈购地的项目签约摘地，力争 2015 年哈南机器人产业园 15 万平方米启动区全面建设完毕。

（三）加速完善机器人孵化基地的服务功能

加强高端机器人产业发展启动资金投入，完善哈工大机器人产业化示范基地内部的硬件、软件设施，努力改善研发和生产环境。提高产业园服务水平，邀请领域内专业人士对接。

（四）加大机器人产业园的招商和宣传力度

加大海外宣传招商引资力度，重点瞄准国外和国内龙头机器人企业，进行定向、定量招商，力争取得关键技术性突破。加强产业发展的宣传与普及工作，采取多媒体、大数据的表现形式展现哈南机器人产业园的形象、发展历程、取得的成就。

第十一章　上海安亭国际汽车城

上海安亭国际汽车城，以"创造移动方式的未来"为发展目标，致力于打造中国的研发高地，以新能源汽车为抓手，以公共服务平台为依托，探索人、车、城市之间和谐共存的解决方案。汽车城囊括上海大众、上汽乘用车等整车企业，300多家零部件供应商，包括德尔福、天合、延锋伟世通、ZF、奥托立夫、博泽、佛吉亚、曼胡默尔、李尔、本特勒、小糸等。近年来，新能源汽车成为汽车产业未来的重要发展方向，目前引进企业包括，捷新动力电池、精进电动、电驱动、大郡控制、海能、道之、航盛电子等9家新能源整车及电池、电机、电控等关键零部件生产企业。2015年，汽车城规模以上工业企业完成工业总产值3037.05亿元，实现工业利润228.45亿元，其中新能源汽车及关键零部件企业实现产值15亿元。随着汽车产业结构的不断优化，汽车贸易、旅游、物流等服务业比重不断增加，服务业增加值占比提升至11.36%。在产业推进方面，上海国际汽车城通过创新驱动实现产业转型，大力推进产业链建设，积极建设电动汽车示范区。在园区建设方面，上海国际汽车城不断加强充电基础设施建设，加大人才引进力度，加快打造产学研一体化的创新体系。

上海安亭国际汽车城毗邻江浙两省，位于长江三角洲的核心，包括汽车研发区、汽车制造区、汽车贸易区、安亭新镇区、赛车区、汽车教育区等功能区，是国内首个具备全产业链功能的汽车产业基地。

第一节　发展现状

一、产业规模

上海市是中国重要的汽车生产基地，国家统计局数据显示，2015 年上海市的汽车产量为 243 万辆，仅次于重庆市 260 万辆。汽车产业是上海市的支柱产业，根据《2015 年上海市国民经济和社会发展统计公报》数据，2015 年汽车制造业的产值达到 5168 亿元，利润总额 1078 亿元，从业人数达到 22.88 万人，汽车制造类企业达到 522 个。

上海安亭国际汽车城位于安亭地区，地处长三角的枢纽区位，是上海的西大门。前身为上海大众零部件工厂及配套产业园。汽车城 2001 年全面启动建设，从 68 平方公里扩展至 98 平方公里。汽车城囊括上海大众、上汽乘用车等整车企业，300 多家强大的零部件供应商，包括德尔福、天合、延锋伟世通、ZF、奥托立夫、博泽、佛吉亚、曼胡默尔、李尔、本特勒、小糸等。

近年来，新能源汽车成为汽车产业未来的重要发展方向，上海安亭国际汽车城积极推进新能源汽车产业基地的建设，建设面积拓展至 2.64 平方公里，一期 2 平方公里目前引进企业包括，捷新动力电池、精进电动、电驱动、大郡控制、海能、道之、航盛电子等 9 家新能源整车及电池、电机、电控等关键零部件生产企业。基地同时引进"联东 U 谷"总部综合体项目，预计建成后将引进 20—30 家总部研发型企业。目前已出让土地共 30 个项目，其中竣工项目 19 个，在建项目 8 个。二期 0.64 平方公里已经规划完毕，目前正在招商中。2015 年新能源汽车产业基地实现工业总产值 50 亿元，同比增长 19%，其中新能源汽车及关键零部件企业实现产值 15 亿元，占基地总产值的 30%。

上海安亭国际汽车城科技创新港是国内首个专注于汽车产业的创新园区，2014 年竣工，2015 年 10 月 26 日正式开园，由上海市经信委颁授牌"上海新型工业化产业示范基地（智能网联汽车）"，总规模达到 20 万平方米，已入驻企业包括：保时捷工程技术、蔚来汽车、上汽阿里、宾尼法利纳、翼锐汽车科技、欧菲智能车联、Auto Space 等十余家企业，员工人数已达 500 余人，预计将吸引约 100 家独立研发机构、研发人员约 2300 名入驻。

二、主要产品

上海安亭国际汽车城以上海大众为中心，集聚了一大批优秀的零部件供应商配套企业。

整车方面，上海大众汽车有限公司主要产品包括途观、帕萨特、桑塔纳、速派、朗逸等，2015 年产量 178 万辆，营业收入达到 2178 亿元。上海汽车乘用车公司主要业务部门坐落在汽车城，但是公司的生产基地在上海市浦东新区，主要产品有荣威 350 和荣威 550。

零部件企业的主要产品包括变速器、发动机等动力总成产品，底盘、转向、传动系统产品，内外饰和座椅产品，以及大灯、传感器等电子电器产品，除此之外，还有新能源汽车相关的电池、电控、电机等关键零部件产品。

表 11 - 1　上海安亭国际汽车城代表性零部件企业及产品

企业名称	主要产品	产量	营业收入（万元）
大众汽车变速器有限公司	手动变速器总成	481188 只	147197
福耀集团汽车玻璃有限公司	安全玻璃	9635475 平方米	221307
上海采埃孚变速器有限公司	自动变速器总成	75944 只	98580
上海捷新动力电池系统有限公司	电池管理系统	12400 套	73829
上海天合汽车安全系统有限公司	自动座椅安全带	8242500 只	134418
上海小糸车灯有限公司	大灯	39010000 只	826355
延锋江森安亭座椅总成有限公司	座椅总成	464752 只	203862
延锋彼欧汽车外饰系统有限公司	保险杠	1820000 只	348035
精进百斯特电动有限公司	永磁同步电机	28482 台	63923
上海航盛实业有限公司	电池管理系统	1500 套	26436

资料来源：赛迪智库整理，2017 年 1 月。

三、经济效益

近年来，上海安亭国际汽车城以高端智造为重要支撑，着力打造汽车全产业链，推进汽车城转型升级，大力发展汽车金融、汽车电子商务、汽车后市场、新能源汽车等"四新"领域，汽车城规模以上工业总产值及利润规模不断扩大，工业利润增速逐渐赶超产值规模增速。2015年，汽车城规模以上工业企业完成工业总产值3037.05亿元，实现工业利润228.45亿元。随着汽车产业结构的不断优化，汽车贸易、旅游、物流等服务业比重不断增加，服务业增加值占比提升至11.36%。

四、技术进步

上海安亭国际汽车城的产业集聚效应不断增强，研发设计企业不断聚拢，截至2015年底，汽车城内企业技术中心达到81家，其中市级、区级企业技术中心64家，高新技术企业数达到126家，企业发明专利授权数累计达到268个，区域研发创新水平不断提升。

高校和科研院所扎实的基础研究为汽车城发展壮大，由弱变强提供了强大的支撑。上海安亭国际汽车城产学研一体化逐步形成规模化，汽车城的同济大学嘉定校区的国家级、省部级实验室、研究基地中心增至9个，并具有地面交通工具风洞中心、多功能振动实验中心、机动车检测中心、国家新能源机动车产品质量监督检验中心等研发机构。

上海安亭国际汽车城作为国内首个智能网联汽车试点示范区，主要致力于打造六个功能性公共服务平台。一是前瞻、共性技术研发平台：包括V2X通信、自动驾驶、人机工程等；二是产品、技术测试认证平台：包括测试方法开发、产品工程验证、测试环境检测等；三是标准、规范研究制定平台：包括智能汽车标准、5G通信标准、测试认证标准等；四是通信、数据采集分析平台：包括数据采集协议、大数据分析、云平台技术、网络信息安全等；五是产业孵化、创新集聚平台；六是交通示范与国际合作平台。基于六大功能平台，汽车城积极推进智能网联汽车技术的发展，推动中国智能网联汽车产业转型升级，打造世界级智能网联汽车产业高地。

五、产业集群

上海国际汽车城在上海"中心城—新城—中心镇—集镇"的四级城镇体

系中占据重要位置，经过近 15 年的发展，已形成以汽车制造、研发为龙头，集汽车贸易、汽车博览、汽车物流、汽车文化、汽车旅游和汽车服务等功能于一体的产业集群。

"十三五"期间，汽车城将进一步实现汽车关键零部件、关联领域软件、信息服务及金融贸易资源大量集聚，完善汽车产业与服务创新生态圈，着力打造国际汽车产业创新中心，确立汽车城在汽车智能化和服务领域的产业制高点。预计 2020 年规模以上工业总产值达到 3350 亿元，企业技术中心数量达到 100 家以上，其中市级以上 50 家左右。2020 年研发、创新投入在 2015 年基础上翻一番，达到 400 亿元左右。汽车产业链核心价值领域行业领军人才大幅增加，新增 10000 名左右。

第二节 发展经验

一、产业推进经验

（一）通过创新驱动实现产业转型

为了推进创新驱动，实现转型发展，上海安亭国际汽车城努力转变汽车产业发展方式、积极调整经济结构，谋求新一轮发展机遇。同时，推进汽车产业的改造升级也是确保上海经济稳定转型的重要基础，是今后培育发展战略性新兴产业和高新技术产业的重要根基。这其中，加大研发，布局新能源汽车和智能网联汽车等新兴产业领域，对于落后技术的淘汰、腾笼换鸟是汽车城转型升级的重要一步。近年来，上海安亭国际汽车城全力打造汽车研发科技港，提高汽车产业的自主创新能力和核心竞争力。研发科技港已成为汽车城新的发展核心，以研发带动产业转型升级是汽车城探索出的宝贵产业发展经验。

（二）大力推进产业链建设

上海国际汽车城不断完善与健全汽车全产业链，逐步形成了从整车到关键零部件、传统汽车到新能源汽车、智能网联汽车的研发和检测检验的能力，形成了良好的整零配套关系，与此同时，多家零部件企业在嘉定等地建立中国技术中心和研发中心，以资本集聚逐步转变为技术集聚的新优势。形成了以核心企业为枢纽的企业群和融科研、制造和服务于一体的产业链。汽车城拥有中国唯一一条 F1 赛道，F1 大赛、Moto GP 国际摩托车锦标赛、V8 国际超级房车赛和全国汽车场地锦标赛四大赛事极大提高了汽车城的影响力，这使汽车城在对外形象、贸易功能、经济总量等方面有了新的提升。汽车博览园成为汽车城的重要特色，让更多的人走近汽车、了解汽车，不仅弘扬了汽车文化，更提升了汽车城的软实力。

（三）积极建设电动汽车示范区

上海安亭国际汽车城是全国首个的电动汽车国际示范区，示范区的引领作用凸显。试乘试驾中心累计已引进国内外 25 个品牌 33 种车型共计 64 辆新能源汽车参与示范，接待超过 14 万人次。同时，汽车城不断探索电动汽车运营模式，先后启动电动汽车分时租赁新模式，已经在上海、北京、丽水等地顺利推广分时租赁模式，并探索互联网共享班车模式，开通了汽车城至虹桥枢纽、嘉定工业区（北）专线 2 条共享班车专线。通过试点示范，消费者对于电动汽车认知和接受度大幅提升，一方面扩大了汽车城的影响力，另一方面真正起到示范引领的作用，成为后续示范区的标杆。与此同时，汽车城积极推进电池梯度利用技术发展，依托新能源汽车及关键零部件产业基地引入相关企业进行技术实施路径的研究并在核心区内率先试点。

二、园区建设经验

（一）加强充电基础设施建设

上海安亭国际汽车城充电基础设施的建设，极大地促进了电动汽车示范区的示范应用。2015 年，上海市首座一体化充换电站通过验收并投入运行，主要为纯电动公交车提供充换电服务，该电站实现了电动汽车充换电功能和充放储一体化，换电设备可实现全程自动化操作，每次的换电时长约 6—8 分钟。在基础设施配套建设总量方面，汽车城已建成 1797 个充电桩、小型换电站、"加油 + 充电"一体化站、加氢站、大型"充换储"一体化站和全国第一座特斯拉超级充电站。汽车城在加大传统充电基础设施布局的同时，着力探索无线充电技术，并有望在汽车城内建设无线充电专用车道，为电动汽车的普及提供支撑。

（二）加大人才引进力度

一直以来，上海安亭国际汽车城坚持产城融合和区域创新能力提升相结合，通过产业优势、平台优势、环境优势，加大出台人才引进政策，完善人才服务保障。2009年，经中央组织部批准上海国际汽车城正式获批成为国家"千人计划"的实践载体——海外高层次人才创新创业基地，近年来，汽车城围绕新能源汽车、自主研发、关键零部件三大重点领域积极引进海外高层次人才，有序推进海外人才基地建设，建立和完善海外高层次人才创新创业的体制和机制，为海外高层次人才提供居住证、就医、孩子就读、注册创办企业等20多项服务。通过开展高层次人才创新创业系列活动，例如举办精英人才俱乐部、体检疗休养等活动，为高层次人才推广高科技项目和投融资交流创造条件。截至2015年，汽车城累计引进千人计划特聘专家54名，吸引各类人才11128名。

（三）加快打造产学研一体化

上海安亭国际汽车城同济科技园，依托嘉定完善的汽车产业链，以新能源汽车产业发展为契机，充分发挥了同济大学的学科优势与知识溢出效应，实现多个研发平台建成运营，产学研一体化初具规模。2016年，同济大学与汽车城达成战略合作，决定在智能网联汽车、智慧城市、智慧交通与大数据、通信与软件工程、学术活动组织、商业模式创新、技术人员培训、人才交流与培养、科普体验、产业孵化等方面建立战略合作关系，构建"上海国际汽车城—同济大学"科技创新与服务协同平台，共同建立开放协同、互相参与、资源互补的产学研合作机制。同时，嘉定区与中国汽车工程学会、中国汽车工业协会联手成立了"智能网联汽车产业技术联合创新中心"。借助上海安亭国际汽车城完整汽车产业链的优势，以及学会、协会的平台资源，进一步完善产学研合作机制，打造专业的汽车创新园区——汽车·创新港，努力打造适合研发和创新的服务环境和生态体系。

第十二章　郑州经济技术产业开发区

郑州经济技术开发区成立于 1993 年 4 月，是河南省首个获批的国家级经济技术开发区，2015 年 4 月率先被评为河南省唯一一家六星级产业集聚区。目前，集聚各类企业 8000 余家，已形成以汽车及零部件、装备制造和高技术服务（电子信息、现代物流）为主的产业发展格局，一大批骨干企业，如宇通集团有限公司、东风日产乘用车有限公司、富泰华电子有限公司等快速成长。近年来，随着海马汽车、恒天重工等企业的入驻，郑州经济技术开发区汽车及零部件制造业迅速壮大，在全国汽车工业中的地位逐渐提高，行业竞争力迅速提升。开发区积极完善装备制造业，在拓展优势产业方面实现新提升。以发展高端、精密、智能先进制造业为目标，以节能环保、高新电力、技术工程、工业智能装备为重点，推动产业上档升级。开发区还通过鼓励企业开展自主创新和科技研发，进一步提高了企业技术创新能力，形成了一大批重大科研成果。同时，郑州经济技术开发区全面落实国家关于科技投入的政策规定，不断加大对科技成果产业化和重大科技攻关项目的支持力度、加强对中小企业科技创新的支持、加大财政对专利专项资金的投入，

第一节　发展现状

郑州经济技术开发区成立于 1993 年 4 月，2000 年 2 月被国务院批准为国家级经济技术开发区，是河南省首个获批的国家级经济技术开发区。位于郑州都市区核心区域、郑州航空港经济综合实验区北部，现规划控制面积 55.62 平方公里，其中基础设施覆盖面积 30 平方公里。先后荣获国家新型工业化（装备制造）产业示范基地、全省对外开放先进单位、省级文明单位等荣誉。2015 年 4 月率先被评为河南省唯一一家六星级产业集聚区。

一、产业规模

目前，开发区集聚各类企业 8000 余家，其中外商投资企业 205 家，世界和国内 500 强企业 78 家，规模以上企业 497 家。已形成以汽车及零部件、装备制造和高技术服务（电子信息、现代物流）为主的产业发展格局，一大批骨干企业快速成长。

——宇通集团有限公司。宇通集团有限公司的宇通客车品牌作为中国客车第一品牌，在"中国 500 最具价值品牌"评估中，六度蝉联中国客车第一品牌，自 2010 年至今，连续多年荣获世界客车联盟（BAAV）颁发的年度最佳客车制造商、年度最佳创新客车、年度最佳客车安全装备、年度最佳环保巴士、年度最佳客车等大奖。2013 年，公司入选《财富》杂志中国企业 500强第 222 名，被国家工业和信息化部及财政部联合授予"国家技术创新示范企业"。2012 年投产的新能源工厂采用目前国际上最先进的静电喷涂技术，率先在客车行业采用涂装自动化生产工艺，实现客车自动转运和机器人自动喷涂，并采用总线技术完成生产、能耗及工艺的信息化管理。宇通拥有国家级技术中心及行业首家企业博士后科研工作站，2011 年 12 月，公司试验中心被国家发展和改革委员会授予国家地方联合工程实验室，2012 年通过中国合格评定国家认可委员会（CNAS）批准成为"国家认可实验室"，研究成果支撑了宇通金刚封闭环骨架技术、发动机热管理技术、NVH 静音技术等多项具有自主知识产权的核心技术的研发与应用，科研成果获得国家授权专利 574 项。

——东风日产乘用车有限公司。该公司成立于 1993 年，主要生产 NIS-SAN 皮卡及其改装车、PALADIN 多功能车、锐骐多功能商用车、奥丁 SUV、御轩 MPV 等两大品牌三大系类近万个品种，初步形成了集整车销售、配件销售、信息反馈、售后服务于一体的行之有效的销售服务网络。

——富泰华电子有限公司。富泰华电子有限公司是富士康科技集团下属企业，于 2010 年 7 月成立，2011 年、2012 年、2013 年连续三年被评为"河南省百强企业"，2011 年、2012 年度经开区先进企业，2013 年经开区优秀企业，国家级高新技术企业等。公司致力于为全球顶级智能手机公司提供机壳、机构件、整机、零配件以及技术支持，品种规格齐全，质量上乘，具有大规模量产能力。公司的手机机壳及其零部件生产主要定位于全球高端手机市场，并可根据顾客要求采用国际任何先进标准组织生产，已通过国家 ISO9001 国际质量管理体系认证、QC080000 有害物质过程管理体系、ISO14000 环境管理体系、OHSAS18000 职业健康与安全管理体系四个国际体系认证。实施特殊性能产品的个性化设计，满足顾客多样化、个性化的需求。自 2010 年成立以来，已经通过独占许可、转让等方式获得专利 28 项。

二、主要产品

以龙头企业、项目为主导，郑州经济技术开发区积极培育汽车及零部件制造、装备制造产业，形成了一大批在省内乃至国内市场上具有比较优势的主要产品，行业竞争力进一步提高。国际国内知名品牌产品有宇通客车、日产汽车、海马汽车、龙工机械等。近年来，随着海马汽车、恒天重工等企业的入驻，郑州经济技术开发区汽车及零部件制造业迅速壮大，在全国汽车工业中的地位逐渐提高，行业竞争力迅速提升。郑州日产汽车有限公司开发的乘用车兼顾商用（MPV、高端微型客车、出租车），商用车兼顾乘用（皮卡、高端轻卡、高端轻客），跨界、多功能、分类模糊车型（SUV、小 MPV 等）填补了国内空白。海马汽车郑州基地积极实施"双微战略"，立足城乡一体化市场，做精、做强、做大"两微"，努力成为国内微车市场的主流品牌。在装备制造业，郑州经济技术开发区以龙工集团工程机械项目，郑煤机集团高端煤炭机械项目为龙头，涵盖工程装备、电力装备、煤炭装备、环保装备等众多行业，形成了在国内有较大影响的优势行业。其中，郑州煤矿机械集团的液压支架居国际领先水平，市场占有率超过 80%，竞争优势较为明显。公司研发的神华 ZY16800/32/70D 型高可靠性大采高液压支架是目前世界上支护高度最高、工作阻力最大的两柱掩护式液压支架，立柱缸径达 500mm，架间距 2050mm，配备有自主知识产权的电液控制系统，已经打开了国际市场。在电子信息产业，一批有自主知识产权的项目茁壮成长，行业竞争不断增强。富士康科技集团下属富泰华精密电子（郑州）有限公司生产的手机机壳及其零部件主要定位于全球高端手机市场，已经通过独占许可、转让等方式获得专利 28 项。

三、经济效益

开发区积极完善装备制造业，在拓展优势产业方面实现新提升。以发展高端、精密、智能先进制造业为目标，以节能环保、高新电力、技术工程、工业智能装备为重点，推动产业上档升级。在确保以郑煤机、中铁工程装备等已投产项目总体保持增长势头的基础上，开发区推动了宇通重工项目的建成投产和郑煤机统计体系的调整，实现了宇通重工集团整体入驻。中铁工程装备自主研发制造的世界最大矩形盾构在开发区下线，标志着其研发的矩形盾构技术已处于国际领先地位。开发区产业发展呈现规模化、体系化、集群化的势头，产业基础扎实，优势明显。

郑州经济技术开发区创建以来，郑州经济技术开发区装备制造业发展明显加快，在全国装备制造业中的地位不断提升，一批优势产业和骨干企业迅速壮大，呈现出良好的发展态势。目前，郑州经济技术开发区已建成东风日产、宇通新能源、海马 3 家整车厂，拥有森源鸿马、宇通重工、宇通专用车、五洲行、诺优 5 家专用车厂，产品涵盖轿车、客车、专用车等品类，已形成产能 50 万辆以上，带动了优尼冲压、日立化成等 68 家零部件企业入驻，产品覆盖发动机、变速器、汽车电子等核心部件，就地配套率 40%，汽车产业体系逐步健全。随着郑州煤机、中铁工程装备、旭飞光电、富泰华电子、宇通重工等项目相继投产，郑州经济技术开发区装备制造产业初具规模，拥有世界最大矩形盾构和液压支架装备两个生产基地。

四、技术进步

秉承"科技兴区"战略，郑州经济技术开发区高度重视科技创新研发工作，积极引进科技人才，创新资源不断积聚，创新能力不断增强。目前，郑州经济技术开发区拥有郑州宇通客车企业技术中心、郑州煤矿机械集团企业技术中心、郑州日产汽车企业技术中心等国家级企业技术（研发）中心 5 家；河南省轻型汽车工程技术研究中心、河南龙工机械制造有限公司企业技术中心等省级企业技术（研发）中心 33 家；郑州宇通客车有限公司、郑州煤矿机械集团有限公司等博士后科研工作站 6 家；国家"千人计划"专家 5 名，占河南全省的 40%。2011—2013 年，郑州经济技术开发区增加研发投入近 5 亿元；组织实施科技创新重点项目 4 项，累计完成工程投资额约 7 亿元；通过鼓励企业开展自主创新和科技研发，进一步提高了企业技术创新能力，形成了一大批重大科研成果。同时，郑州经济技术开发区全面落实国家关于科技投入的政策规定，不断加大对科技成果产业化和重大科技攻关项目的支持力度、加强对中小企业科技创新的支持、加大财政对专利专项资金的投入，地方财政科技拨款经费 50% 以上用于支持科技型企业创新创业发展。

五、产业集群

郑州经济技术开发区注重增强产业核心技术和上游产业链制造能力，围绕龙头企业，聚集上下游产品、降低综合配套成本、延伸产业链条、培育优势支柱产业，形成了汽车及零部件制造业和装备制造业产业集群。

——汽车及零部件制造产业集群：以宇通、海马、东风日产 3 大整车企业为龙头，建设汽车零部件产业园区，加强整车企业和零部件企业的配套协作，引进了一批整车厂一、二级零部件配套企业，形成汽车研发、测试、贸易、物流、后市场等配套产业项目，延伸产业链条。同时，积极引进客车、轻卡、重卡、电动汽车等整车项目，继续提升产业聚集度。积聚了优尼冲压、日立化成、东风伟世通、精益达等世界零部件百强企业为代表的 68 家零部件企业，就地配套率 40%。

——先进装备制造业集群：以宇通重工、河南龙工、郑煤机、中铁工程装备、富泰华等企业为龙头，重点发展了工程装备、煤炭装备、电力装备、环保装备及电子产品等领域，形成了体系相对完整的装备制造业集群。其中工程装备领域重点发展装载机、架桥机、盾构机等，并规划建设工程装备产业园区，引进了一批工程机械销售、贸易、零部件、再制造等项目；电力装备领域重点发展了超高压电缆、核电电缆、超临界电力管道、高压供配电设备等项目；煤炭机械重点发展了煤炭液压支架、刮板机等采煤设备，煤层气钻井设备、抽采设备等；环保装备重点发展了水处理设备、大气治理设备等。

第二节 发展经验

一、产业推进经验

（一）工业化和信息化加速融合战略

近年来，郑州经济技术开发区高度重视信息化建设，按照郑州市创建三化两型城市、国家区域性中心城市战略目标，研究制定创建三化两型开发区的实施意见，结合郑州经济技术开发区特点，重点推进信息化建设。目前敷设光纤360芯公里，城域宽带网络主干10G网络，覆盖面积26平方公里，工业企业上网率达100%。郑州经济技术开发区以政府门户网站、中小企业网为载体，积极开展公共信息服务、电子商务、企业信息化管理应用等三大服务功能，引导基地内企业建立应用信息化服务平台，主要企业均建立了完善的网络基础设施。郑州宇通、海马汽车、郑煤机、龙工机械、钻石精密制造等一批集科研、生产于一体的高新技术企业，在研发设计、生产制造、企业管理、电子商务、物流配送等主要环节，将信息技术广泛应用于计算机辅助设计、生产过程控制、电子营销等环节。与此同时，郑州经济技术开发区信息化项目的实施得到了省、市政府的大力支持，先后评为郑州市、河南省制造业信息化重点示范基地，有效地支持了企业的高速发展。以东风日产为例，该公司通过三维CAD、CAE、PDM、BOM系统的整体集成，大大提高了产品设计开发、项目管理能力，新产品的开发周期从原来的3—5年时间缩减至现在的1—2年，订单处理周期从以前的一天提升到2小时。

（二）龙头企业带动战略

选取具备资金、技术、规模优势的优势产业、特色产业做大做强，增强产业集群发展的凝聚力和向心力。充分发挥大企业大集团的龙头带动作用，以横向配套、纵向协作为基础，形成以大带小、共同发展的产业链式架构，实现大中小企业优势互补、共同发展，加快行业规模化集聚。通过大力推动龙头产业在结构调整、优化升级、技术改造和两化融合中率先发展，以点带面发挥示范带动作用，加速提升产业基地的整体竞争力。

（三）名牌特色战略

发展郑州经济技术开发区的特色产业经济，重点扶持培育主导产业、优势产业、特色产业中形成一批具有产业集群特色的知名品牌。制定激励政策，鼓励龙头企业率先实施综合性品牌工程和多品牌工程，实现一企一牌或一企多牌。加大对名牌企业知识产权的保护力度，积极推动企业及时进行商标注册，加强对企业无形资产的管理、利用以及对名牌商标的扩展和延续。充分利用各种宣传形式向国内外推介名优产品和企业，通过招商洽谈会、专业博览会以及政府、企业网站提高品牌产品在国内外市场的知名度和市场占有率，引导企业从产品经营向品牌经营、资产运营方面综合推进，推动名牌特色战略不断向纵深发展。

（四）项目带动战略

强力推进项目建设，以"三力型项目"（具有国际影响力、国内辐射力、国内外资源整合力的大项目）为抓手，引进和建设一批符合国家"双高一优"（即高新技术产业、高新技术改造传统产业、优化重点产品和技术结构）产业政策的项目；引进和建设一批符合装备制造产业示范基地的重大项目；引进和建设一批两化融合好、科技含量高、环境污染少、有显著经济和社会效益的高技术产业化重点建设项目，逐步构建竞争力强、带动力大、促进产业基地全面、协调、可持续发展的项目战略支撑体系。

（五）人才支撑战略

积极加快建设开放多元、竞争有序的人才市场体系，促进人才配置市场化、人才评价科学化、人才服务产业化、人才市场专业化；通过加强区域性研发中心、企业研发中心和省级、国家级技术中心以及博士后工作站等建设，以及引进国内外著名的研发机构，加快建设骨干性人才培育体系；改革和创新人才管理机制和流动机制，为"示范基地"产业发展提供高效的人才支撑。

二、园区建设经验

（一）打造便捷交通

郑州经济技术开发区区位优势明显，交通发达，北临陇海铁路、东依京珠高速公路，距离新郑国际机场 22 公里，仅 20 分钟车程；距郑州铁路货运东站 2 公里；距郑州公路货运中心站 1.5 公里；京广铁路、陇海铁路、京珠高速公路、机场高速公路、107 国道、高速客运铁路环绕开发区四周。

（二）储备人才资源

区内有博士后流动站 6 个，拥有国家级企业技术（研发）中心 5 家，省级企业技术（研发）中心 33 家，市级企业技术（研发）中心 98 家，各类中外科研及高级技术人才近 5000 人。郑州日产、郑煤机、宇通、海马、中铁工程装备等大型企业自身还拥有先进完善的科研机构和优秀的科技人才及熟练的技术工人。郑州经济技术开发区建立有丰富的人才资源储备，同时依托的郑州市和河南省科研实力雄厚，高素质人才充沛，可以满足各类企业的人才需求。

（三）充足能源保障

郑州电力资源充足，全年不限电，可以充分保障各类工业项目大规模用电。开发区供电价格执行郑州市价格，大型工业用电为 1—10 千伏为 0.528 元/千瓦时，35—110 千伏为 0.513 元/千瓦时，110 千伏为 0.498 元/千瓦时，220 千伏及以上为 0.490 元/千瓦时。郑州市天然气供应充足，主要气源为中原油田气源和西气东输气源，日供气能力约为 30 万立方米，可为进区企业提供充足的生产生活用气。

（四）产业基础扎实

汽车产业发展体系日趋完善。以汽车城建设为统领，东风日产、宇通和海马整车生产突破 30 万辆。宇通精益达、西工机电等 10 个零部件项目开工建设，日立化成、优尼冲压、红忠宝、恒发橡塑等项目建成投产，全区零部件企业累计达 68 家。装备制造业规模不断壮大。开发区积极完善装备制造业，在拓展优势产业方面实现新提升。以发展高端、精密、智能先进制造业为目标，以节能环保、高新电力、技术工程、工业智能装备为重点，推动产业提档升级。开发区产业发展呈现规模化、体系化、集群化的势头，产业基础扎实，优势明显。

（五）国际化开放平台优势

整合现有优势资源，着力构建国际化开放平台。目前，开发区具有国际多式联运和国际铁路货物集疏功能的国际陆港加快建设，口岸联检中心即将正式运营，肉类进口口岸已获批，汽车整车进口口岸等待批复。具有打通中欧陆运物流通道功能的郑欧国际货运班列，仅用100天就实现了多线路、多口岸、多目的地的常态化运营，是国内准备时间最短、实现常态化最快、出境口岸最多、回程班列组织相对最好的货运班列，被中国铁路总公司确定为跨国专列第1号，对河南融入"丝绸之路经济带"发展战略起到了关键性作用。具有全球网购商品集散分拨功能的跨境贸易电子商务试点项目全国首家获批、最先开始业务测试、信息化平台最先投入使用，已引进家电商、网商、物流商入驻，本地电商保税国际、万国优品等已经运营。当前，正整合出口加工区 A、B 两区和保税中心申建为经开综保区。

第十三章 景德镇航空产业园

景德镇是我国直升机的发源地,具有一套较为完善的直升机研发生产及配套体系,具备研制和批量生产多用途、多系列、多型号的直升机和航空零部件生产能力,在直升机研发制造领域拥有核心优势。近年来,景德镇直升机产业持续加快增长,产业聚集发展态势良好,直升机产销量占国内直升机份额60%以上,成为我国重要的直升机研发生产及运营基地。景德镇坚持规划先行与重点突出相结合、自主研发与对外合作相结合、政府推动与市场主导相结合、体制改革与机制创新相结合、做强产品和强化服务相结合等原则,围绕直升机主业,抢抓国家加快促进通用航空发展机遇,按照"研制为主、配套延伸、平台支撑、融合发展"的总体思路,大力推进以直升机为特色的军民深度融合通用航空产业综合示范区建设,从完善通用航空产业链着手,着力打造我国通用航空产业健康快速发展的样板区域。

第一节 发展现状

一、产业规模

景德镇市是享誉世界的千年瓷都,是一座宜居宜业宜游的魅力名城。景德镇市位于江西省东北部,属于黄山、怀玉山余脉与鄱阳湖平原过渡地带,处于安徽、浙江、江西三省交界处,是浙赣皖重要的交通枢纽中心之一。全市行政区划面积5256平方公里,以中低山和丘陵为主,地势四周高中间低,形似盆状。境内山峦起伏,东北方向为黄山余脉,群峰环峙、地势高峻;东南方向为怀玉山北坡,山岭逶迤,海拔250—400米。景德镇市域内河川纵横交错，昌江和乐安河穿市而过，直注鄱阳湖。景德镇是江西省重要的工业与旅游城市，被誉为中国直升机工业的摇篮，也是国务院首批公布的全国 24 个国家历史文化名城之一和国家甲类对外开放地区之一。

经过近 50 年的努力，景德镇直升机研发生产经历了测绘仿制、参考样机设计、改进改型到自主研发直升机的历程，建立了一套较为完善的直升机研发生产体系，已具备研制和批量生产多用途、多系列、多型号的直升机和航空零部件转包生产的能力，在直升机研发制造领域拥有核心优势，产业聚集发展态势良好，并先后诞生了海军运输直升机、陆军运输直升机等多个机型研发生产的"第一"。2015 年，景德镇市直升机产业实现销售收入超过 275.29 亿元，利润总额 5.76 亿元，已形成"产能百架、产值百亿"的规模化产业集群，直升机产销量连续三年年均增速超过 20%，占国产直升机份额 60% 以上，成为我国重要的直升机研发生产及运营基地。

二、主要产品

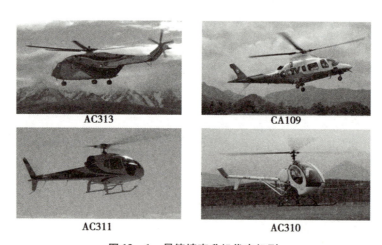

图 13-1　景德镇直升机代表机型

资料来源：赛迪智库整理，2017 年 1 月。

景德镇通用航空产业通过自主开发与对外合作引智相结合，研制生产出多个直升机型号，并不断优化产品结构，目前已具备了现代直升机总装集成技术和能力，初步具备 1 吨（AC310）、2 吨（AC311）、3 吨（A109）、5.2 吨（S-76）、13 吨（AC313）等民用直升机及无人直升机研发、生产能力，其中 AC311、AC313 等系列直升机还获得了中国民用航空局 TC 适航证和 PC 证，为今后 5—10 年实现直升机大规模生产创造了条件。

三、经济效益

2011—2015 年间，景德镇直升机产业持续加快增长，2015 年直升机产业产值已达 274.5 亿元，占全市工业产值 25.01%；2015 年直升机产业主营收入达 275.29 亿元，占全市工业主营收入 25.39%。

表 13-1　2011—2015 年景德镇市直升机产业产值、主营业务收入及其占全市工业总产值、主营业务收入比重（单位：万元）

年份	直升机产业产值	全市工业产值	所占比重	直升机产业主营收入	全市工业主营收入	所占比重
2011	765155	8393531	9.11%	719757	8443973	8.52%
2012	1031419	9684649	10.65%	987338	9462306	10.43%
2013	1279954	10863415	11.78%	1158222	10527239	11%
2014	1815000	10835305	16.75%	1816300	10468026	17.35%
2015	2745000	10976166	25.01%	2752900	10841674	25.39%

资料来源：赛迪智库整理，2017 年 1 月。

四、技术进步

景德镇通用航空产业科研体系完整，拥有 1 个国家级科研单位，4 个省级以上技术中心等 5 个科研机构；有 2 个国家级国际科技合作基地；有 1 个国家级高新技术产业开发区作为科技产业发展平台，还有昌河飞机工业集团有限责任公司具有一级理化计量资质的理化检测中心、生产力促进中心等多个科技中介服务机构，以及 602 所的直升机低速风洞、电磁兼容实验室、噪声试验室、强度试验室、计量理化中心（具有相应国家资质）等一大批可服务于通航产业的先进试验设施。昌飞公司、602 所共同形成了直升机研发和总装能力。

中航工业直升机设计研究所（602 所）是我国唯一以直升机设计、试验为主的综合性科研单位，也是我国唯一的直升机主机研究所。602 所拥有总体气动、结构强度、航电火控、旋翼设计、液压传动、飞行控制、环境控制等40多个专业和16个系统设计试验室，设计研究手段先进，技术开发力量雄厚，具备直升机总体设计和系统集成的核心技术。602所覆盖1吨级至13吨级直升机常规设计、试验手段和设施，其中，旋翼试验塔、工程模拟器、地面联合试验台等设备设施填补了国内直升机行业空白，达到国际先进水平，直升机旋翼试验能力跻身世界先进行列。602所先后获得国家级科技进步奖、发明奖22项，部省级科技成果奖264项（次）。

通过与国际先进的直升机企业合作，景德镇通用航空产业已经掌握了部分直升机数字化技术。602所和昌飞公司被科技部认定为国际科技合作基地，目前具备了三维设计用的CATIA工作站、计算机强度计算和仿真及产品数据库管理工作平台，拥有了各种精密加工测试设备4300多台/套，三轴到五轴的数控加工设备120余台等技术手段。其中，昌飞公司所属的国家级高效数控加工技术研究应用中心是全国少有的工程技术中心。

生产体系和质量保证体系正逐步与国际接轨。景德镇通用航空产业生产体系和质量保证体系满足如美国材料与协会标准（ASTM）、AS9100、ISO9000、美军标（MIL）和国内航空航天标准要求。昌飞公司已成为美国波音公司、西科斯基公司、意大利莱昂纳多直升机公司的供应商，积累了丰富的直升机生产管理经验和能力。

基本掌握了先进的复合材料零部件制造工艺和技术。已掌握的先进工艺和技术包括复合材料制造技术和桨叶等复杂载荷零件制造技术、桨叶防除冰技术等，初步具备军民用直升机先进结构制造的生产能力。

五、产业集群

景德镇已形成了直升机研发、生产及配套较完整的产业体系，成为全市经济发展的强劲"引擎"。景德镇围绕国内唯一的直升机整机设计研究所——602所和全国最大的直升机制造基地——昌飞公司，已聚集了江西景航锻铸、江西昌兴航空装备等40余家航空零部件配件企业。

表 13 - 2 景德镇直升机产业重点配套企业

企业名称	主要产品及产能
中国直升机设计研究所	直升机型号研发、综合科研等，主要产品有：AV200、AV500 无人直升机、直升机模拟训练设备、机载产品、保障设备等
中航工业昌河飞机工业（集团）有限责任公司	年产直升机 200 架
江西昌河航空工业有限公司	已投产
昌河阿古斯特直升机有限公司	已投产
北京通用航空江西直升机有限公司	已投产
江西赣翔通用航空有限公司	通航企业，正在筹建
江西联晟电子有限公司	已投产
景德镇华通航空设备有限公司	已投产
景德镇昌达航空技术装备有限公司	已投产
江西昌兴航空装备股份有限公司	已投产
景德镇昌河航空设备技术有限责任公司	已投产
景德镇昌航航空高新技术有限责任公司	已投产
景德镇航星光电有限公司	在建
景德镇市势信成电子有限责任公司	在建
江西德利直升机有限公司	在建
景德镇现代创业科技发展有限公司	在建
江西昌恒航空科技有限公司	在建
江西昌柘伟业航空装备技术有限公司	在建
江西英洛菲特航空设备有限公司	在建
江西东齐航空装备有限公司	在建
江西昌海航空零部件制造有限责任公司	在建
景德镇群鑫精密机械有限公司	在建
景德镇华鹰航空科技有限公司	在建
江西联航机械设备有限公司	在建
景德镇军工思波智能科技发展有限公司	在建
景德镇市昌航安托制造技术有限公司	在建

续表

企业名称	主要产品及产能
江西昌盛宇航科技有限公司	在建
江西志得航空自动化技术装备有限公司	在建
江西亚瑞科技有限责任公司	在建
江西领航机载设备有限公司	在建
江西美德航空航天材料有限公司	在建
景德镇兴航科技开发有限公司	油箱密封组件,产能800万元
景德镇兴泰机械有限公司	航空零部件,产能1500万元
江西景航航空锻铸有限公司	飞机中小型机构件,年产能3亿元
江西明兴航空锻压有限公司	飞机零部件、飞机发动机、飞机液压件、飞机起落架等锻件,年产能5亿元
景德镇景航晶鑫铸造有限责任公司	航空铸件,产能可达8000万元,实际2000万元左右
江西信航航空科技有限公司	旋翼和动部件锻件;目前产能可配套40—50架机,实际年产值4000万元
江西省瑞民科技有限公司	航空锻铸零部件深加工,产能可达1亿元,实际产值3000万元左右
江西天一航空装备有限公司	飞机结构件;产能可以达到1亿元,实际年产值6000万元
江西万平真空电器有限公司	真空电容器,产能10万只真空继电器,2.5万只真空开关管,产能30万只直流接触器,产能30万只
江西景光电子有限公司	金属零部件,年产值3000万元
海和利通用航空有限公司景德镇分公司	通航服务,飞行员培训,200万元/年

资料来源:赛迪智库整理,2017年1月。

第二节　发展经验

一、产业推进经验

规划先行与重点突出相结合。充分考虑通用航空产业发展现状和长远发展需求，将通用航空产业综合示范区建设纳入城市总体规划统筹，重点为通用航空产业预留足够的发展空间，力求多规合一，并实现产城融合发展。

自主研发与对外合作相结合。深入推进军民融合与厂所融合，加强研发平台和人员队伍建设，培育以科研单位和重点企业为主体的自主创新体系，突破制约我国直升机发展的瓶颈技术，着力提升通用航空研发制造和运营服务整体水平。同时，坚持"引进来"和"走出去"，积极参与通用航空产业的国际合作与竞争。

政府推动与市场主导相结合。以市场为导向，突出通航企业主体地位，推动企业在机场建设、空域开放、运营服务等方面创新思路和方式，加快培育通用航空市场。充分发挥政府引导作用，全力争取国家改革试点政策支持，形成政府推动、市场主导、协调发展的良好格局。

体制改革与机制创新相结合。加快体制机制改革，为通用航空及直升机产业发展创造良好的环境。支持军工企业建立现代企业制度，实行投资主体多元化，推动社会资本投资通用航空类的研制生产、机场建设等，促进军民融合发展。优化空域资源配置，提高空域资源配置使用效率，开展低空空域军民共享共用改革试点。

做强产品和强化服务相结合。围绕直升机主业，做强做优产品，继续巩固国内直升机市场，着力扩大国内外通用航空市场。集中精力，强化服务，大力推进支撑产业发展的平台建设，促进科研单位和企业非涉密的试验生产设备、试飞运营设施向市场开放。

二、园区建设经验

根据《关于建设通用航空产业综合示范区的实施意见》要求，抢抓国家加快推进通用航空、军民融合和特色小镇发展的历史机遇，紧紧依托"景德镇直升机产业区域集聚发展试点"等多项国家战略，按照"昌飞公司和602所品牌、政府平台、市场机制"的发展理念，坚持"研制为主、配套延伸、平台支撑、融合发展"的总体思路，以军民、厂所、产城、产融"四个融合"为统领，以景德镇高新区通航小镇为载体，以军民深度融合为主线，以平台构建和重大项目建设为抓手，集聚人才、技术、资本等要素，全力构建直升机产业体系，加快建设以直升机为特色的军民深度融合通用航空产业综合示范区。

围绕"世界格局的企业布局、国际范围的产业竞争"，深入开展对外合作，从完善通用航空产业链着手，加快直升机研发生产、试验设施、运营服务体系建设，着力搭建产业集聚发展平台，推动通用机场建设和低空空域开放，促进设计研发、生产制造、销售运营、维修服务、飞行培训、租赁金融等全产业链协调发展，创建"研制与运营相融合、总装与配套为一体、航空企业集中连片发展"的国家通用航空产业综合示范区，打造我国通用航空产业健康快速发展的样板区域。

重点挖掘景德镇通航产业的独特优势，发挥引领示范作用，以通用航空研发制造为核心，打造景德镇航空小镇，规划建设航空研发制造产业区、航空零部件配套区、通航产业发展区、通航文化旅游休闲综合服务区四个主功能区。

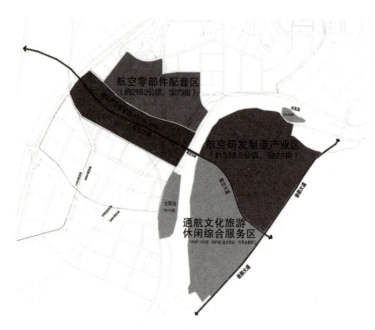

图 13－2　景德镇市通用航空产业空间布局图

资料来源：赛迪智库整理，2017 年 1 月。

航空研发制造产业区——建设昌飞公司吕蒙直升机总装园年产 200 架大、中、小型直升机集聚区。

航空零部件配套区——建设江直公司和德利直升机公司年产 450 架轻小型民用直升机、无人机项目，大力发展航空电子、精密机械和航空新材料等航空零部件配套制造产业，主要包括总装制造、试验试飞及航空零部件生产配套等，打造国内外知名的民用直升机、无人机研发创新中心。

通航产业发展区——主要依托景德镇高新区、浮梁、吕蒙等机场及起降点，通过上海和利通航公司景德镇分公司、江西赣翔通用航空有限公司等企业的运营带动，拓展通航运营、飞行培训、体验、VR（虚拟现实）等，并建设航空博物馆、航空主题公园，打造成国内通航业务重点区域。

通航文化旅游休闲综合服务区——建设通航服务保障中心、航空主题公园、居民社区、中小学、幼儿园、医院、主题宾馆等，成为生产、生活服务功能完备、宜居宜业的航空综合配套服务区。

第十四章　青岛船舶与海洋工程装备集聚区

青岛经济技术开发区 1984 年 10 月经国务院批准，1985 年 3 月动工兴建，规划面积 20.02 平方公里。1992 年，省、市决定将开发区与黄岛区体制合一，同年在区内兴建了国家级保税区和新技术产业开发试验区；1995 年设立省级凤凰岛旅游度假区；2006 年设立国家级青岛西海岸出口加工区；2008 年设立青岛前湾保税港区。现全区（包括黄岛区）总面积 274.1 平方公里，总人口 60.6 万人，其中户籍人口 31.6 万人。建区三十多年来，在中央、省、市的正确领导和关心支持下，经过广大建设者的艰苦创业和不懈努力，开发区已由昔日的荒野渔村，成长为投资环境良好、开放型经济健康协调发展、社会事业日益繁荣、最适宜居住创业的现代化新城区。

第一节　发展现状

一、产业规模

经过几年的发展，青岛经济技术开发区形成了较为完整的船舶与海洋工程装备产业链，产业配套较完善、产业发展水平和规模居领先水平，集聚区现有海洋石油工程（青岛）有限公司、青岛北船重工有限公司、青岛武船重工有限公司、青岛齐耀瓦锡兰菱重麟山船用柴油机有限公司、青岛海西重工有限责任公司、青岛海西重机有限公司等 10 多家主营业务过亿元的骨干企业，辐射能力较强，全员劳动生产率、人均创利率、资金利润率及能源利用率处于国家同行业领先水平。

二、主要产品

集聚区内多为散货船、海洋工程模块、钻井平台、大型船用柴油机、船用甲板机械、大型船用曲轴等产业，企业依靠现有引进先进技术和自主研发新产品和各项发明专利，使企业在生产工艺、生产产品上已达到国内领先甚至有的产品已达到国际先进水平。

三、经济效益

船舶与海洋工程装备集聚区总规划面积超过 8 平方公里，总投资超过 300 亿元人民币，直接产出 700 亿元，带动间接产出 2000 亿元以上，直接就业岗位超过 5 万人，带动间接就业岗位 10 万人以上。随着示范基地的发展壮大，还将集聚一大批高端人才，形成社会高端效应，带动三产服务业快速发展，提升区域整体发展档次和水平。

四、技术进步

园区拥有示范产业国家级企业技术中心或研发机构数量 4 个，示范产业省级企业技术中心或研发机构数量 1 个。中海油在平台组块、深水导管架、矿业模块化工程、钻井船四个方面获得重大科研成果。其中，管端去压扩口翻边机、型钢过焊孔处焊缝超声波探伤方法等科研产品和技术处于国际领先水平。北船重工生产的 18 万吨散货船是由中船重工船舶设计研究中心、大连船舶重工船研所和北船重工船研所联合研发的满足国际 CSR 共同规范国内在建船舶 CAPSIZE 型中载重量最大的散货船，其设计和建造在国内尚属首例。在设计中充分优化船型和结构设计，充分考虑到船舶港口吃水、载重量和续航力，提高运行经济性。该船由中国自己设计和建造，具有自主知识产权，性能优于日本、韩国同期同类型船舶，被业内赞誉为"中国型" 18 万吨散货船。

五、产业集群

黄岛区坚持"龙头企业拉动、配套企业跟进、产业集群发展"的战略，按照"承接国内、巩固韩日、提升港台、突破欧美"的方针，积极推进以"三高二低一自主"（高科技含量、高附加值、高投资密度、低耗能、低污染、有较强的自主创新能力）为特征的现代制造业，紧紧围绕产业链条招商，引进了一大批科技含量高、投资额度大、带动能力强、发展后劲足的重大项目。目前，园区已形成以青岛北海船舶重工有限公司、海洋石油工程（青岛）公司为主体的船舶制造产供销一条龙产业链，其中包括青岛北海船舶重工有限公司、青岛武船重工有限公司等船舶制造企业，海洋石油工程（青岛）公司、青岛海西重机有限责任公司、青岛海西重工有限责任公司、莱芜钢铁集团淄博锚链有限公司青岛分公司等海洋工程装备配套企业。

集群产值总量占规模工业总产值的84.66%。通过加强集群企业产业链上下游紧密合作，实现了由开发建设初期的"筑巢引凤"到现在的"引凤筑巢"的转变，为招商引资项目落地搭建了良好载体，配套发展原料初加工、包装、物流为特色的产业进行集聚，发挥比较优势，强化规模效应，不断拉长产业链条，提高产业的层次，避免简单集中和低水平重复建设，促进了产业集群发展和园区土地、基础设施等资源的集约利用。

第二节　发展经验

一、产业推进经验

一是加强园区建设。把集聚区建设作为发展船舶与海洋工程装备的主要载体，突出园区特色，错位发展，发挥集群带动效应，形成产业规模经济。同时要突出重点，分步推进，从上而下，逐步理顺园区建设工作机制。

二是加强项目引进和品牌建设。有重点地引进机械制造项目，促进产业链的进一步延伸，使"招一个、引一串、带一片"的效应发挥出更大作用。注重实行定向招商、以商招商，实施全方位服务，以优越的投资环境赢得投资商的信赖，有重点地发动组织已落户投资商和关系密切的外地客商帮助引荐项目，收到较好成效。重点支持管理规范、经营规模和业绩好的企业争创名牌和省级以上知名商标，打造船舶与海洋工程装备品牌。

三是提升自主创新能力。积极吸引国内外重点企业、知名高校和科研院所在产业基地建设研发机构，优先建设高端研发体系，引进创业投资、融资担保、科技中介机构，引进战略性新兴产业创新载体，汇聚技术创新要素资源。积极创新产学研合作机制，引导高校、科研院所围绕产业基地发展需求进行人才培养、学科设置和科研布局，支持集聚区内企业与科研机构开展多种形式合作，建立促进高校、科研院所以技术转化和产业需求为导向的研发创新机制，通过政府引导和资本市场共同运作，在集聚区进行创新成果转化利用活动。大力推进创新人才团队建设，加快引进一批高端人才和团队，建立人才引进和培养的长效机制，打造有利于人才发展的环境，提升人才的知识吸收、消化、创造能力。实施知识产权战略、健全知识产权保护体系。着力形成有利于知识产权创造与维护的激励机制，健全知识产权保护体系，强化政府知识产权工作职能。

四是提高技术装备与产品质量。通过加快新型工业化建设，以企业为载体，技术革新为目标，大力发展企业研发中心，不断提升产品质量。通过拓展融资渠道来发展企业上市，增强技术装备改造力度。政府对接，积极扶持技术装备升级，对符合政策、市场前景良好的重大技改项目，从税收减免、设立专项资金等方面给予政策扶持。

二、园区建设经验

（一）加大资金及政策支持

出台文件规划建设船舶与海洋工程装备示范基地，编制完成了产业发展规划，有力指导基地创建工作。加大地方政策扶持。区财政将每年给予 1000 万元的科技经费，加强对产业基地内中小企业的扶持和培育，鼓励创投机构向产业基地投资，支持产业链规模进一步发展壮大。加强政务服务与引导。围绕北船重工等龙头企业配套产业链，研究制定配套政策，开展海洋装备制造产业发展规划研究。为集聚区专设公共服务平台，加强企业服务。出台人力资源利用和开发鼓励政策，健全人力资源服务机制，包括建立社会化、市场化的人才供求机制，鼓励大专院校、科研院所在城阳区设立高新技术人才培训基地并给予政策扶持。对进区实施成果转化、兴办高科技企业的留学回国人员和外地专家，在户籍、住房、子女入学、厂房出租、资金扶持等方面继续予以优先、优惠办理。

（二）合理规划和利用土地

青岛经济开发区在发展过程中，高度重视土地的规划、管理和利用，土地高效集约生态利用效益稳步提高，园区内建设用地全部符合国家关于集约利用土地、严格管理土地的各项要求，依法办理农用地征转手续，实施占补平衡，充分发挥土地资源的集约利用效益。青岛经济开发区先后两次聘请山东城乡规划设计院科学规划园区，对建设原则、功能分区、建设标准、地下管网、绿化美化等进行详细规划，在工业建设上，坚持集群化和集约化；在第三产业建设上，坚持"高端、特色"原则；在功能设置上，坚持以人为本，科学划分功能区，更加突出园区的城市化功能，注重产业区与城市功能区协调发展，统筹兼顾长远规划与眼前发展。通过规划发挥土地和基础设施最大利用率，为未来发展预留部分空间。

（三）推进节能减排与资源综合利用

青岛经济技术开发区在项目引进过程中，严格执行环保相关法规规定，从环保、科学、合理出发，制定园区环保布局规划，充分考虑噪声、烟尘、排污等因素对环境的影响，对入驻项目进行认真筛选，对拟落户项目，聘请专家对拟引进项目进行初审，严禁"两高一资"项目落地；在发展过程中，强化对原有污染企业的整改达标监管力度，实行污染集中治理，按照"谁排污，谁付费"的原则，实现排污者与治理者分离，区内主要污染物排放总量连年大幅度下降，超额完成了各项节能减排任务，实现了环境保护与经济增长和谐可持续发展。产业基地大多数企业通过了 ISO9001 质量体系、ISO14001 环境管理体系认证；主体园区内规模以上企业全部达到清洁生产企业水平，强制清洁生产审核实施率达到100%。

（四）加强安全生产

强化目标考核、清理协同关系。要积极推进集聚区职能部门牵头，相关监管单位、重点企业大力协同的良好势头。按照"谁监管，谁负责"，明确建设、交管、消防等部门的安全管理责任、切实达到人人想安全，个个抓安全、安全指挥程序流畅、安全工作衔接紧密无空当、安全工作落实无盲区。加大安全投入，理清工作思路，切实加强集聚区安全监管机构建设。

企业篇

第十五章 埃夫特智能装备股份有限公司

埃夫特智能装备股份有限公司成立于 2007 年 8 月，是我国销售规模最大的工业机器人厂商，也是国内唯一一家通过发展产业化应用而迈向研发制造的机器人企业。埃夫特向用户提供全方面的机器人、系统集成解决方案及专业的自动化装备设计制造服务。企业旗下有六大事业部，分别为通用机器人研发制造、喷涂机器人、高端金属加工及汽车装备自动化领域，并在意大利设有智能喷涂机器人研发中心和智能机器人应用中心。

2014 年，埃夫特智能装备有限公司与意大利 CMA 机器人有限公司签署合作协议，重点合作领域集中在喷涂工艺和喷涂自动化系统的研发方面；2016年，埃夫特智能装备股份有限公司与 EVOLUT 公司签署战略合作协议，并宣布成立合资中国子公司埃华路中国，在工程技术、数据遥距传输技术、离线编程系统、人机互动界面、3D 立体视觉技术等方面集中研发。埃夫特的产值已连续 4 年实现 80% 以上递增，六关节型机器人销量位居同类别国产机器人企业首位。

第一节 企业基本情况

一、发展历程与现状

（一）发展历程

埃夫特智能装备股份有限公司成立于 2007 年 8 月，是我国销售规模最大的工业机器人厂商，也是国内唯一一家通过发展产业化应用而迈向研发制造的机器人企业。埃夫特智能装备股份有限公司的前身是奇瑞汽车设备部门旗下的装备制造科，在传统企业中负责设备选型、维护保养等工作，积累了大量的产品与应用经验。

2010年3月，埃夫特智能装备股份有限公司通过了ISO9001国际质量体系认证，在产品质量中严格把关。2012年底，企业积极面对外部市场，其产品涉及汽车零部件、卫陶、五金、家电、机加工、酿酒及消费类电子等行业，市场范围不断扩大，不断渗透新兴领域行业应用。其研发的我国首台重载165公斤机器人突破了企业创新纪录，荣获2012年中国国际工业博览会银奖。2013年5月，公司正式成立蔡鹤皋院士工作站，成为中国机器人产业联盟发起人和副主席单位。2014—2015年，企业连续获得中国机器人网颁发的"最畅销国内机器人品牌"奖。2015年，埃夫特智能装备股份有限公司还获得了"年度机器人本体奖金球奖""年度最具投资价值公司""年度本土机器人品牌价值奖"。

（二）发展现状

埃夫特智能装备股份有限公司通过多年自主研发及并购，已经逐步形成机器人应用领域的全面覆盖，尤其是收购专注喷涂领域的CMA机器人公司及聚焦金属高端加工及智能产线的EVLOUT机器人企业后，企业在喷涂、金属高端加工等领域，已具有领先的优势。尤其在汽车焊装工艺设备、自动化输送设备、涂装工艺设备、机器人集成应用等领域有了长足发展。

目前，埃夫特能够向用户提供全方面的机器人，系统集成解决方案及专业的自动化装备设计制造服务。企业旗下有六大事业部，分别为通用机器人研发制造、喷涂机器人、高端金属加工及汽车装备自动化领域，并在意大利设有智能喷涂机器人研发中心和智能机器人应用中心。

作为"国家机器人产业集聚试点区域""安徽省机器人产业集聚发展基地"与国内机器人行业的领先厂商，埃夫特智能装备股份有限公司先后承担了工信部国家科技重大专项2项，科技部863计划项目4项，国家发改委智能制造装备发展专项5项，参与机器人行业标准的制定。如今，埃夫特公司正步入高速发展期，已经成为中国智能装备强有力的代表企业。

（三）企业文化

在智能制造的背景下，我国也相继制定了培育发展战略性新兴产业、工业转型升级的一系列战略规划，埃夫特智能装备股份有限公司以"'智'造智能化装备，解放人类生产力"为宗旨，致力于成为国际一流的智能化装备提供商。

在这样的背景下，埃夫特智能装备股份有限公司设定了人才战略、科技战略与国家化战略三大战略，应对制造业转型升级的新要求，以"精益、创新、共赢"的价值观，不断发展自身产品与客户，在市场中利于领先地位。

二、企业重点产品

（一）CMA 工业机器人

2014 年，埃夫特智能装备有限公司与意大利 CMA 机器人有限公司签署合作协议，重点合作领域集中在喷涂工艺和喷涂自动化系统的研发方面，在技术方面，CMA 公司在机器人离线编程技术、视觉定位、快速示教、防爆设计等方面有成熟的经验，其产品重点应用在陶瓷、家具、洁具、汽车等行业。目前，埃夫特的 GR650ST 型、GR6100HW 型、GR6100ST 型、GR520ST 型、GR630E 型等机器人在市场应用中取得良好的效果。

（二）EVOLUT 系统

2016 年，埃夫特智能装备股份有限公司与 EVOLUT 公司签约战略合作协议，并宣布成立合资中国子公司埃华路中国。埃夫特的产品研发与技术发展方向将逐渐侧重两方面：一是基于"工业 4.0"的背景下，面向特定行业整合机器人智能化技术，加强智能传感和数据采集技术与产品的研发，并且向用户提供智慧工厂、智慧车间的成套解决方案。二是基于目前已存在的机器人应用工艺与先进的经验，按照特定的信息化处理形成工艺专家系统，并且为埃夫特即将启动的下一代智能作业机器人平台的开发提供原始的工艺数据积累。

双方联合成立的埃华路中国公司，将充分汲取双方企业的技术与产品养分，在工程技术、数据遥距传输技术、离线编程系统、人机互动界面、3D 立体视觉技术等方面集中研发。目前在机床上下料应用、机器人协同检测包装应用、零件加工清洗应用、码垛应用、视觉系统系统机床系统、视觉系统上下料应用系统等多方面有较为长足的发展。

（三） 自动化装备

埃夫特智能装备股份有限公司研发生产的自动化装备包括高洁净喷漆室、低能耗烘干室、摩擦式输送机、鳞板输送机、辊道输送机、滑橇输送系统六大产品。

高洁净喷漆室的室体委密闭状态，运行时采取上方送风与下方抽风的操作方式，此类方式能够保证微正压，同时确保喷放洁净的纯净度，防止外部污染影响。含漆空气与循环水混合后经排风系统推动通过漩涡流通器后，能够加速至最高 160 公里/小时，以此保证油漆能够充分被捕捉利用。含漆废水能及时通过循环水管路送往漆渣处理系统进行统一处理，极大程度减少喷漆室底部的污染，用水量较少，同时也降低了运营成本。

低能耗烘干室主要用于在涂装作业过程中加热、固化涂层，涂装作业涂层烘干室的设计、制造、安装、检验与维护都达到国内较高的安全技术要求与水平。产品的特点为加热迅速，升温时间极快。密封的效果较好，漏气污染的风险极低，且运行能耗很低。在烘干过程中确保受热均匀，操作精度高，运行过程中的废气也能经过二次燃烧，余热被回收，将污染程度降低到最小。

摩擦式输送机是一种新型机械化输送设备，其利用摩擦力原理驱动部件进行输送，能够广泛应用于汽车焊装、涂装及总装车间车身或部件的储运。机器整体结构包括轨道系统、摩擦驱动单元、承载车组、相关辅助装置及电控系统等组成。装备与传统链条输送机相比，具有制作周期较短、可操作性强、污染噪声较低的优势。此外，摩擦式输送机与升降机、移载机等专用设备能够组合形成系统，承担工件输送、定位、提升、移栽、装卸等功能。

鳞板输送机能够沿着水平、倾斜方向输送物料。在冶金、煤炭、化工、汽车、电力、机械制造等行业被广泛应用。其将板链作为牵引元件，不仅强度大、效率高，并且具有长距离的输送能力，以满足多种无料的多样化输送要求，实现连续工艺过程，即便在较为苛刻的应用工作中，如圆木、矿石以及有害的化学物等也能顺利完成操作。

辊道输送机广泛应用于各类箱、包、托盘等件货的连续输送与堆积。产品分为动力辊道输送机和无动力辊道输送机。在积放、移行、分岔、合流、转向等辅助转机应用中，具有得天独厚的优势，在生产线中的应用也能够提升工作效率。

滑橇式输送系统主要应用于汽车行业的焊装、涂装、总装等生产线上。操作原理是固定在地面或者空中平台的滚床中，作为动力源并依靠摩擦力使得置于上方橇体运动。能够实现工件运输及转挂过程中的"柔性转移"。极大避免了其他链传动输送机之间同步控制的难点，提高设备的灵活性，使得运输工件能够实现线间平移、直角转弯、垂直提升、水平旋转、储存等功能。

（四）解决方案

汽车零部件行业的解决方案包括焊装车间焊接成线应用、汽车零部件弧焊应用、汽车发动机加工机床上下料应用、发动机缸体拆剁视觉搬运应用、客车车身骨架焊接应用、汽车发动机引擎盖涂胶应用。卫浴行业的解决方案包括机器人柔性喷涂应用、五金件打磨抛光应用、智能跟随关节臂快速示教应用、水龙头打磨抛光工作站应用。家电行业的解决方案包括家电行业搬运、空调冷凝器吹水应用、空调外壳加工压机上下料应用、空调箱体搬运应用。此外，在教育行业、机床行业、酿酒行业、炊具行业、食品行业，埃夫特都为特殊行业与应用设计并执行解决方案，如炊具喷涂应用、米袋及箱体搬运码垛切换、高温加工件电炉及压机上下料应用。

第二节　企业经营与技术情况

一、企业经营情况

2015 年 10 月，埃夫特智能装备股份有限公司迁入了芜湖机器人产业园内的新厂址，这一国家级机器人产业园拥有 9 万平方米的机器人研发中心、设计产能超过万台的机器人生产制造基地。该生产基地以埃夫特智能装备股份有限公司为龙头，聚集区内工业机器人产业，逐渐形成规模，埃夫特万台机器人项目历时两年筹备与建设，年设计产能超出之前 10 倍。项目一期两条产能 3000 台的生产线已经正式投入使用。

埃夫特的产值已连续 4 年实现 80% 以上递增，六关节型机器人销量位居同类别国产机器人企业首位。此次搬迁后，埃夫特的年设计产能提升了 10 倍，迎来历史性"蜕变"。埃夫特计划依托该项目，预计到 2020 年，实现年产工业机器人突破 1 万台、销售收入达到 50 亿元，建设"国际领先、国内一流"的机器人研发生产基地。

二、企业技术情况

首先，埃夫特智能装备股份有限公司本着"以人为本"的技术发展理念，不断完善技术创新机制建设，积极加强人才引进和培养，设有埃夫特—哈工大机器人研发中心；成立蔡鹤皋院士工作站，收获专利 80 余项；意大利乌迪内设有智能机器人研发中心等。其次，埃夫特在技术合作创新上取得了突破性进展，加强同多家企业的合作，均取得了良好效果。再次，配套设施的保障，为埃夫特技术的发展提供了不可或缺的支持，年产 10000 台的工业机器人装配检测线、投入 1.3 亿元人民币的产业化基地建设、聚集芜湖机器人产业园内产业资源，均大大提升了设计产能。最后，与市场需求的结合，是埃夫特技术革新的动力，技术涉及领域广泛，包括汽车零部件、卫陶、五金、家电、机加工、酿酒及消费类电子等，且逐步向新兴领域行业扩散。

三、企业发展经验

（一）战略与目标结合

在瞬息万变的市场环境下，埃夫特由产业化发展迈向研发制造，并成为中国销售规模最大的工业机器人厂商，离不开长远性发展目标、整体性发展思路的制定和切实可行措施步骤的实践。第一，立下智能"智"造的宏愿。埃夫特在"'智'造智能化装备，解放人类生产力"的发展宏远指导下，积极响应国家工业转型升级的战略规划，致力于成为国际一流的智能化装备提供商。第二，以规模发展带动产能提升。年产 1 万台的工业机器人装配检测线，超过 2000 万元的年研发投入等，对年设计产能的提升功不可没。第三，同多家公司进行多领域战略合作。2015 年初，埃夫特收购意大利 CMA 公司，强化喷涂领域竞争力；2016 年初，收购意大利 EVOLUT 公司，强势介入高端机器人集成应用。

（二）创新与技术结合

具体来说，第一，借力深厚的技术底蕴。埃夫特的前身是奇瑞汽车设备部门旗下的装备制造科，在设备选型和维护保养等工作上，积累了大量的产品与应用经验。第二，进行严格的技术质量把控。埃夫特在产品质量上有严格的标准，并于 2010 年 3 月通过了 ISO9001 国际质量体系认证。第三，创新能力力争国际一流水准。其研发的我国首台重载 165 公斤机器人，突破了企业创新纪录，荣获 2012 年中国国际工业博览会银奖。第四，积累雄厚科研资源且永保行业龙头地位。作为国家机器人产业区域集聚发展试点重点单位，以及国家和省级机器人产业联盟主席单位，同相关知名大学和知名院士等建立了良性稳固的科研资源合作模式，参与国家及省级重点科研项目共 17 项。

技术创新型企业，只有充分发挥其技术优势，挖掘并继承其深厚的技术底蕴，进行严格技术质量把控，勇攀国际技术创新一流水准，提升科研实力，努力保持行业内的龙头地位，才能得以持续性地稳固发展。

（三）生产与需求结合

第一，紧紧围绕创新共赢的价值观。埃夫特应对制造业转型升级的新的要求，以"真诚、勤奋、精益、创新、共赢"的价值观，致力于不断完善自身产品，在市场中立于领先地位。第二，市场范围不断扩大。2012 年底，企业积极面对外部市场，其产品涉及汽车零部件、卫陶、五金、家电、机加工、酿酒及消费类电子等行业，市场范围不断扩大，不断渗透新兴领域行业应用。第三，凭借良好的市场洞察，提升产品的解决问题能力。公司生产出汽车零部件行业、卫浴行业、家电行业所需产品，此外，埃夫特为教育行业、机床行业、酿酒行业、炊具行业、食品行业提供应用设计和执行解决方案，并于 2014 年获得 2014 年度最畅销国内工业机器人品牌，于 2015 年获得中国机器人网"最畅销国内机器人品牌"奖。

技术创新型企业要把技术的研究开发与市场需求紧密结合起来，以市场需求引导技术开发，以技术开发的成果创造市场。消费者需要是整个连续过程中的最后一个环节，只有当产品和服务被消费者接受，创新的真正目的才最终实现。只有具备敏锐的目光，善于发现并总结市场去求的新动向，选取产品发展的制高点，不断开发新产品，以创新带动市场，才能使企业始终充满向上的活力。

(四) 人才与激励政策结合

技术创新型企业必须具有强大的知识和技术创新能力,而具备这种创新能力的唯一资源是高素质的人才。人才来源,一方面是企业内部员工,埃夫特企业员工 500 余人,其中研发人员 300 余人,外籍技术人才超过 100 人;另一方面来自于企业外的雄厚科研力量,埃夫特作为国家机器人产业区域集聚发展试点重点单位、中国机器人产业联盟副主席单位和机器人国家标准起草单位,成立了埃夫特—哈工大机器人研发中心,在意大利乌迪内设有智能机器人研发中心,建有蔡鹤皋院士工作站,专利达到 80 余项。创新型企业竞争的真正源泉不仅在于大批优秀人才的集聚,更重要的是通过合理的激励机制,促使优秀人才的才能最大限度地发挥。

第十六章　吉利汽车集团

浙江吉利控股集团凭借灵活的经营机制和持续的自主创新迅速成长，逐步成为自主发展企业的代表。在生产制造方面，吉利集团总部设在杭州，目前拥有吉利汽车、沃尔沃汽车、伦敦出租车等品牌，其中吉利汽车在浙江、山东、四川、湖南等地建有汽车整车和动力总成制造基地。主要产品为整车、发动机、手动/自动变速器。在研发设计方面，吉利集团在杭州设有研究院，瑞典哥德堡设有欧洲研发中心，在中国上海、美国加利福尼亚、瑞典哥德堡、西班牙巴塞罗那设立了造型设计中心。在市场销售方面，2016年，吉利汽车全年汽车销量达到799188辆，在中国汽车企业汽车销量排行中位列第十，超额完成目标，紧随长安、长城之后，在自主汽车领域位列第三名。吉利汽车依托国家级企业技术中心平台，搭建了三层运作体系，强大的技术力量凝聚形成合力，建立了"与国际接轨、适合中国国情、具有吉利特色"的全新技术体系。2016年正式发布了"吉利汽车2020战略"：即到2020年实现年产销200万辆，全球竞争力大幅提升，力争进入全球汽车企业前十，同时成为最受人尊敬的中国汽车品牌。在战略方面，吉利汽车加强产品品牌建设，积极布局新能源汽车领域，大力推进全球化进程，持续拓展渠道服务能力。

第一节　企业基本情况

一、发展历程与现状

（一）发展历程

浙江吉利控股集团（以下简称"吉利集团"）是中国本土民营企业的代

表，虽然起步条件非常差，但是凭借灵活的经营机制和持续的自主创新迅速成长，逐步成为中国主导的乘用车企业，并成为自主发展企业的代表。

吉利集团的整体发展可以概括为以下四个阶段：

1. 起步成长阶段（1997—2001 年）

吉利集团于 1986 年成立，1997 年正式进入汽车产业，这标志着中国第一家民营汽车企业的诞生。1998 年，吉利集团第一辆汽车吉利豪情在浙江临海市下线。吉利集团的口号是"造老百姓买得起的好车"，因此产品采用极端低价的策略，利用价格空当进入家用轿车市场。吉利汽车产品以低价切入，迎合市场需求，主要得益于原材料全部国产化、关键零部件自给率高、劳动力成本低等因素，产量逐年提升等因素。

2. 快速发展阶段（2002—2006 年）

2002 年，吉利集团开始量产，同时由家族化经营企业转型为聘请职业经理人的现代股份制企业，公司步入快速发展阶段，2005 年，吉利集团第一次进入全国轿车销量前十名，销售 14.9 万辆，成为唯一的民营企业，并成功在香港上市。

3. 转型发展阶段（2007—2015 年）

为了获得更高的利润以支持后续发展，吉利集团希望能甩掉原有形象，开拓高端市场。在国内自主汽车企业中，吉利集团较早提出"战略转型"，并且做了整体规划，提出"以用户为中心，以订单为主线，深化改革，科学管理，三链协同，实现高质量下的高增值和高增长"的转型目标。2010 年，吉利集团成功收购沃尔沃，成为迄今金额最大的中国车企海外收购案。

4. 品牌提升阶段（2016 年—　）

近年来，吉利集团取得显著的发展成绩，跻身世界 500 强并连续多年进入中国汽车行业十强榜单。2016 年，吉利集团开始迈入全面创新阶段，全面掌控核心技术，以新能源汽车和智能网联汽车为重点，通过创新引领，提升产品形象和品牌美誉度。

（二）发展现状

在生产制造方面，吉利集团总部设在杭州，目前拥有吉利汽车、沃尔沃汽车、伦敦出租车等品牌，其中吉利汽车在浙江、山东、四川、湖南等地建有汽车整车和动力总成制造基地。主要产品为整车、发动机、手动/自动变速器。

在研发设计方面，吉利集团在杭州设有研究院，在瑞典哥德堡设有欧洲研发中心，在中国上海、美国加利福尼亚、瑞典哥德堡、西班牙巴塞罗那设立了造型设计中心。

在市场销售方面，2016 年，吉利汽车全年汽车销量达到 799188 辆，在中国汽车企业汽车销量排行中位列第十，超额完成目标，紧随长安、长城之后，在自主汽车领域位列第三名。

二、企业组织结构

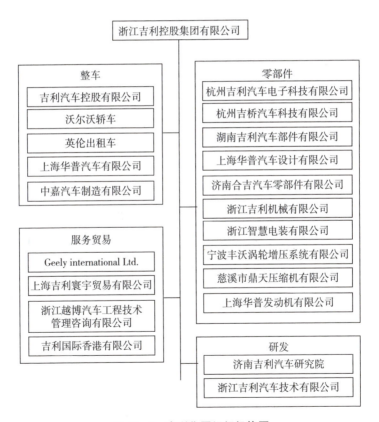

图 16－1　吉利集团组织机构图

资料来源：赛迪智库整理，2017 年 1 月。

三、企业技术状况

吉利汽车控股有限公司（以下简称"吉利汽车"）依托国家级企业技术中心平台，搭建了三层运作体系，强大的技术力量凝聚形成合力，建立了"与国际接轨、适合中国国情、具有吉利特色"的全新技术体系。第一层是集团技术部，负责整个技术体系的统一规划和管理，第二层是研究院，支撑集团完成各项研发任务，第三层是各基地技术部，负责产品质量提升和工艺改善。三层运作体系实现了汽车产品全生命周期的统一规划、实施、管理的完整体系。

在整车和零部件技术方面，吉利汽车坚持自主开发，重视汲取世界先进技术，在进取中创新，逐步形成了一套独具特色的技术创新能力。技术研发上，吉利集团秉承平台化、通用化、模块化战略，以 KC、NL、FE 三大核心平台和 CMA 中级车基础架构为支柱，坚持正向开发。多年来，吉利汽车深耕汽车核心零部件，自主研发的 1.3TD、1.8TD、1.8TD 二代三款发动机受到业内专家的好评，入选中国年度十佳发动机。吉利汽车 1.8TD 二代发动机采用涡轮增压缸内直喷技术，最大扭矩为 285N·m/1500—4000rpm，最大功率达到 135kW/5500rpm。通过对关键技术的开发和升级，1.8TD 二代发动机相对于 1.8TD 发动机，扭矩提升了 14%，噪声、振动与声振粗糙度（Noise、Vibration、Harshness，NVH）性能提升 5%，油耗降低了 3.7%，在动力性、NVH 和燃油经济性能方面均达到国际领先水平。吉利汽车加快从传统汽车向新能源汽车转型，吉利集团积极布局新能源汽车研发技术和智能网联技术，未来吉利集团将重点依托纯电动汽车、混动动力汽车和插电式混合动力汽车三大技术路线，打造小型纯电动汽车 PE 平台、中高端纯电动汽车平台 FE 以及 CMA 中级车基础模块架构，与此同时，吉利集团积极储备甲醇系统汽车、燃料电池汽车、金属燃料电池汽车的关键核心技术。吉利联合沃尔沃，制定了全面的智能互联战略、技术路线和产品规划，紧紧把握电气化、轻量化和智能化等核心技术的研发，吉利的全新品牌 Lynk&Co，以及博瑞、博越等 3.0 代车型上将搭载先进的智能系统。

第二节　生产经营情况

一、主营业务

2015 年，市场对本年度推出的全新车型有良好反应，汽车产品质量提升及消费者对的品牌形象给予充分肯定。在轿车方面，市场的主要产品为新帝豪、远景、帝豪 GL、博瑞等，在 SUV 方面，帝豪 GS、博越、远景 SUV 等都有着较好的市场表现。

为了提高吉利集团制造新型高端轿车及 SUV 车型之生产能力，并将扩大产品投放及提高产品整体竞争优势，2015 年，吉利集团收购春晓汽车全部注册资本，作价人民币 11.38 亿元。与此同时，吉利集团及法国巴黎银行个人金融分别拥有 80% 及 20% 权益，成立汽车融资合营公司——吉致汽车金融有限公司。吉致汽车金融主要从事向经销商及零售消费者为汽车购买提供融资。吉致汽车金融将促使吉利集团向其经销商及终端客户提供全方位的优质汽车融资服务，从而有助于增强集团的竞争力，并促进吉利集团汽车的销售。为了进一步巩固业务及专注于中国生产汽车而采取的步骤，以进一步降低成本及避免资源分散至非核心业务。吉利集团不再参与开发及生产 5MTs 及 6MTs，2015 年，吉利集团抛售相关业务给万里扬。

吉利集团秉承"对标管理、品质经营"的方针，以"造每个人的精品车"的全新品牌使命，以市场为导向，以客户为中心，进一步深化变革。建立了营销、研发、采购和制造等核心价值链，各支持系统按照"对标管理、品质经营"的经营思路，坚持以客户为中心，持续变革和创新，取得了明显的成效；持续开展流程优化，深入开展专题对标交流，坚持人才培养战略，加强人才引进和培养，不断完善人才梯队建设，重点构建全球型人才体系。

二、生产运行

2015 年，吉利集团销量突破百万，其中吉利汽车共售出 510097 辆汽车，较 2014 年增加 22.1%，沃尔沃汽车突破 50 万辆，同比增长 8%，中国、瑞典和美国分别为全球前三大销售市场。

2015 年，吉利汽车国内市场大幅增长，而出口销量出现下滑，主要出口东欧、中东、非洲、东南亚、大洋洲和南美洲的近 60 个国家和地区，通过合资合作等商业模式，在俄罗斯、乌克兰、埃及、乌拉圭和白俄罗斯等国家建立了 KD 工厂。截至 2015 年底，吉利汽车的社会保有量超过 400 万辆。

图 16－2　吉利汽车主要出口国家

资料来源：赛迪智库整理，2017 年 1 月。

新帝豪需求持续上升，成为 2015 年公司最畅销的车型，新帝豪 EC7 销量为 198032 辆，在集团占比高达 38.9%，同时新帝豪是 2015 年入选中国最畅销车型前十名的唯一的自主品牌轿车车型。新远景市场表现同样出色，2015 年总销量达到 114963 辆，占比 22.5%。2015 年推出的 B 级中型轿车吉利博瑞销售表现良好，达到 32571 辆，吉利博瑞在 C－NCAP 碰撞测试中获得最高级别五星评级，并且获得 2015 年广州车展年度车型的殊荣，成为首个获得该头衔的中国自主品牌轿车车型。在 SUV 销量方面，GX7、SX7、GX9 三个 SUV 车型总销量为 59943 辆，与 2014 年比下降 5.3%，主要是由于 2015 年没有推出新的 SUV 车型以及出口需求的疲弱。纯电动汽车产品帝豪 EV 于 2015 年 11 月 18 日正式上市。由于产品组合持续改善，2015 年吉利集团的平均出场销售价格明显增加。

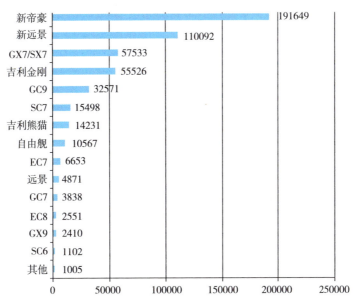

图 16 - 3　2015 年吉利汽车按车型分类的销量

资料来源：赛迪智库整理，2017 年 1 月。

　　吉利集团强化以市场为导向的销售策略，有序优化网络规划与建设，优化提升渠道竞争力和品牌影响力，在国内建立了完善的营销网络，拥有超过 700 家品牌 4S 店和近千个服务网点。在海外建有近 200 个销售服务网点，投资数千万元建立呼叫中心，为用户提供 24 小时全天候快捷服务。

三、经济效益

　　2015 年，吉利集团营业收入达到 263 亿美元，在《财富》杂志评选的 2016 年世界 500 强企业排名 410 位，上年提升了 67 位。吉利集团旗下的沃尔沃汽车集团实现营业收入 192.5 亿美元，比 2014 年增长 19.2%，营业利润 7.8 亿美元，成功实现翻番。吉利汽车实现营业收入 301.38 亿元，比 2014 年的 217.38 亿元增长 38.6%，净利润达到 22.89 亿元，比 2014 年增长近 6 成。以吉利新帝豪、新远景为代表的轿车产品占总销量的近 90% 市场份额，成为公司业绩表现良好的重要因素。在单车利润方面，吉利汽车在自主领域表现突出，但相对合资、外资企业，仍有较大差距。2015 年，吉利汽车单车利润约为 4000 元。丰田全球市场的单车利润约为 13000 元，通用全球市场的单车利润平均约为 7000 元。长安福特单车利润超过 20000 元，一汽大众、上海大众在华每辆车型的利润约为 20000 元。

2016 年上半年，沃尔沃集团全球累计销量为 25.65 万辆，同比攀升 10.5%。在欧洲、美国、中国 3 个销售地区均实现了同步增长，增长率分别为 10.3%、24.8%、6.3%。其中，沃尔沃 XC90 销量为 4.39 万辆，远超预期。2016 年上半年，沃尔沃集团营业利润相比 2015 年同期利润 16.6 亿瑞典克朗有大幅提升，达到 55.9 亿瑞典克朗，利润率 6.7%。2016 年上半年吉利汽车累计销量为 28.03 万辆，同比增长 11%。帝豪、远景、金刚等轿车车型保持了持续的增长态势。利润方面，吉利汽车 2016 年上半年财报显示，营业额为 180.89 亿元，同比增长 31%。

第三节　经营发展战略

一、战略目标

吉利集团依托总体跟随、局部超越、重点突破、招贤纳士、合纵连横、后来居上，2016 年 11 月，在吉利控股集团创业 30 周年庆典上正式发布了"吉利汽车 20200 战略"：即到 2020 年实现年产销 200 万辆，全球竞争力大幅提升，力争进入全球汽车企业前十，同时成为最受人尊敬的中国汽车品牌。

吉利集团的发展历程中四次重大事件，为吉利汽车在下阶段实现跨越式发展奠定了坚实的基础：

一是 2007 年战略转型：吉利摒弃了成本和价格导向的竞争方式，着力提升技术和品质；

二是 2010 年并购高端品牌战略：吉利集团成为名副其实的跨国汽车集团，并为吉利汽车未来的发展奠定了良好的基础；

三是 2014 年提出"造每个人的精品车"的品牌使命：由此陆续推出博瑞、帝豪 GS、GL 等精品车型；

四是 2016 年发布"吉利汽车 20200 战略"：持续提升体系竞争力，完善产品谱系，创造品牌价值，一往无前地向"20200 战略"迈进。

在细分市场方面，吉利集团将大力推出新产品，预计 2020 年之前推出乘用车产品 30 余款，以满足不同的市场定位及需求。2016 年，吉利吉利集团发布 LYNK&CO 品牌，新品牌由沃尔沃汽车主导，基于吉利汽车与沃尔沃汽车联合开发的全新中级车基础模块架构 CMA 建立。首款 LYNK & CO 01 是一款中级 SUV，2017 年四季度将会正式在中国市场进行销售，2019 年在欧洲市场发售，随后进入美国市场。一方面，新能源动力系统是 LYNK & CO 的重要发展方向，吉利集团未来将推出两款纯电动车，并且所有车型都将搭载混合动力系统或插电式混合动力系统。另一方面，LYNK & CO 品牌将在车内为用户提供一系列的互联技术，所有车型都将搭载大尺寸中央触摸屏，可与苹果 CarPlay 和 Mirror Link 兼容。2016 年广州车展上，沃尔沃发布了车系顶级的 S90 Excellence，该车型是一款中国市场导向的车型，S90 Excellence 拥有许多独特设计，特殊的 3 座设计、车顶的全景天窗、隐藏在双后座中央的内建式冷藏柜，以及具加热及保冷功能的置杯架。副驾驶由 Lounge Console 的多媒体装置替代，后座乘客可以透过设置在中央扶手前端的触控按键唤醒 Lounge Console，一部类平版电脑的荧幕变会透过电动方式移动到面前，再配合收纳于后座中央扶手内着折叠式工作桌，与 Lounge Console 组成颇符合人体工学的办公环境，营造出顶级的后座消费者乘车环境，S90 Excellence 将陆续在中国大庆工厂投产。

在新能源汽车方面，吉利发布"蓝色吉利行动"计划，该计划包含五大承诺，分别是：

一是率先承诺提前全面实现 2020 年国家第四阶段企业平均 5.0L/百公里燃油消耗限值；

二是实现消费者用传统汽车的购车成本购买插电式混动汽车的梦想；

三是实现到 2020 年新能源汽车销量占吉利整体销量 90% 以上；其中，插电式混动与油电混动汽车销量占比达到 65%，纯电动汽车销量占比达 35%；

四是在氢燃料及金属燃料电池汽车研发方面取得实质性成果；

五是实现新能源技术，智能化、轻量化技术在行业的领先地位。

在智能网联汽车方面，吉利集团规划五个大方向：

一是实现多向通信；

二是实现系统自我学习能力，通过采集驾驶员的驾驶习惯，运用大数据分析，评估用户的驾驶习惯，实现系统的自适应升级改进；

三是提高娱乐、导航、通信、安防、系统设置的功能；

四是改善安防功能；

五是完善碰撞救援和远程诊断必要信息的传递。

二、战略实施

（一）加强产品品牌建设

品牌是有内涵、有属性的，品牌也是需要产品支撑的。吉利汽车一直致力于打造中国优秀的汽车品牌，并为消费者呈现一流的设计和品质，提供一流服务。2015 年，吉利汽车推出了 B 级车博瑞，博瑞成功实现了吉利品牌向上的使命，并在一定程度上实现了品牌提升的效果。调查显示，吉利品牌的健康度从 2013 年的 89% 稳步提升至 2015 年的 94%。

为了扩大品牌的影响力，提升品牌的美誉度，吉利汽车宣布与中国国家游泳队结成战略合作伙伴关系，期望在新的发展时期通过体育营销平台实现公司的品牌升级和价值追求。基于"20200 战略"的规划，吉利汽车集团对旗下的吉利品牌和新发布的 LYNK&CO 品牌进行了明确的定位：吉利汽车品牌将继续秉承"造每个人的精品车"的品牌使命，强化"积极进取、科技品质"的品牌形象，成为消费者熟知和喜爱的中国汽车领军品牌。

（二）积极布局新能源汽车领域

受到能源危机和环境污染的挑战，新能源汽车是成为未来的重要发展方向，吉利汽车积极布局新能源汽车，吉利汽车的中长期战略明确提出 2020 年新能源汽车占比达到 90%。

吉利汽车从 EV、PHEV 和 HEV 三条技术路线出发、依托中高端纯电动汽车 FE 平台、小型专属纯电动汽车 PE 和 CMA 中级车基础模块化架构，向新能源汽车企业演化。吉利汽车的首款纯电动车型是帝豪 EV，综合工况续驶里程253km，帝豪 EV 采用的双模能量回收系统，在刹车和滑行工况下电机参与制动发电，进行能量回收到电池，可以有效延长续驶里程。同时根据不同的使用情况，支持弱、中、强三个等级的回收强度设置。在基础设施方面，吉利与国内大多数的主流充电桩生产制造和运营企业进行深入合作，实现优势资源互补。通过采用桩车联动的协同业务模式，带动电动汽车销售和充电桩建设。除此之外，吉利汽车是首家进行甲醇车自主研发并取得国家甲醇车生产资质的企业。吉利海景 SC7 甲醇轿车已在山西、陕西、上海和贵阳进行试点推广和示范运营。此外，氢燃料电池与金属燃料电池技术也在开发之中。

（三）大力推进全球化进程

随着中国汽车企业的发展扩张，最后一定会参与全球化的激烈竞争。只有融入全球价值链，整合全球范围内的资源、人才、技术和品牌，中国汽车企业才能提升在全球价值链中的影响力，实现转型升级，提升核心竞争力。近年来，吉利集团快速地向全球公司转型，通过海外并购、布局，实现研发、设计、采购、制造、营销等整个价值链的全球化以及管治结构、文化理念的全面提升。

在研发方面，吉利和沃尔沃在研发领域的协同布局，吉利汽车和沃尔沃汽车联手在瑞典哥德堡成立了吉利控股集团欧洲研发中心。吉利与沃尔沃跨品牌的共享技术战略已经初步形成，世界前沿技术的模块化、平台化架构的设计正在全面推进，吉利全球化研发体系已逐步搭建完成。在采购方面，吉利集团的目标是实现"沃尔沃汽车的技术吉利汽车的成本"式的全球采购体系，通过全球采购、全球竞争，既保证成本的最优，又促进两大品牌品质的提升。在制造方面，吉利在东欧、中美、南美、中东北非及亚太（东盟）等区域都确定了明确的产能及投资规划。在销售方面，吉利汽车在海外建立了 400 多家销售和服务网点。随着吉利汽车新产品的推出、产品竞争力的提高、产品溢价能力的提升，以及对于外汇汇率走势的应对，将会逐渐调整地区销售布局。

（四）持续拓展渠道服务能力

吉利汽车不断的优化渠道建设，规划在 2020 年达成 1750 家经销商规模，并且通过加强对销售团队及经销商队伍的能力提升，让用户收获愉悦、超值、令人感动的体验，进一步推动"20200 战略"的全面实现。

2016 年开始，吉利进行产品和营销层面的 3.0 布局，在渠道拓展层面，吉利正在加快推进"321 工程"的体系能力提升计划，即硬件标准、专业程度和职业素养的三个提升；销售和服务两个流程标准；所有工作都要围绕用户体验满意一个中心。未来，在"321 工程"的顶层设计下，吉利汽车将进一步强化渠道服务能力。

第十七章　中国商用飞机有限责任公司

中国商用飞机有限责任公司是实施国家大型飞机重大专项中大型客机项目的主体，也是统筹干线飞机和支线飞机发展、实现我国民用飞机产业化的主要载体。自 2008 年 5 月成立以来，中国商飞公司已下辖 7 家所属单位，在北京、四川、美国洛杉矶、法国巴黎等地设有办事处或公司，员工总人数突破万人。依托国家大型飞机重大科技专项及主制造商—系统集成商的市场化运营模式，中国商飞逐步形成了研发设计、总装制造、市场营销、客户服务、适航取证、供应商管理等六大能力，构建形成"以中国商飞公司为主体，以市场为导向，产学研相结合"的民机技术创新体系。目前，中国商飞已实现了我国自主研制的新支线飞机 ARJ21 的成功交付运营，国产大飞机 C919 也于近期实现首飞，成为我国民用航空工业发展具有里程碑意义的标志性事件。中国商飞将按照国家航空工业的战略部署，大力发展具有自主知识产权的干线飞机和支线飞机，努力实现我国民机项目的研制成功和商业成功。

第一节　企业基本情况

一、发展历程与现状

中国商飞公司是由国务院国有资产监督管理委员会、上海国盛（集团）有限公司、中国航空工业集团公司、中国铝业公司、宝钢集团有限公司、中国中化股份有限公司共同出资组建的大型国有企业。中国商飞公司是实施国家大型飞机重大专项中大型客机项目的主体，也是统筹干线和支线飞机发展、实现我国民用飞机产业化的主要载体。

2006 年 1 月，大型飞机项目列为《国家中长期科学和技术发展规划纲要 (2006—2020 年)》确定的 16 个重大专项之一。2006 年 7 月，国务院批准成立大型飞机重大专项领导小组。2006 年 9 月，国务院决定成立大型飞机重大专项专家论证委员会。2007 年 2 月，国务院常务会议批准大型飞机研制重大专项正式立项。2007 年 8 月，中央政治局常委会决定成立大型客机项目筹备组。2008 年 3 月，国务院正式批准组建中国商飞公司。

2008 年 5 月 11 日，中国商飞公司在上海揭牌成立，注册资本 242 亿元。公司最大股东是国资委，出资 60 亿元，持股 32% 左右；上海市政府投资成立的国盛集团出资 50 亿元，占股 26%；其余股东为中航工业及宝钢、中铝、中化等大型国企。

二、企业组织结构

截至 2016 年底，中国商飞公司共下辖 7 家所属单位，包括上海飞机设计研究院（设计研发中心）、上海飞机制造有限公司（总装制造中心）、上海飞机客户服务有限公司（客户服务中心）、北京民用飞机技术研究中心（北京研究中心），民用飞机试飞中心（试飞中心）、上海航空工业（集团）有限公司（基础能力中心）和上海《大飞机》杂志社有限公司（新闻中心）。中国商飞公司在北京、美国洛杉矶、法国巴黎设有办事机构，在上海设有金融服务中心，在四川设有地区分公司，在美国设有全资子公司，并参股成都航空公司和普银租赁公司，与伊顿公司合资成立伊飞公司，与拉比纳公司合资成立赛飞公司。中国商飞公司下设 15 个职能部门和 2 两个项目团队（C919 项目和 ARJ21 项目），员工总人数突破万人。中国商飞公司组织结构如图 17 - 1 所示。

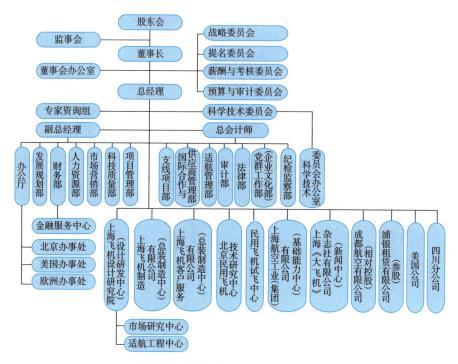

图 17-1　中国商飞公司组织结构图

资料来源：赛迪智库整理，2017 年 1 月。

三、企业技术状况

中国商飞公司致力于六大能力建设，即研发设计、总装制造、市场营销、客户服务、适航取证及供应商管理能力，着力打造研发设计、总装制造和服务支援三大能力平台。研发设计平台以北京研究中心和设计研发中心为主体，联合各所有制企业、科研机构、高校、国内外供应商研发中心以及产品客户等，形成保证研发设计有效进行的组织架构。总装制造平台以总装制造中心为主体，建立供应商统一管理模式，构建商飞主制造商—供应商配套体系，形成保证制造和批产有效进行的组织网络。服务支援平台用于构建民用飞机国内外客户服务网络和以物流服务为核心的生产性服务业务，拓展市场营销、金融租赁、航空运营、维修改装等业务。

中国商飞公司发挥重大专项创新主体作用，发挥上海区位优势、人才优势、科技优势和政策优势，构建"以中国商飞公司为主体，以市场为导向，产学研相结合"的民用飞机技术创新体系。促进企业、科研院所和高校协同创新，与国内 36 所高校开展了 900 多项合作，建立多专业融合、多团队协同、多技术集成的协同科研平台。通过项目研制带动新技术、新材料、新工艺的群体性突破，逐步形成民用飞机技术体系。

中国商飞公司组织召开未来产品研讨会，紧抓国家和地方重点预研项目，推进公司科技创新专项，建设海外预研项目，推进公司科技创新专项，建设海外研发平台，参与工业和信息化部、上海技术基础专业"十三五"规划编制，协同国家质检总局筹建计量测试中心，获得上海市科技进步奖 4 项。

知识产权方面，中国商飞公司自组建起共申请近 900 个专利，从 2014 年至 2016 年三年间每年申请专利数量均稳定在 140 个以上。飞机制造涉及行业众多，作为技术集成商，商飞申请的专利涉及非常广泛的技术主题，涵括了飞机机身组装技术、航电系统及发动机技术等涉及飞机设计和制造的技术，并集中在 B64D（用于与飞机配合或装到飞机上的设备；飞行衣；降落伞；动力装置或推进传动装置的配置或安装）、G01N（借助于测定材料的化学或物理性质来测试或分析材料）、B64C（飞机；直升机）、G01B（长度、厚度或类似线性尺寸的计量；角度的计量；面积的计量；不规则的表面或轮廓的计量）、G01M（机器或结构部件的静或动平衡的测试；未列入其他类目的结构部件或设备的测试）、G06F（电数字数据处理）等技术领域。

第二节　生产经营情况

一、主营业务

按照中国商飞公司的营业许可，其主要从事"民用飞机及相关产品的设计、研制、生产、改装、试飞、销售、维修、服务、技术开发和技术咨询业务；与民用飞机生产、销售相关的租赁和金融服务；经营本公司或代理所属单位进出口业务；承接飞机零部件的加工生产业务；从事业务范围内的投融资、外贸流通经营、国际合作、对外工程承包和对外技术、劳务合作等业务以及经国家批准或允许的其他业务"。

二、生产运行

中国商飞公司按照现代企业制度组建和运营,实行"主制造商—供应商"发展模式,重点加强六大能力建设,走市场化、集成化、产业化、国际化的发展道路,全力打造安全型、经济型、舒适型、环保型的大型客机。

中国商飞公司是 ARJ21 新支线飞机的实施主体,ARJ21 新支线飞机是我国首次按照国际民航规章和先进标准研制的具有自主知识产权的新型涡扇支线飞机,飞机座级 78—90 座,航程 2225—3700 千米,2002 年 4 月立项,2008 年 11 月 28 日在首飞成功。首飞以来,先后攻克了一大批重大技术难关,完成全部试验、试飞科目,关闭全部适航条款。2014 年 12 月 30 日获得中国民航局颁发的型号合格证。2015 年 3 月至 9 月在全国 15 个机场开展了为期半年的航线演示飞行,11 月 29 日正式交付成都航空公司,标志我国航线上首次拥有自己的喷气支线客机,走完了飞机设计、试制、试验、试飞、取证、生产、交付的全过程。2016 年,第二架 ARJ21 飞机交付成都航空公司,平均上座率 90% 以上。历经 13 年艰辛研制,ARJ21 支线飞机项目攻克了一大批关键技术,取得了一批重要客机成果,积累了重大科技项目实施管理经验,培养了一大批领军人物和骨干人才,建立了我国民用飞机工业体系,提升了我国的产业配套能级,走出了一条重大科技专项创新发展之路,为 C919 大型客机研制打下了坚实基础。

C919 大型客机是我国按照国际民航规章和先进主流标准研制的具有自主知识产权的大型喷气式客机,飞机座级 156—168 座,航程 4075—5555 千米,2008 年 7 月开始研制。2010 年 12 月,中国民用航空局正式受理了型号合格申请。2014 年 9 月,C919 大型客机在中国商飞总装制造中心开始总装,2015 年 11 月,实现总装下线。2016 年 11 月,C919 大型客机成功完成了全机 2.5G 限制载荷静力试验,以及左、右发动机点火试验。12 月 21 日,C919 大型客机选用的 CFM 国际公司先进的 LEAP－1C 集成推进系统同时被欧洲航空安全局(EASA)和美国联邦航空局(FAA)授予了型号合格证。2017 年 5 月 5

日，C919 大型客机在上海浦东机场顺利完成首飞，成为我国大飞机发展具有里程碑意义的大事。截至首飞时间，C919 大型客机累积订单量已达 570 架。

2016 年 6 月 25 日，在习近平主席与普京总统见证下，中国商飞公司与俄罗斯联合航空制造集团（UAC）签署了合作研制宽体客机的协议。双方企业将按照对等原则、各投资 50% 开展新一代远程宽体飞机研制工作。2017 年 5 月 22 日，双方的合资企业——中俄国际商用飞机有限责任公司（CRAIC）在上海成立，确定了 C929 远程宽体飞机系列化发展方案。中俄远程宽体客机采用双通道客舱布局，基本型座级 280 座，航程 12000 公里，主要市场为洲际航线；通过采用先进气动设计、装配新一代大涵道比涡扇发动机、大量应用复合材料等提高飞机综合性能指标，宽体客机将比同类机型有更低的直接运营成本。

三、经济效益

作为"含金量"极高的产业，民用飞机行业的产业辐射带动作用不可小视。据测算，一个航空项目发展 10 年后带来的效益产出比为 1∶80，技术转移比为 1∶16，就业带动比为 1∶12；民机销售额每增长 1%，对国民经济的增长拉动 0.714%。中国商飞公司实行"主制造商—供应商"发展模式，大型客机 C919 在供应商招标时，明确提出对于航电等 5 个系统，追求技术先进性，同时要求与国内供应商成立合资公司，建立系统级产品研发、集成、生产装配和试验能力，并形成成套的批产和客服能力。同时，支持国内供应商参加快合作研发，鼓励国内企事业单位以转包生产的方式加强国际合作，参与大型客机其他系统设备的研制。国内有 22 个省市、200 多家企业、36 所高校、数十万人员参与了 C919 大型客机研制，包括宝钢在内的 16 家材料制造商和 54 家标准件制造商成为 C919 的供应商。国外的 GE、Honeywell、CFM 等飞机制造领域的跨国巨头也成为 C919 机载系统供应商，不过，他们都要与中国企业合资，组建的航电、飞控、电源、燃油和起落架等机载系统的合资企业有 16 家。

第三节　经营发展战略

一、战略目标

大型客机是一个国家工业水平、科技水平和综合实力的集中体现，被誉为"现代工业之花"。中国商飞公司肩负着国家意志，以让中国大飞机翱翔蓝天为使命，努力实现大型客机项目的研制成功和商业成功，使中国航空工业向更高领域迈进，以带动我国经济和科技发展。中国商飞公司的愿景是为客户提供更加安全、经济、舒适和环保的飞机，让更多的人享受航空科技成果。

根据中国商飞公司的战略规划，其战略目标是：把大型客机项目建设成为新时期改革开放的标志性工程和建设创新型国家的标志性工程，把中国商飞公司建设成为国际一流航空企业（"两个建成"）。研制和发展大型客机是建设创新型国家，提高我国自主创新能力和增强国家核心竞争力的重大战略举措。中国商飞公司坚定地走具有中国特色、体现技术进步的自主创新之路，实施体制机制创新、技术创新、管理创新，坚持市场化、集成化、产业化、国际化发展方略，发展具有自主知识产权的干线飞机和支线飞机，实现项目的研制成功、商业成功，提高我国航空工业的制造能力和管理水平，带动我国相应基础学科取得重大进展，推动我国相关领域关键技术取得群体突破，促进我国民机产业链和产业集群的形成，发挥对创新型国家建设的全面带动作用和典型示范效应，使中国商飞公司成为国际一流民用飞机制造企业。

二、战略实施

中国商飞公司以"发展民机、壮大产业、开拓创新、勇创一流"为发展方针，以"坚持科学发展，做好统筹协调；坚持以我为主，扩大开放协作；坚持项目成功，促进产业发展；坚持以人为本，实现文化凝聚"为指导思想，努力将自身打造成国际一流的民用飞机制造企业。公司发展干线飞机和支线飞机，着力打造研发设计、总装制造、服务支援三大平台，实施企业文化、人才强企、信息化、品牌等四项战略，统筹安全性同经济性、自主创新同利用全球科技资源、体制机制创新同发挥现有技术人才企业作用、研制攻关同实现产业化、政府主导同市场机制的五大关系，强化研发设计、总装制造、市场营销、客户服务、适航取证、供应商管理六种能力。

"十二五"期间，中国商飞公司完成了第一个完整的五年规划，打下坚实的基础。近期，经中国商飞公司董事会及总经理办公会审议批准，《公司"十三五"发展规划》《公司中长期发展战略纲要（2016—2030年）》及各专项分规划陆续颁布实施，公司面向未来5—15年发展的"1+3+12"的战略规划体系进一步完善，公司"十三五"及中长期发展的蓝图已经总体绘就。

2016—2030年，公司将从快速成长期进入成熟期，跻身先进航空制造商行列，成为较为成熟的、参与全球市场竞争的企业。"十三五"时期，公司将从导入期进入快速成长期，将从"以产品研制为主"向"以产品研制为基础、逐步实现产品经营"转变，对公司长远发展异常关键，将是决定公司能否做优、做强、做大的战略决胜期。本轮战略规划编制工作，既面向2030年中长期发展战略研究，也注重2020年前紧迫需求，对公司"十三五"及中长期战略规划进行了统筹策划；既充分体现了国家的意志和人民的意志，也是公司创建国际一流航空企业雄心壮志和全体干部职工热切期盼的有力凝聚与支撑。

《战略纲要》重点面向2030年发展需求，着重面向长远、描绘蓝图、框定重点、制定策略，指导五年规划、三年纲要及各专项分规划的编制实施。《战略纲要》深刻把握民机发展规律、充分分析了发展形势，描述了战略背景，明确了战略要求，确定了战略目标，明确了产品发展、业务拓展、市场营销、人力资源、科技进步、管理创新、产业布局、核心能力的8个战略任务重点的主要原则和策略。

《发展规划》是《战略纲要》规划期前5年的具体细化、落实，进一步分解形成具体目标和重点任务，体现近5年的发展需求。"十三五"时期重点面向经营转型，以规划期内公司向"产品研制与产品运营同步发展"转变为导向，以公司产品与业务发展目标为总纲，强化产品研发、突出能力建设，识别发展主题、匹配条件要素，科学测算要素需求。《发展规划》分析了公司内外部环境的形势与需求，提出了公司"十三五"期间的总体思路，明确了"公司力争进入全球先进民机制造商行列"的发展目标，建设自主产品系列、规模能力平台、完备型号队伍和完善管理体系。"十三五"时期，公司面临发展转型，但中心任务依然以"产品研制"为主，依然需要强化满足"产品实现"要求的能力建设。《发展规划》围绕产品发展、业务经营、市场营销、人力资源、科技进步、管理创新、产业布局等 7 个发展重点，并着重以"强基、关键、长远"为原则提出了作为专项工作重点投入的六个"重大工程"。

第十八章　南通中远川崎船舶工程有限公司

南通中远川崎船舶工程有限公司是中国远洋运输（集团）总公司与日本川崎重工业株式会社合资兴建的大型造船企业，成立于1995年底，是我国第一家大型中外合资造船企业。公司注册资本14.6亿元，总投资超过50亿元，主厂区及舾装基地总面积约130万平方米，年生产能力超过200万载重吨。公司拥有1座30万吨级船坞和1座50万吨级船坞。该公司生产设施先进，装备精良，造船生产经营条件居国内领先水平。通过对先进技术的引进、吸收和再创新，实现了生产管理和技术开发的"本土化"和"再创造"，形成了具有中远川崎特色的精益管理模式。公司主要从事中、高端船舶的研发和建造，产品类型涵盖各型散货船、大型集装箱船、超级油轮、矿砂船、汽车滚装船以及多用途船、双燃料船、LNG船等特种船。迄今共交付150艘船舶，其中，VLCC油轮、13386TEU集装箱船等多个船型，建造当时均填补了中国造船业的多个空白。建造工时、钢材利用率、万美元产值耗电量、生产效率等主要经济技术指标达到国内领先、国际先进水平。

第一节　企业基本情况

一、发展历程与现状

1995—2006年：1995年底，中国远洋运输（集团）总公司（COSCO）与日本川崎重工业株式会社（KHI）合资成立企业，于1999年正式开业。直至2006年，是以建立计算机集成系统为目标的起步阶段，这一阶段中，建成了覆盖全厂的计算机局域网，信息系统普遍应用于船舶设计与生产工艺设计、物流管理、现场制造等，不过在数字化制造装备方面投入不多，只有数台数控切割设备，而且数控数据都是通过软盘、优盘拷贝到现场的控制计算机，效率提高不多。

2007—2011年：随着公司二期工程的推进，开始大规模利用信息技术改造传统设计建造手段，升级改造了计算机集成系统的功能，扩大了信息系统的应用范围，提高了信息系统集成度，扩大了数字化制造装备的使用规模，实现了CAD/CAM/CAPP与ERP系统的集成，数控数据自动生成后通过光纤自动传输到现场的数控切割机设备，实现了以信息化和工业化深度融合为标志的数字化造船。

2012—2015年：面对持续低迷的船舶市场和不断上升的制造成本，南通中远川崎积极寻求突破，将扩大机器人应用和实施生产线改造作为智能造船的切入点，以大幅度减少人工成本、减轻劳动强度、改善作业环境、提高生产效率、降低产品不良品率，从而持续提升企业竞争能力。2012年起，公司已经成功引进3条机器人生产线，2015年引进一条机器人生产线。确立了将智能制造作为转型升级的主攻方向和实现造船强厂的主要途径。全面建立船舶产品的数字化研发、设计、制造、测试与试验、管理集成平台环境；打通船舶数字化研发、设计、制造、管理生产线主线；应用数字化样船技术，推行模块化造船和产品虚拟建造，建立船舶精益建造体系；以数字化为纽带促进生产装备和管理创新，推行船舶制造资源优化配置、智能物流配送，建立造船精细化建造管理体系；应用敏捷制造技术和虚拟企业原理，实现研发、设计、制造和管理向数字化、集成化的跨越，建立以智能制造为核心的现代造船协同设计和协同制造体系；推进工艺装备和执行系统智能化，大幅降低人力成本，提高自动化水平；进行数字化造船人才和标准规范体系建设，建立"智能制造"工程实施保障体系，使公司的造船模式向智能制造转换，以数字化车间为切入点，在国内率先建设初级阶段的"智能船厂"。

表 18 - 1　中远川崎信息基础建设和车间数字化阶段的成果

具体模块	成果
无线通信模块	现代重工、三星重工、大宇造船在其厂区内构建了无线高速网络
自动化工艺装备模块	日本和韩国开发了切割机器人、焊接机器人、涂装机器人、布线机器人、船体清洁机器人等大量自动化工艺装备，欧洲造船企业也大量采用自动化工艺装备，以减少人力，提高自动化水平
管理模块	日本和韩国的先进造船企业建立了比较完善的企业资源计划管理系统（ERP），开始利用条形码、RFID、GPS 等技术对原材料和组部件进行管理，利用产品全生命周期管理（PLM）对船舶产品进行管理
检测与分析模块	国内部分造船企业已经在物联网方面开展了探索和试点工作，如利用智能仪表和能源管控系统实现对船厂主要用能的实时监控和分析

资料来源：赛迪智库整理，2017 年 3 月。

二、企业组织结构

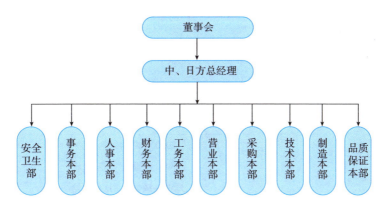

图 18 - 1　南通中远川崎船舶工程有限公司组织结构

资料来源：赛迪智库整理，2017 年 3 月。

三、企业科技开发状况

2015 年，公司开工建造全球首制 3800PCTC 双燃料汽车运输船，同时储备了 LNG 船、高端海工船等船型。截至 2015 年底，公司技术中心有研发人员 320 多人，形成了涵盖基本设计、详细设计、生产设计全过程的高技术船型的自主研发能力。共获得各类专利 90 余项，其中获授专利 60 多项，软件著作权近 20 项。13386TEU 集装箱船、61BC 散货船等 8 个产品获江苏省科技厅"高新技术产品"认定。近三年获得科技项目 14 项，省、市科技奖项 3 项，科技平台建设 4 项。

第二节　生产经营情况

一、主营业务

公司主要从事中、高端船舶的研发和建造，产品类型涵盖各型散货船、大型集装箱船、超级油轮、矿砂船、汽车滚装船以及多用途船、双燃料船、LNG 船等特种船。

表 18−2　南通中远川崎主要船舶产品

船舶类型	具体产品
散货船	47500—49500 载重吨散货
	55500 载重吨散货船
	58000 载重吨散货船
	61000 载重吨散货船
	205000 载重吨散货船
油轮	298000 载重吨 VLCC 油轮
	315000 载重吨 VLCC 油轮
集装箱船	5400TEU 集装箱船
	10000TEU 集装箱船
	13000TEU 集装箱船
矿砂船	298000 载重吨矿石运输船
滚装船	5000PCC 汽车滚装船
	6200PCC 汽车滚装船
杂货船	28000 吨多用途重吊船

资料来源：赛迪智库整理，2017 年 3 月。

二、生产经营

根据《中国船舶工业统计年鉴（2016）》数据，2015 年，南通中远川崎船舶工程有限公司完成工业总产值 47.2 亿元，比上年下降 13.6%；实现主营业务收入 46 亿元，比上年下降 15.8%；实现利润 6.2 亿元，比上年增长 14.7%。2015 年，公司造船完工 21 艘，167.3 万载重吨，吨位比上年增长 42.4%；新承接船舶订单 220.4 万载重吨，比上年增长 1.4%；手持船舶订单 496.4 万载重吨，比上年增长 12%。

第三节　经营发展战略

一、战略目标

全面建立船舶产品的数字化研发、设计、制造、测试与试验、管理集成平台环境；打通船舶数字化研发、设计、制造、管理生产线主线；应用数字化样船技术，推行模块化造船和产品虚拟建造，建立船舶精益建造体系；以数字化为纽带促进生产装备和管理创新，推行船舶制造资源优化配置、智能物流配送，建立造船精细化建造管理体系；应用敏捷制造技术和虚拟企业原理，实现研发、设计、制造和管理向数字化、集成化的跨越，建立以智能制造为核心的现代造船协同设计和协同制造体系；推进工艺装备和执行系统智能化，大幅减少人力成本，提高自动化水平；进行数字化造船人才和标准规范体系建设，建立"智能制造"工程实施保障体系，使公司的造船模式向智能制造转换，以数字化车间为切入点，在国内率先建设初级阶段的"智能船厂"。

二、战略实施

（一）建立比较完善的企业资源计划管理系统

公司建立了比较完善的企业资源计划管理系统（ERP），并与先进的设计系统紧密接口。公司在 ERP 系统的支持下，部门内外、纵横联系有效、紧密，并且实现了物流智能配送。企业资源计划管理系统（ERP），主要包括综合船体系统、综合舾装系统、工时管理系统、支付系统、成本管理系统等子系统，它超越了传统 MRP–Ⅱ（制造资源计划）的概念，吸收了按时生产（JIT）、优化生产、全面质量管理（TQC）等先进的管理思想，极大地拓展了管理信息系统的范围。该系统的主要宗旨是将企业的各方面资源（人力、资金、信息、物料、设备、时间、方法等）充分调配和平衡，为企业加强财务管理、提高资金运营水平、减少库存、提高生产效率、降低成本等提供了强有力的保障，同时为高层管理人员经营决策提供科学的依据，增加了盈利，最终提高了企业的市场竞争力。

（二）大力推进数字化建设

利用 CAD、CAM、CAPP、PDM、虚拟仿真等技术，实现产品研发设计的数字化。全面建立船舶产品的数字化研发、设计、制造、测试与试验、管理集成平台环境；打通船舶数字化研发、设计、制造、管理生产线主线；应用数字化样船技术，推行模块化造船和产品虚拟建造，建立船舶精益建造体系；以数字化为纽带促进生产装备和管理创新，推行船舶制造资源优化配置、智能物流配送，建立造船精细化建造管理体系；应用敏捷制造技术和虚拟企业原理，实现研发、设计、制造和管理向数字化、集成化的跨越，建立以智能制造为核心的现代造船协同设计和协同制造体系。应用先进的信息化技术及软件，采取建立数字化样船的方法实现了各专业的集成，改变了原有分道设计作业的方式，达到了平行设计的目标，推行模块化造船和产品仿真设计与建造，提高了产品设计质量，缩短了设计周期。

（三）建立全面的生产管理系统

一是建立工程计划管理系统，应对多船建造中，大组预定制作太过烦琐的现状，通过直观的画面，达到同时输出单船、多船预定表的功能，为安排工程计划提供依据；通过输出大组立预定表和搭载/PE 预定表，结合周间、月间安排，达到合理安排各船分段加工顺序的功能，同时大幅度地节省手工制作预定表的工时。二是建立管材金物系统，以设计数据为基础，根据管子车间实际情况，对数据进行分析后，合理安排调整管加工进度和金物的使用；

同时为采购、仓库安排采购周期和物料流转提供依据。三是建立涂装 PSPC 管理系统，根据 PSPC 规范要求，对二次表面施工、涂装施工、完工检查等报告（统称为 CTF 文件）进行记录，便于船舶营运、维修过程中对船厂的涂装工作和记录进行查阅；对涂装测膜仪数据进行计算、统计和分析，自动处理成膜厚报告，同时直接将最大膜厚、最小膜厚、有效膜厚数据比例、测膜仪型号等数据自动记录。四是建立电路管理系统，通过网络可以采集厂区所有变电所设备的相关信息（电压、负载、运行状态等），对采集到的数据进行统计分析后，可以对异常状态及时发出报警，并根据报警级别迅速进行处理，以各变电所的负载数据为基础，通过合理的分析及控制，达到节省能源、保护设备、保障生产正常电力供应的目标。五是建立不合格品处理系统，制造部门发现不合格品并提交质量检验部门、质量检验部门确认后转发至责任部门、责任部门调查跟踪并制定处置措施、质量检验部门认可后将问题封闭；缩短了不合格品的处理周期，为提高产品质量提供保障。

（四）实现了 CAD/CAPP/CAM 的集成

对于企业自制加工的船体结构和船舶管路，实现了 CAD/CAPP/CAM 的集成，使设计、制造、加工、管理信息一体化，贯穿了零件设计信息、工艺信息、工装信息、材料配套信息、加工信息和装配信息的信息生成和传输全过程，并且在采购申请单、物料清单、托盘清单等业务方面全面实现了无纸化。在设计（CAD）阶段，分别输出详细设计图和型线图，然后分别进行建模和光顺检查，在模型发行后进行分割（CAPP），分割后经 CAM 自动处理程序，形成加工数据，通过光纤网络分别传输至现场的智能切割设备和机器人，进行加工。

（五）重视制造工艺与装备的智能化

制造工艺的智能化，将原先依赖经验的类比设计提升为基于科学的数字模拟和智能规划；制造装备的智能化，将原先依赖经验的手动操作改造为智能制造方式，降低了人工成本、改善了作业环境、减轻了劳动强度、提高了工作效率和产品合格率、缩短了生产周期、节省了场地。公司建立了型钢生产线，生产线结合了生产工艺流程、精度管理方式、场地条件、设备设施等情况，实现了从进料→切割→自动分拣→成材分类叠放全过程的智能制造。

公司建立了条材机器人生产线，实现了信息传输智能化、物料传输感知智能化以及加工智能化。公司建立了先行小组立机器人生产线，该生产线仅配一名员工操作，手工进行装配、补焊；其余均实现了自动化；设置 U 型工位，缩短了员工的移动距离；采取自动背烧方式，无须对部材进行翻身；机器人焊接质量稳定，成形美观，焊脚控制良好，大大提高了产品质量；实现了工件传输智能化、焊接智能化、自动背烧以及自动工件出料。目前公司已经成为我国造船行业中第一家大规模应用工业机器人并取得成功的造船企业。

（六）采用先进的管理模式

南通中远川崎船舶公司建立了完善的现代企业管理体系，先后通过了（DNV）ISO9001 质量体系、ISO14001 环境管理体系、OHSAS18001 职业安全卫生体系、ISO27001 信息安全体系认证和 ISO10012 测量管理体系的国家级确认。由于采用了先进的生产组织工艺，以及过程控制、自主管理等质量管理手段，保证了产品的高精度要求。生产中，采用先行舾装、先行涂装技术，有效地保证了舾装质量和涂装质量；采用分段总组技术，使得高空作业低空化，低空作业平面化，提高了作业安全性和施工质量，大大提高了工作效率。公司建立健全了完善的质量保证体系：公司（品质保证本部）→部→科、系→班组。在引进川崎重工管理经验的基础上，全面实行精度管理，利用统计技术在生产各工序进行全过程质量监控，并通过信息反馈、数据分析来确定公司的精度控制数据系统。经过多年努力，该公司率先在国内实现了无余量造船。

政 策 篇

第十九章　2016年中国装备工业政策环境分析

全球兴起的新一轮产业革命将重新塑造全球产业竞争新格局。美欧等工业发达国家重新重视实体经济发展，纷纷制定以重振以装备制造业为代表的再工业化战略，促进高端制造回流。2011年6月，美国正式启动"先进制造伙伴"计划，旨在加快抢占21世纪先进制造业制高点。2012年推出《美国先进制造业国家战略计划》，在2013年进一步推出《制造业创新国家网络》。德国政府在2013年提出了"工业4.0"，以充分挖掘信息技术促进工业发展的潜力，抢抓新工业革命的先机。日本意图重新构造工业与整个社会的关系，因此从更高一个层面构建了全新的远景图——"社会5.0"，这些都对我国提出了严峻挑战，不仅对高端装备发展构成激烈竞争，还对已经形成优势的产品市场造成挤压。与此同时，中低收入国家依靠资源、劳动力优势，以更低成本承接劳动密集型制造业的转移，2015年5月，中国发布实施《中国制造2025》，并部署实施"1＋X"体系，大力推进各项政策分解细化和落地实施。在"1＋X"体系中，"1"是指《中国制造2025》，"X"是指11个配套的实施指南、行动指南和发展规划指南，包括国家制造业创新中心建设、工业强基、智能制造、绿色制造、高端装备创新等五大工程实施指南，发展服务型制造和装备制造业质量品牌2个专项行动指南，以及新材料、信息产业、医药工业和制造业人才4个发展规划指南，目前已经全部发布。

第一节　国内政策环境

一、《中国制造2025》配套政策全部下发

自2015年5月发布以来，《中国制造2025》实施了近两年，已进入全面

实施的新阶段。

（一）五大工程

2016 年 8 月 19 日，工业和信息化部、国家发展和改革委员会、科学技术部、财政部四部委联合发布了《中国制造 2025》的"五大工程"的实施指南，即制造业创新中心、工业强基、绿色制造、智能制造和高端装备创新等五大工程。其中，制造业创新中心建设工程以突破重点领域前沿技术和关键共性技术为方向，致力于建立从技术开发到转移扩散到首次商业化应用的创新链条。工业强基工程主要解决核心基础零部件、关键基础材料、先进基础工艺的工程和产业化瓶颈问题，构建产业技术基础服务。绿色制造工程将重点推动制造业各行业、各环节的绿色改造升级，加快构建绿色制造体系。智能制造工程以数字化制造普及、智能化制造示范为抓手，推动制造业智能转型，推进产业迈向中高端，为此将重点聚焦"五三五十"重点任务，即：攻克五类关键技术装备，夯实智能制造三大基础，培育推广五种智能制造新模式，推进十大重点领域智能制造成套装备集成应用，持续推动传统制造业智能转型。高端装备创新工程以突破一批重大装备的产业化应用为重点，为各行业升级提供先进的生产工具。

（二）三大规划指南

2016 年 8 月 15 日，工业和信息化部、质检总局、国防科工局编制了《促进装备制造业质量品牌提升专项行动指南》，旨在夯实装备制造业质量和品牌发展的基础，推动装备制造业质量和品牌整体提升，提高国产装备国内市场满足率、自主品牌市场占有率，依托中国装备树立中国制造的质量和品牌新形象。

2016 年 7 月 26 日，工业和信息化部会同国家发展改革委、中国工程院制订并印发了《发展服务型制造专项行动指南》，提出到 2018 年基本实现与制造强国战略进程相适应的服务型制造发展格局。《发展服务型制造专项行动指南》是推动服务型制造发展的指导性文件，将引导制造和服务融合发展，加快制造业从生产型向生产服务型转变。

2016 年 11 月 7 日，工业和信息化部联合国家发展和改革委员会、科学技术部、商务部、国家卫生和计划生育委员会、国家食品药品监督管理总局联合发布《医药工业发展规划指南》，推进生物药、化学药新品种、优质中药、高性能医疗器械、新型辅料包材和制药设备六大重点领域发展，加快各领域新技术的开发和应用，促进产品、技术、质量升级。

二、"制造业与互联网融合"引领制造业发展新模式

制造业是立国之本、兴国之器、强国之基，也是当前稳增长、调结构的战略支点。制造业与互联网融合发展是新一轮产业革命的大趋势，是建设制造业强国的必由之路，也是我国抢占全球新一轮产业竞争制高点的战略选择。经几十年的艰苦奋斗，我国制造业规模已经稳居全球第一，但大而不强、基础不牢的问题依然突出，同时面临新工业革命的激烈竞争。在全球互联网于从消费领域向生产环节拓展的关键时期，欧美发达国家提出了"工业4.0"、工业互联网、智能制造等新战略，推进互联网与制造业融合发展，以制造为关键环节、制造业为主战场、制造企业为主力军，抢占新一轮产业革命发展理念、架构标准、核心技术、生态系统的竞争制高点。在此形势下，我国必须发挥互联网应用创新活跃、产业规模领先、人才资本聚集以及制造业门类齐全、独立完整、规模庞大的双优势，形成叠加效应、倍增效应、聚合效应，在充分发挥规模经济的同时发展个性化制造、个性化服务，加强精细管理和商业模式创新，全面、持续地增强我国制造业的国际竞争力。

为进一步深化制造业与互联网融合发展，协同推进"中国制造2025"和"互联网＋"行动，加快制造强国建设，2016年5月20日，经李克强总理签批，国务院印发了《关于深化制造业与互联网融合发展的指导意见》（以下简称《指导意见》）。《指导意见》的总体定位是把制造业、"互联网＋"和"双创"紧密结合起来。通过创新发展思路、模式、业态，培育产业发展新生态，打造经济发展的新动能。《指导意见》与《中国制造2025》《积极推进"互联网＋"行动指导意见》共同构成了制造强国战略的政策体系。《指导意见》和《积极推进"互联网＋"行动的指导意见》，是贯彻落实"中国制造2025"、建设制造强国和网络强国的重要举措，是推进供给侧结构性改革，实现经济提质增效的现实选择。为落实《指导意见》，广东、山西、上海、福建等省市地方政府积极出台各项政策，促进制造业与互联网融合发展。

广东省：2016 年 10 月 9 日，广东省人民政府发布《关于深化制造业与互联网融合发展的实施意见》，指出将以构建跨界融合的新型制造业体系为着力点，以建设制造业与互联网融合"双创"平台为抓手，以培育发展制造业与互联网融合的新产品、新模式、新业态为重点，大幅提升制造业数字化、网络化、智能化、服务化水平，推动制造业提质增效与转型升级，建设成为具有国际竞争力的制造业强省。

山西省：2016 年 12 月 17 日，山西省人民政府印发《山西省深化制造业与互联网融合发展的实施方案》，将打造融合发展的"双创"平台，搭建市场化、专业化、集成化、网络化众创空间，开放"双创"平台，促进创新成果及时转化。

福建省：2016 年 12 月 30 日，福建省人民政府发布《关于深化制造业与互联网融合发展的实施意见》，指出通过构建制造业互联网"双创"平台，培育融合发展新模式，积极发展智能装备和产品，提升制造业与互联网融合服务水平，强化制造业与互联网基础支撑能力等途径，以激发制造业企业创新活力、发展潜力和转型动力为主线，把制造业转型升级、"互联网＋"和"双创"工作紧密结合，创新发展思路、模式和业态，加快推动产业升级。

上海市：2017 年 1 月 18 日，上海市政府发布了《关于本市加快制造业与互联网融合创新发展的实施意见》，将积极培育新模式新业态，打造新型制造体系，促进制造业转型升级，推进供给侧结构性改革，提升上海产业竞争力。

第二节 国外政策环境

一、美国密集出台各项政策助推新一轮产业革命

2011 年 6 月，美国正式启动"先进制造伙伴"计划，旨在加快抢占 21 世纪先进制造业制高点。2012 年推出《美国先进制造业国家战略计划》，2013 年进一步推出《制造业创新国家网络》。自《美国先进制造业国家战略计划》发布以来，美国围绕技术研发、技术转移和税收优惠、人才教育、商业投资、专项基金等方面发布具体政策，并投入大量资金加速战略落地。2016 年 7 月，美国国家增材制造创新机构（"美国制造"）宣布授出 7 个增材制造前沿领域的新项目。这些项目不仅要专注于机构技术路线图中的设计、材料、工艺、价值链和增材制造基因组 5 个方向，还要处理劳动力、教育和社会服务（WEO）路线图 5 个方向的需求——知识和知觉、实操学习、实习项目、人才管道以及工业基因组。另外，"美国制造"及其管理方国家国防制造加工中心（NCDMM）将投入约 550 万美元的联邦资金，配以项目团队投入的 550 万美元。"美国制造"将很快拥有近 1 亿美元的公私投入项目资金，来提升美国增材制造的水平。2016 年 9 月，白宫科技政策办公室（OSTP）发布了公众就人工智能的未来管理及政策提交的意见及建议。关于《人工智能大未来》，OSTP 主要征集了 AI 的法律和管理问题、公益使用、安全和控制问题、社会和经济影响、最迫切的、根本研究、科学和技术培训、跨学科研究等十个主要问题，收集并发布包括谷歌等 5 大科技公司，斯坦福大学等 7 所高校在内的个人、学术界及研究者、非营利组织以及产业界共 161 项回复。2016 年 10 月，奥巴马主持白宫前沿峰会，发布《国家人工智能研究与发展策略规划》，为美国政府资助的 AI 研究和发展划定策略。《规划》提出美国 AI 发展的 7 个战略方向，即：对人工智能研发进行长期投资；开发人机协作的有效方法；理解和应对人工智能带来的伦理、法律和社会影响；确保人工智能系统的安全性；开发人工智能共享公共数据集和测试环境平台；建立标准和基准评估人工智

能技术；更好地把握国家人工智能研发人才需求。2017 年 1 月 13 日，美国制造业创新研究所（NNMI）——美国制造（Manufacturing USA）成立第 14 家研究所，该研究所全称为高级机器人制造创新中心，由美国国防部负责，旨在复兴美国制造业，促进企业采纳新技术。该研究所的启动资金为 8000 万美元联邦资金和 1.73 亿美元的私营资金，资金量大反映出美国机器人企业对该研究所及其对美国产学研影响的重视。ARM 的成员包括 123 个产业伙伴，40 个研究机构，64 个政府机构和非营利组织。

二、德国发布《德国数字化战略 2025》

德国作为制造业强国，时刻保持着危机感。面对新一代信息技术的迅猛发展，德国政府在 2013 年提出了"工业 4.0"，以充分挖掘信息技术促进工业发展的潜力，抢抓新工业革命的先机。基于当前发展趋势，2016 年 3 月 14 日，德国联邦经济与能源部发布了《德国数字化战略 2025》，在国家战略层面明确了德国经济转型的基本路径。该战略聚焦千兆光纤网络、新创业时代、智能互联、数据主权、新商业模式、政策框架、数字教育等关键词，重点提出了十大行动步骤：构建千兆光纤网络；开拓新的创业时代，支持初创企业发展；建立投资及创新领域监管框架；在基础设施领域推进智能互联以加速经济发展；加强数据安全，保障数据主权；促进中小企业、手工业和服务业商业模式数字化转型；帮助德国企业推行"工业 4.0"；注重科研创新，数字技术发展达到顶尖水平；实现数字化教育培训；成立联邦数字机构。德国政府计划在 2018 年前投入近 100 亿欧元用于扩建和升级光纤网络连接，覆盖人口密集地区，并改善乡村地区网络基础设施条件，预计整个数字化战略的总投资额将接近 1000 亿欧元。

2016 年 9 月 27 日，德联邦交通部长多布林特表示，德国拟推出推动德国 5G 发展的战略。该战略分 5 步：第一步是到 2018 年，制定 5G 频率商用的框架条件；第二步，建立电信行业与应用行业之间的对话论坛；第三步，推进 5G 研究，使德国取得技术上的优势，并共同制定未来国际 5G 标准；第四步是应用项目，如 5G 实验城市，联邦政府可为此资助 200 万欧元，总额超过 8000 万欧元的自动驾驶汽车项目也将促进 5G 发展；第五步是促进基础设施建设，最迟到 2025 年在所有联邦主干道、最少 20 个大城市覆盖 5G。

三、日本积极实施"社会 5.0"

与"中国制造 2025"和"工业 4.0"不同，日本重新构想了工业与整个社会的关系，因此从更高一个层面构建了全新的远景图——"社会 5.0"，主要意图是最大限度应用信息通信（ICT）技术，通过网络空间与物理空间（现实空间）的融合，共享给人人带来富裕的"超智慧社会"。2016 年 1 月，在《第五期科学技术基本计划》中，提出了超智能社会 5.0 战略，并在 5 月底颁布的《科学技术创新战略 2016》中，对其做了进一步的阐释。《第五期科学技术基本计划》是日本政府自 1995 年颁布《科学技术基本法》、1996 年发布《第一期科学技术基本计划》以来启动实施的第五个国家科技振兴综合计划，也是日本最高科技创新政策咨询机构——综合科学技术创新会议（CSTI）2014 年 5 月重组之后制定的首个基本计划。"社会 5.0"将通过物联网（IoT）、机器人、人工智能（AI）、大数据等技术来解决少子高龄、资源匮乏导致的脆弱的能源基础设施、极端集中等这些发达国家特有的课题。它通过整个各个社会子系统，对人类/地理/交通等大数据进行横向应用，从而实现一个充满活力与舒适度日的社会，每个人都接受高质量的服务。该计划提出，未来 10 年，通过政府、学术界、产业界和国民等相关各方的共同努力，日本将大力推进和实施科技创新政策，把日本建成"世界上最适宜创新的国家"。为此，日本政府未来 5 年将确保研发投资规模，力求官民研发支出总额占 GDP 比例的 4% 以上，其中政府研发投资占 GDP 的比例达到 1%。

第二十章　2016年中国装备工业重点政策解析

　　《关于深化制造业与互联网融合发展的指导意见》重点支持大型制造企业"双创"平台建设，强调提升基础技术、系统解决方案等融合发展支撑能力。《机器人产业发展规划》从重点产品、关键技术等五个角度明确机器人产业的发展路径。《智能制造发展规划》提出十大重点任务、四个专项行动和六项保障措施。《高端装备创新工程实施指南》提出在大型飞机等11个重点领域，突破一批关键装备、形成一批具备国际竞争力的竞争主体。《智能制造工程实施指南》提出"五三五十"重点任务：攻克五类关键技术装备，夯实智能制造三大基础，培育推广五种智能制造新模式，推进十大重点领域智能制造成套装备集成应用。《促进装备制造业质量品牌提升专项行动指南》提出发挥一个主体作用、加强三类平台建设、完善四个基础体系、健全四项监管机制、推进六个领域提升。《关于促进通用航空业发展的指导意见》从培育市场、机场建设、产业转型升级三个方面进行布局，提出逐步扩大低空空域开放，强化适航管理等安全监管工作。《"十三五"国家战略性新兴产业发展规划》明确高端装备与新材料等六大产业的发展重点，提出加快突破关键技术与核心部件，积极推进工程应用和产业化，塑造中国制造"新形象"。

第一节　《关于深化制造业与互联网融合发展的指导意见》

一、背景

　　制造业是国民经济的主体，以互联网为代表的新一代信息通信技术与制造业融合发展，是全球新一轮科技革命和产业变革的重要特征，我国是制造业大国，也是互联网大国，深化制造业与互联网融合发展，是贯彻落实并统筹推进《中国制造2025》和《国务院关于积极推进"互联网＋"行动的指导意见》的重要举措，也是加快制造强国建设的现实选择，有利于形成叠加效应、聚合效应、倍增效应，有利于激发"双创"活力、培育新模式新业态，有利于加快新旧发展动能和新旧生产体系的转换。

我国正大力推进工业化和信息化的深度融合工作，制造业与互联网融合步伐不断加快，但目前仍存在一些问题需要解决，如核心技术薄弱、应用水平不高、平台支撑不足、安全保障有待增强、体制机制亟待完善等。为进一步深化制造业与互联网融合发展，加快制造强国建设，我国出台了《关于深化制造业与互联网融合发展的指导意见》（以下简称《指导意见》）。

二、政策要点

《指导意见》提出了主要目标，到2018年底，制造业重点行业骨干企业互联网"双创"平台普及率达到80%，相比2015年底，工业云企业用户翻一番，新产品研发周期缩短12%，库存周转率提高25%，能源利用率提高5%。到2025年，力争实现制造业与互联网融合"双创"体系基本完备，融合发展新模式广泛普及，新型制造体系基本形成，制造业综合竞争实力大幅提升。

明确了7项主要任务，包括：打造制造企业互联网"双创"平台，推动互联网企业构建制造业"双创"服务体系，支持制造企业与互联网企业跨界融合，培育制造业与互联网融合新模式，强化融合发展基础支撑，提升融合发展系统解决方案能力，提高工业信息系统安全水平。

提出了完善体制机制、深化国有企业改革、加大财政支持力度、完善税收和金融政策、强化用地用房等服务、健全人才培养体系、推动国际合作交流等7个方面的政策支撑和保障措施。要求各地区、各部门高度重视深化制造业与互联网融合发展工作，统一思想，提高认识，加大工作力度，切实抓好政策落实。

三、政策解析

《中国制造2025》《积极推进"互联网＋"行动指导意见》与《关于深化

制造业与互联网融合发展的指导意见》构成了我国制造强国战略的政策体系。《中国制造2025》对制造强国战略做了一个全面安排和部署，《关于深化制造业与互联网融合发展的指导意见》和《积极推进"互联网＋"行动的指导意见》，是贯彻落实"中国制造2025"、建设制造强国和网络强国的重要举措，是实现经济提质增效、推进供给侧结构性改革的现实选择。《指导意见》的总体定位是把制造业、"互联网＋"和"双创"紧密结合起来，通过创新发展思路、模式、业态，培育产业发展新生态，打造经济发展的新动能。

《指导意见》的总体思路体现在以下四个方面：

一是体现发展的新理念。牢固树立和贯彻落实创新、协调、绿色、开放、共享的发展理念，深刻认识制造业转型升级以及制造业与互联网深度融合，在激发创新潜能，重构生产体系，引领组织变革，高效配置资源等方面突出作用。以激发制造企业创新活力，发展潜力和转型动力为主线，深入推进制造业与互联网融合，充分释放"互联网＋"的力量。发展新经济，加快推动制造业转型升级，不断提升中国制造竞争的新优势。

二是坚持问题导向。在文件的制定过程中，系统研究了国际制造业与互联网发展的规律特征，梳理了当前制约我国制造业与互联网融合发展的问题以及问题背后的形成原因。我国互联网在消费领域的融合，尤其是电子商务等方面走在了世界前列，但在实现价值创造的制造环节等方面，互联网的应用步伐亟待加快，迫切需要发挥互联网集聚优化各类生产要素资源的优势，构建新的生产组织体系和发展模式。

三是突出融合重点。我国经济保持中高速增长，迈进中高端水平必须依托"大众创业、万众创新"。制造业是"双创"的主战场，大型制造企业是"双创"的重要力量。《指导意见》把支持大型制造企业"双创"平台建设作为发展重点，主要考虑是通过积极搭建支撑制造业转型升级的各类互联网平台，汇聚整合制造企业、互联网企业等"双创"力量和资源，带动技术产品、组织管理、经营机制等创新。提高供给质量和效率，激发制造业转型升级的新动能。

四是强化融合支撑能力建设。通过深入研判全球新一轮科技革命和产业变革趋势，《指导意见》从抢占产业竞争制高点，打造产业发展生态系统的角度出发，强调要提升支撑制造业与互联网融合发展的三个能力，即提升基础技术、系统解决方案、安全保障等支撑能力，尤其强调要加快自动控制与感知关键技术，核心工业软硬件、工业互联网、工业云和智能服务平台等四类新型基础能力和平台设施建设，可概括为"一硬、一软、一网、一平台"。这既是我国"工业 2.0"补课、"工业 3.0"普及的现实需要，也是支持我国实现"工业 4.0"示范发展的客观要求。

第二节 《机器人产业发展规划（2016—2020 年）》

一、背景

当前，世界正处在新科技革命和产业革命的交汇点上，作为"制造业皇冠顶端的明珠"，机器人是衡量现代科技和高端制造业水平的重要标志，也是抢占智能社会发展先机的战略领域。机器人既是先进制造业的关键支撑装备，也是改善人类生活方式的重要切入点。无论是在制造环境下应用的工业机器人，还是在非制造环境下应用的服务机器人，其研发及产业化应用是衡量一个国家科技创新、高端制造发展水平的重要标志。大力发展机器人产业，对于打造中国制造新优势，推动工业转型升级，加快制造强国建设，改善人民生活水平具有重要意义。

国际金融危机以来，世界主要工业发达国家纷纷将机器人的发展上升为国家战略，力求保持其在高端制造领域的领先优势。近五年来，全球工业机器人销量年均增速超过 17%，主要工业发达国家机器人密度普遍超过 200；服务机器人发展迅速，应用范围日趋广泛，以手术机器人为代表的医疗康复机器人形成了较大产业规模，空间机器人、反恐防暴机器人等特种作业机器人应用成果显著。

2012 年 4 月，科技部印发《服务机器人科技发展"十二五"专项规划》，提出"以国家安全、民生科技与技术引领等重大需求为牵引，实施服务机器人重点专项计划，开展高端仿生科技引领平台前沿技术研究，攻克机器人标准化、模块化核心部件关键技术，研发公共安全机器人、医疗康复机器人以及仿人机器人等典型产品和系统"。2013 年 12 月，工业和信息化部印发《关于推进工业机器人产业发展的指导意见》，提出"到 2020 年，形成较为完善的工业机器人产业体系，基本满足国防建设、国民经济和社会发展需要"。2015 年 5 月，国务院出台了我国政府实施制造强国战略第一个十年的行动纲领性文件——《中国制造 2025》，其中将"高档数控机床和机器人"作为十大重点领域之一，提出："围绕汽车、机械、电子、危险品制造、国防军工、化工、轻工等工业机器人、特种机器人，以及医疗健康、家庭服务、教育娱乐等服务机器人应用需求，积极研发新产品，促进机器人标准化、模块化发展，扩大市场应用。突破机器人本体、减速器、伺服电机、控制器、传感器与驱动器等关键零部件及系统集成设计制造等技术瓶颈"。2015 年 7 月，国务院又出台了《积极推进"互联网＋"行动的指导意见》，其中将"'互联网＋'人工智能"作为 11 项重点行动之一，提出："依托互联网平台提供人工智能公共创新服务，加快人工智能核心技术突破，促进人工智能在智能家居、智能终端、智能汽车、机器人等领域的推广应用；推动互联网技术以及智能感知、模式识别、智能分析、智能控制等智能技术在机器人领域的深入应用，大力提升机器人产品在传感、交互、控制等方面的性能和智能化水平，提高核心竞争力"。

为贯彻落实好《中国制造 2025》将机器人作为重点发展领域的总体部署，推进我国机器人产业快速健康可持续发展，2016 年 4 月，工业和信息化部印发《机器人产业发展规划（2016—2020 年）》（以下简称《发展规划》）。

二、政策要点

（一）明确了我国机器人的五年发展目标

《发展规划》提出：经过五年的努力，形成较为完善的机器人产业体系。技术创新能力和国际竞争能力明显增强，产品性能和质量达到国际同类水平，关键零部件取得重大突破，基本满足市场需求。2020 年具体目标如下：

产业规模持续增长。自主品牌工业机器人年产量达到 10 万台，六轴及以上工业机器人年产量达到 5 万台以上。服务机器人年销售收入超过 300 亿元，在助老助残、医疗康复等领域实现小批量生产及应用。培育 3 家以上具有国际竞争力的龙头企业，打造 5 个以上机器人配套产业集群。

技术水平显著提升。工业机器人速度、载荷、精度、自重比等主要技术指标达到国外同类产品水平，平均无故障时间（MTBF）达到 8 万小时；医疗健康、家庭服务、反恐防暴、救灾救援、科学研究等领域的服务机器人技术水平接近国际水平。新一代机器人技术取得突破，智能机器人实现创新应用。

关键零部件取得重大突破。机器人用精密减速器、伺服电机及驱动器、控制器的性能、精度、可靠性达到国外同类产品水平，在六轴及以上工业机器人中实现批量应用，市场占有率达到 50% 以上。

集成应用取得显著成效。完成 30 个以上典型领域机器人综合应用解决方案，并形成相应的标准和规范，实现机器人在重点行业的规模化应用，机器人密度达到 150 以上。

（二）制定推进机器人发展的主要任务

《发展规划》制定了推进机器人发展的五项主要任务：一是推进重大标志产品率先突破，包括工业机器人向中高端迈进，服务机器人向更广领域发展等；二是大力发展机器人关键零部件，全面提升高精密减速器、高性能机器人专用伺服电机和驱动器、高速高性能控制器、传感器、末端执行器等五大关键零部件的质量稳定性和批量生产能力；三是强化产业创新能力，包括加强共性关键技术研究，建立健全机器人创新平台，加强机器人标准体系建设，建立机器人检测认证体系等；四是着力推进应用示范，包括培育重点领域机器人应用系统集成商及综合解决方案服务商，拓展工业机器人的市场空间，推进服务机器人在医疗康复等领域的应用示范等；五是积极培育龙头企业，加快培育管理水平先进、创新能力强、效率高、效益好、市场竞争力强的龙头企业，打造知名度高、综合竞争力强、产品附加值高的机器人国际知名品牌，带动中小企业向"专、精、特、新"方向发展，形成全产业链协同发展的局面。

三、政策解析

作为机器人产业领域第一个系统性的规划文件，《发展规划》不仅将当前快速增长的工业机器人作为发展重点，而且兼顾市场前景广阔的服务机器人，提出"经过五年的努力，形成较为完善的机器人产业体系"。《发展规划》立足现实，长远布局，从重点产品、关键技术、基础能力、质量管理、应用示范、产业结构等角度明确了机器人产业的发展路径，具体为：一是列出了弧焊机器人、喷涂机器人、500kg以上重载工业机器人等十大标志性产品，并明确了十大标志性产品的关键参数以及应用领域，指明了我国机器人产业的未来发展方向；二是《发展规划》提出"推动高精度减速器、高性能伺服电机和驱动器、高性能控制器等关键零部件全面突破"，明确了我国机器人产业的发展路线，体现了我国推动机器人产业发展的决心；三是《发展规划》将共性关键技术、创新平台、标准体系与检测认证体系建设等基础能力建设作为重点，为我国机器人产业的发展奠定了基石；四是《发展规划》提出"重点围绕《中国制造2025》十大领域，实施一批效果突出、带动性强、关联度高的典型行业应用示范工程"，这势必将成为推进机器人产业发展的重要抓手。

《发展规划》的实施在梳理产业发展路径，加强行业规范管理的同时，将进一步加快机器人的推广应用，这不仅将有效降低人工成本上升和人口红利减少对我国工业竞争力的影响，而且有利于提高生产效率和产品质量，降低生产成本和资源消耗。

第三节 《智能制造发展规划（2016—2020年)》

一、背景

移动互联网、云计算、大数据等新一代信息通信技术与制造技术加速融合，正引发以智能制造为核心的新一轮产业变革，数字化、网络化、智能化已成为全球制造业的重要发展趋势。世界主要工业发达国家纷纷实施"再工业化"战略，不断推出发展智能制造的新举措，政府、行业组织、企业等共同推进，力图抢占先进制造业发展的制高点。我国必须把握全球制造业发展趋势，积极应对挑战，推动信息技术与制造技术深度融合，促进制造业智能转型，加快构建新型制造体系。

我国经济发展进入新常态，增长速度逐步放缓，转型升级的压力日益加大。长期支撑我国制造业快速增长的人口红利正逐步消失，资源和环境承载力已接近极限，依靠资源要素投入、规模扩张的粗放发展模式难以为继，新的竞争优势尚未形成，制造业调整结构、转型升级、提质增效刻不容缓。智能制造是一种以新一代信息技术与先进制造技术的深度融合为基础的新型生产方式。发展智能制造能够有效提升生产效率和产品质量，缩短产品研制周期，减少资源能源消耗，将其企业运营成本，并促进新业态、新模式的形成和发展，这对于推进我国制造业供给侧结构性改革、打造经济增长新动能、推动制造强国建设等均具有十分重要的意义。

我国制造业仍处于机械化、电气化、自动化、信息化并存，不同地区、不同行业、不同企业发展很不平衡的阶段。发展智能制造，还面临关键核心技术和高端装备受制于人、共性关键技术亟待突破、智能制造标准/软件/网络/信息安全基础还比较薄弱、系统集成解决方案供给能力不足等突出问题。与工业发达国家相比，我国在发展智能制造方面还存在较明显的差距，推进智能制造发展的任务复杂而艰巨，必须紧抓机遇，积极应对挑战，加强统筹谋划，走出一条中国特色的智能制造发展道路。

二、政策要点

（一）提出指导思想

《智能制造发展规划（2016—2020 年）》（以下简称《规划》）提出将发展智能制造作为长期坚持的战略任务，分类分层指导，分行业、分步骤持续推进，"十三五"期间同步实施数字化制造普及、智能化制造示范引领，以构建新型制造体系为目标，以实施智能制造工程为重要抓手，着力提升关键技术装备创新发展能力，着力增强基础支撑能力，着力提升集成应用水平，着力探索培育新模式，着力营造良好发展环境，为培育经济增长新动能、打造我国制造业竞争新优势、建设制造强国奠定扎实的基础。

（二）明确发展目标

2025 年前，推进智能制造发展实施"两步走"战略：第一步，到 2020 年，智能制造发展基础和支撑能力明显增强，传统制造业重点领域基本实现数字化制造，有条件、有基础的重点产业智能转型取得明显进展；第二步，到 2025 年，智能制造支撑体系基本建立，重点产业初步实现智能转型。到 2020 年的具体目标是：

智能制造技术与装备实现突破。研发一批智能制造关键技术装备，国内市场满足率超过 50%，突破一批智能制造关键共性技术，核心支撑软件国内市场满足率超过 30%；

发展基础明显增强。智能制造标准体系基本完善，制（修）订智能制造标准 200 项以上，面向制造业的工业互联网及信息安全保障系统初步建立；

智能制造生态体系初步形成。培育 40 个以上主营业务收入超过 10 亿元、具有较强竞争力的系统解决方案供应商，智能制造人才队伍基本建立；

重点领域发展成效显著。企业数字化研发设计工具普及率超过 70%，关键工序数控化率超过 50%，数字化车间/智能工厂普及率超过 20%，运营成本、产品研制周期和产品不良品率大幅度降低。

（三）确定重点任务

为了落实《规划》提出的指导思想和发展目标，结合我国智能制造发展的实际情况，《规划》提出"十三五"期间要重点聚焦十项任务。

一是加快智能制造装备发展，攻克关键技术装备，提高质量和可靠性，推进关键技术装备、核心支撑软件、工业互联网等系统集成应用，加快智能网联汽车、服务机器人等智能产品的研发、设计和产业化。

二是加强关键共性技术创新，突破先进感知与测量、高精度运动控制、高可靠智能控制、建模与仿真、工业互联网安全等一批关键共性技术，研发智能制造相关的核心支撑软件，布局和积累一批核心知识产权。

三是建设智能制造标准体系，开展基础共性标准、关键技术标准、行业应用标准研究，搭建标准试验验证平台（系统），加快标准制（修）订和推广工作。

四是构筑工业互联网基础，研发新型工业网络设备与系统、信息安全软硬件产品，构建工业互联网试验验证平台和标识解析系统，搭建信息安全保障系统与试验验证平台，建立健全工业互联网信息安全风险评估、检查和信息共享机制。

五是加大智能制造试点示范推广力度，在基础条件好和需求迫切的重点地区、行业开展智能制造新模式试点示范，遴选智能制造标杆企业，不断总结形成有效的经验和模式，在相关行业进行移植、推广。

六是推动重点领域智能转型，在《中国制造 2025》十大重点领域试点建设数字化车间/智能工厂，加快智能制造关键技术装备的集成应用，在传统制造业推广应用数字化技术、系统集成技术、智能制造装备，提高设计、制造、工艺、管理水平。

七是促进中小企业智能化改造。引导有基础、有条件的中小企业推进生产线自动化改造，建立龙头企业引领带动中小企业推进自动化、信息化的发展机制，建设云制造平台和服务平台，在线提供关键工业软件及各类模型库和制造能力外包服务。

八是培育智能制造生态体系，加快培育一批有行业、专业特色的系统解决方案供应商，大力发展具有国际影响力的龙头企业集团，做优做强一批传感器、智能仪表、控制系统、伺服装置、工业软件等"专精特"配套企业。

九是推进区域智能制造协同发展，推动以产业链为纽带、资源要素集聚的智能制造装备产业集群建设，促进区域智能制造差异化发展，加强基于互联网的区域间智能制造资源协同，促进区域优势资源互补和资源优化配置。

十是打造智能制造人才队伍，健全人才培养机制，加强智能制造人才培训，建设智能制造实训基地，培养智能制造高层次领军人才、跨界复合型人才、专业技术人才、高技能人才，构建多层次的人才队伍。

三、政策解析

《规划》在准确把握全球智能制造发展趋势以及我国发展智能制造所面临的问题和瓶颈的基础上，明确了"十三五"时期我国推进智能制造的指导思想和发展目标，提出十项重点任务和四个专项行动以及加强统筹协调、完善创新体系、加大财税支持力度、创新金融扶持方式、发挥行业组织作用、深化国际合作等六个方面的保障措施。

《规划》指明了我国智能制造发展的重点方向，是国家发展智能制造的总体部署，也标志着我国发展智能制造由宏观的战略布局向到具体的推进实施过渡。这有利于调动企业发展智能制造的内生动力，有利于整合中央财政、地方财政、产业基金、风险投资基金及其他社会资源共同支持智能制造的发展。

《规划》的发布对贯彻落实《中国制造2025》，推动我国制造业供给侧结构性改革，加快传统制造业转型升级，培育智能制造生态系统等均具有重要意义。

第四节　《高端装备创新工程实施指南（2016—2020年）》

一、背景

高端装备作为制造业的高端领域，一直是国际竞争的焦点。美欧等发达经济体和一些大型跨国企业长期占据民用干线大飞机、卫星定位系统、大型医疗设备等高端装备的优势地位。近年来，高端装备国际分工争夺战愈演愈烈，已经成为发达国家与新兴经济体共同发力角逐的主战场。美国"先进制造业伙伴"计划、德国"工业4.0"战略均聚焦新一代端装备技术的创新发展，以保持在国际竞争中的优势地位。

近年来，我国高端装备制造业快速发展，一批高端装备实现重大突破，大型客机C919成功下线，北斗导航系统突破千万级用户，海洋石油981深水半潜式钻井平台创造了世界半潜式平台之最，高铁、电力设备已经走出国门。但是与世界先进水平相比，我国高端装备制造业仍存在较大差距，主要表现在：总体创新能力不足，部分领域核心技术和核心关键部件受制于人、产品可靠性低；基础配套能力发展滞后，装备主机面临"空壳化"；服务体系建设明显滞后，应用推广难等。《中国制造2025》明确将高端装备创新工程作为五大工程之一，就是要集中资源，着力突破大型飞机、航空发动机及燃气轮机、民用航天、先进轨道交通装备、节能与新能源汽车、海洋工程装备及高技术船舶、智能电网成套装备、高档数控机床、核电装备、高性能医疗器械、先进农机装备等一批高端装备，满足我国经济社会发展的重大需求，在国际市场占据一席之地。

2016 年 8 月 19 日，工信部、国家发展改革委、科技部、财政部四部委联合发布了《中国制造 2025》的制造业创新中心、工业强基、绿色制造、智能制造和高端装备创新等五大工程实施指南。

二、政策要点

《高端装备创新工程实施指南》主要目标是在大型飞机、航空发动机及燃气轮机、民用航天、先进轨道交通装备、节能与新能源汽车、海洋工程装备及高技术船舶、智能电网成套装备、高档数控机床、核电装备、高性能医疗器械、先进农机装备等 11 个重点领域，实现一批关键装备自主可控、装备应用范围和服务质量大幅提升、形成一批具备国际竞争力的竞争主体。

具体而言，到 2020 年，基本掌握一批高端装备设计制造关键核心及共性技术，自主研发、设计、制造及系统集成能力大幅提升，产业竞争力进入世界先进行列。形成一批具有中国技术特色的全球品牌，大型飞机、民用航天、先进轨道交通装备、核电装备、海洋工程装备及高技术船舶等进入国际市场，节能与新能源汽车、智能电网成套装备以及先进农机装备实现规模化应用，航空发动机及燃气轮机、高档数控机床以及高性能医疗器械国产化程度大幅提升。到 2025 年，全面具备高端装备的自主研发、设计、制造及系统集成能力，各领域开发出一批标志性、带动性强的成套装备，核心技术对外依存度明显下降，基础配套能力显著增强，重要领域装备达到国际领先水平。形成覆盖研发设计、装备制造、技术服务的完整产业体系和持续创新发展能力，国际竞争力和国际品牌影响力进一步增强。

为保障《高端装备创新工程实施指南》的顺利实施，将建立由国家发展改革委、工业和信息化部、科技部、财政部、国家能源局、国防科工局、中国工程院牵头，交通运输部、商务部、卫计委、保监会等部门参与的统筹协调机制，建立部门联席会议制度，设立高端装备创新工程专家咨询组，加强协调，为把握技术发展方向等提供咨询。

三、政策解析

高端制造产业是一个国家核心竞争力的重要标志，是战略性新兴产业的重要一环。目前，我国装备工业的产业规模虽已位居世界首位，但高端装备仍满足不了需要，不得不大量进口。在高端装备领域，中国80%的集成电路芯片制造装备、40%的大型石化装备、70%的汽车制造关键设备及先进集约化农业装备仍依靠进口，多数出口产品是贴牌生产，拥有自主品牌的不足20%。随着制造业转型升级和国产化替代的推进，高端装备制造国内外市场需求巨大。《高端装备创新工程实施指南》的提出，为我国高端装备未来十年的发展，指明了方向和路径。高端装备制造业是工信部"十三五"期间聚焦的三个重点领域之一，今后将制定一系列的规划、行动计划或者具体的政策措施来推动重点行业和领域的发展。

据预测，到2020年，中国高端装备制造产业销售收入在装备制造业中的占比将提高到25%，达到16.55万亿元，工业增加值率较"十二五"末提高2个百分点，未来五年将成为国民经济的支柱产业。在国内市场满足的条件下，随着"一带一路"倡议辐射中南亚、南亚、中亚和西亚等国家，并延伸至东欧、北非，这些地区都对基础设施建设和互联互通有迫切的需求。按照规划，到2025年，中国轨道交通装备制造业境外业务占比要达到40%，服务业务占比要超过20%，高端装备制造将迎来战略机遇期。

第五节 《智能制造工程实施指南（2016—2020年）》

一、背景

随着物联网、云计算、大数据、移动互联网等新一代信息通信技术高速发展，先进制造技术与新一代信息通信技术不断深度融合，以智能制造为代表的新一轮产业变革在全球兴起，数字化、网络化、智能化日益成为未来制造业发展的主要趋势。世界主要工业发达国家加紧谋篇布局，美国提出"先进制造伙伴"计划、德国实施"工业4.0"、法国推动"新工业法国"计划等制造业发展战略，都将智能制造作为制造业发展和变革的重要方向，支持和推动智能制造发展，以占领制造业竞争制高点。同时，我国制造业发展面临诸多挑战。首先，我国制造业尚处于机械化、电气化、自动化、信息化并存，不同地区、不同行业、不同企业发展不平衡的阶段。发展智能制造面临关键技术装备受制于人、智能制造标准/软件/网络/信息安全基础薄弱、智能制造新模式推广尚未起步、智能化集成应用缓慢等突出问题。其次，我国生产要素成本不断上升，资源环境压力加大。再次，我国人口老龄化进程加快，农业现代化、城镇化进程加快，人民受教育的水平不断提高，人力成本显著提高，人口红利缩减，招工难将成为常态。因此，相对世界主要工业发达国家，推动我国制造业智能转型，环境更为复杂，形势更为严峻，任务更加艰巨。

为加速我国制造业转型升级、提质增效，国务院发布实施《中国制造2025》，并将智能制造作为主攻方向，加速培育我国新的经济增长动力。《中国制造2025》明确将智能制造工程作为政府引导推动的五个工程之一，目的是更好地整合全社会资源，统筹兼顾智能制造各个关键环节，突破发展瓶颈，系统推进技术与装备开发、标准制定、新模式培育和集成应用。加快组织实施智能制造工程，对于推动《中国制造2025》十大重点领域率先突破，促进传统制造业转型升级，实现制造强国目标具有重大意义。

二、政策要点

（一）明确了我国智能制造工程的目标

《实施指南》提出工程分为两个阶段实施："十三五"期间，通过数字化制造的普及，智能化制造的试点示范，推动传统制造业重点领域基本实现数字化制造，有条件、有基础的重点产业全面启动并逐步实现智能转型；"十四五"期间，加大智能制造实施力度，关键技术装备、智能制造标准/工业互联网/信息安全、核心软件支撑能力显著增强，构建新型制造体系，重点产业逐步实现智能转型。

具体目标为：关键技术装备实现突破，关键技术装备国内市场满足率超过50%；智能制造基础能力明显提升，初步建立基本完善的智能制造标准体系，具有知识产权的智能制造核心支撑软件国内市场满足率超过30%；智能制造新模式不断成熟，试点示范项目运营成本降低30%、产品生产周期缩短30%、不良品率降低30%；重点产业智能转型成效显著，数字化研发设计工具普及率达到72%，关键工序数控化率达到50%，十大重点领域智能化水平显著提升，完成60类以上智能制造成套装备集成创新。

（二）制定了我国智能制造工程的重点任务

《实施指南》制定了我国推进智能制造工程的4项重点任务：一是攻克关键技术装备；二是夯实智能制造基础，构建国家智能制造标准体系，提升智能制造软件支撑能力，建设工业互联网基础和信息安全系统；三是培育推广智能制造新模式；四是推进重点领域集成应用。并通过6个专栏具体阐述了关键技术装备研制重点，智能制造重点标准，智能制造核心支撑软件开发重点，工业互联网基础和信息安全系统建设重点，智能制造新模式关键要素和十大领域智能制造成套装备集成创新重点，指明了智能制造工程的具体实施内容。

（三）提出了我国智能制造工程的组织方式

《实施指南》提出在智能制造工程推进的组织过程中要发挥市场主体作用，坚持需求导向，充分发挥企业内生动力，支持组建产业创新联盟；调动多方积极性，鼓励各地方、行业协会、产业创新联盟等协同推进智能制造；创新资金支持方式；分类遴选项目承担单位。

三、政策解析

《实施指南》在准确把握我国智能制造发展所面临的国际国内形势，提出了我国智能制造发展的总体要求，在坚持五大发展理念的基础上，明确了我国发展智能制造目标、主线和原则，阐明了我国智能制造发展的长期性和分步、分层推进的特点。在"十三五"期间的重点任务中提出同步实施数字化制造普及、智能化制造示范，重点聚焦"五三五十"重点任务，即：攻克五类关键技术装备，夯实智能制造三大基础，培育推广五种智能制造新模式，推进十大重点领域智能制造成套装备集成应用，持续推动传统制造业智能转型，为构建我国制造业竞争新优势、建设制造强国奠定扎实的基础。

为使《实施指南》的操作性更强，通过专栏形式，有针对性地提出了破解智能制造瓶颈的重点和关键要素。同时注重工程实施的系统性、整体性，细化明确了组织方式，通过顶层设计、全社会协同、构建创新体系、财税金融支持、国际合作、人才培育等全方位、多维度的保障措施，切实保障智能制造工程的实施。未来几年，正是智能制造推进的重要窗口期，《实施指南》的发布将为我国制造业转型升级提供有力保障。

第六节　《促进装备制造业质量品牌提升专项行动指南》

一、背景

质量和品牌是制造业综合实力的集中反映，是制造强国的核心竞争力。新中国成立尤其是改革开放以来，我国制造业质量和品牌水平持续提高，较好满足了国内和国际市场需求，有力促进了经济社会发展。装备制造业是制造业的基石，我国装备制造业不仅打造出一批优质产品和优秀品牌，也为相关产业发展提供了坚实保障。然而，与世界先进水平相比，我国装备制造业在质量基础能力、质量安全风险、产品品种结构、产品实物质量和自主品牌培育等方面仍然存在差距，质量品牌建设的任务紧迫而艰巨。为贯彻落实《中国制造2025》，深化推进《质量发展纲要（2011—2020年）》，加快提升装备制造业质量和品牌水平，推动我国迈入制造强国行列，2016年8月15日，工业和信息化部、国家质量监督检验检疫总局、国家国防科技工业局联合发布《促进装备制造业质量品牌提升专项行动指南》（以下简称《行动指南》）。

二、政策要点

《行动指南》提出分三个阶段，在实施制造强国战略的第一个十年，实现我国装备制造业质量和品牌水平大幅提升。

第一阶段，力争用3年时间，夯实装备制造业质量和品牌发展的基础，在重点领域取得突破。到 2018 年，装备制造业产品质量国家监督抽查合格率达到 90% 以上，新产品销售比重、成本费用利润率等指标水平得到提高；第二阶段，用 3 年时间，推动装备制造业质量和品牌整体提升，国产装备国内市场满足率、自主品牌市场占有率等指标得到显著提高；第三阶段，用 4 年时间，推动装备制造业质量和品牌达到世界制造强国水平，以中国装备树立中国制造的质量和品牌新形象。

围绕上述目标，《行动指南》从 5 个方面提出了 20 项行动，可以概括为发挥一个主体作用、加强三类平台建设、完善四个基础体系、健全四项监管机制、推进六个领域提升。

其中，围绕发挥企业主体作用，从落实责任、激发动力、增强能力 3 个方面开展行动；加强质量和品牌服务平台建设，包括建设质量和品牌专业化服务平台、构建质量和品牌信息共享平台、完善质量和品牌活动推进平台；完善质量和品牌发展的 4 项基础体系，包括完善质量和品牌标准体系、完善计量科技创新与应用体系、完善检验检测技术保障体系和完善认证认可制度体系；健全 4 项机制将围绕质量监管、信用管理、公平竞争和人才培养等方面展开行动。推进 6 个领域重点提升，包括实施区域和行业质量品牌提升行动、实施工艺优化和关键共性质量技术攻关行动、实施优势和战略产业质量品牌护航行动、实施全产业链质量品牌协同行动、实施制造业与服务业融合助推质量品牌提升行动和实施中国装备"走出去"行动。

《行动指南》强调，要通过完善扶优限劣的采购制度来激发企业提升质量和品牌的内生动力。工信部将在工具、量具等领域，试点建立产品质量分级制度。

此外，《行动指南》还围绕强化组织实施机制、完善法律法规与政策措施、加强财政专项资金的支持、发挥重大工程的支持作用，以及加强舆论宣传和引导 5 方面提出了保障措施。其中重点提出，要开展质量促进立法研究，推进立法进程。健全相关法规、规章和制度，完善质量法律法规体系；坚持把质量作为建设制造强国的生命线，在制造业创新中心建设工程等重大工程中，加大对标准、计量、认证认可、检验检测等质量基础能力建设以及改善品种结构、优化工艺、质量攻关等方面的支持力度；加强对制造业质量和品牌宣传的总体策划和系统推进，在全社会弘扬精益求精的"工匠精神"，营造积极健康的质量和品牌文化氛围。

三、政策解析

我国装备制造业质量品牌提升面临着严峻挑战。一是质量品牌关联供给和需求两侧，改善供给和需求关系需要解决诸多深层次的矛盾和问题，我们必须在改革中实现发展。二是伴随技术迅猛发展和需求多元化，围绕质量和品牌的创新空间不断拓展。而且，质量品牌管理的理念、技术和方法也在不断丰富，客观上需要我们不断创新突破。三是我国经济社会发展不平衡，质量品牌水平在地区和行业之间的差异大、层次多。在不平衡中推进协调发展，没有经验可循，必须探索新的路径。四是传统制造强国在质量品牌领域具有先行优势，在一些关键领域，奠定了强大的知识产权保护体系和市场影响力，我们要实现质量品牌赶超，必须直面竞争。

作为《中国制造2025》"1＋X"规划体系的子规划，《行动指南》是贯彻"质量为先"基本方针，加快提升质量品牌，推进建设制造强国的重要行动部署。从2014年启动前期调研，历经两年研究修改，由国家制造强国建设领导小组审议通过。在此期间，国务院部署了消费品工业"三品"专项行动，为加强相关行动的协调，确定了《行动指南》立足装备制造业，着眼促进制造业质量品牌全面提升的基本定位。

装备制造业是制造业的基石。装备制造业不仅自身面临着在质量基础能力、质量安全风险、产品品种结构、产品实物质量和自主品牌培育等方面加快赶超世界先进水平的艰巨任务，还发挥着为保障和牵引消费品工业、原材料工业等相关产业提升质量品牌的重要作用。《行动指南》的出台，有利于聚焦我国装备制造业质量品牌提升，夯实制造业质量品牌建设的基础，强化质量品牌工作合力，在实施制造强国战略的第一个十年，实现我国制造业质量品牌整体提升。

第七节 《关于促进通用航空业发展的指导意见》

一、背景

通用航空业是以通用航空飞行活动为核心，涵盖通用航空器研发制造、市场运营、综合保障以及延伸服务等全产业链的战略性新兴产业体系，具有产业链条长、服务领域广、带动作用强等特点。近年来，我国通用航空业发展迅速，截至 2015 年底，通用机场超过 300 个，通用航空企业 281 家，在册通用航空器 1874 架，2015 年飞行量达 73.2 万小时。但总体上看，我国通用航空业规模仍然较小，基础设施建设相对滞后，低空空域管理改革进展缓慢，航空器自主研发制造能力不足，通用航空运营服务薄弱，与经济社会发展和新兴航空消费需求仍有较大差距。

2016 年 5 月 13 日，国务院办公厅印发《关于促进通用航空业发展的指导意见》（国办发〔2016〕38 号，以下简称《意见》），这是我国首次对通用航空从全产业链角度进行的顶层设计和部署，对解决困扰全行业发展的瓶颈问题具有里程碑式意义，通用航空制造迎来极佳的发展机遇。

二、政策要点

《意见》以"市场主导、政府引导，安全第一、创新驱动，重点突破、全面推进"为基本原则，提出到 2020 年，实现建成 500 个以上通用机场，基本实现地级以上城市拥有通用机场或兼顾通用航空服务的运输机场，覆盖农产品主产区、主要林区、50% 以上的 5A 级旅游景区。通用航空器达到 5000 架以上，年飞行量 200 万小时以上，培育一批具有市场竞争力的通用航空企业。通用航空器研发制造水平有较大提升，国内通用航空器在通用航空机队中的比例明显提高。通用航空业经济规模超过 1 万亿元，初步形成安全、有序、协调的发展格局。

为加快提升服务保障能力，促进产业转型升级，释放消费潜力，实现通用航空业持续健康发展，《意见》从培育通用航空市场、加快通用机场建设、促进产业转型升级三个方面进行产业链布局，提出科学、有序、高效地逐步扩大低空空域开放，注重强化适航管理、运行安全和市场秩序的安全监管工作，实行组织、资金、法律法规、人才培养的保障措施。

三、政策解析

《意见》大力支持通用航空制造发展。

一是强调提升自主研发制造能力和水平。世界上通用航空发达国家不仅具有发达的通用航空运营网络和基础设施，绝大部分制造能力也很强。《意见》以供给侧结构性改革为指引，以解决"上天难、落地难"瓶颈问题为导向，以未来万亿级市场潜力为目标，从通用航空装备和配套系统、设备等角度提出了促进通用航空研发制造水平提升的主要任务和方向，有利于提高我国通用航空产品在通航作业中的比例及在国内外市场的份额，有利于促进自主研发制造满足市场需要，有利于推动通用航空全产业链发展。

二是促进产业集聚，倡导开放合作。通用航空制造具有较强的辐射带动作用，通过产业集聚和发展，形成规模经济优势，促进产业整体和区域竞争力提升。《意见》提出优先在具备空域、土地、制造技术等条件的地方建设通用航空综合或专业示范区，引导各地区发展与地方经济联系紧密的通用航空优势产业，促进产业集群化发展。这对于提高整个国家通用航空制造水平，发挥通用航空产业对区域经济发展的带动作用意义重大。同时，《意见》以开放合作思想为指引，以全球化视野审视通用航空产业，加快"引进来、走出去"，提升通用航空产品设计制造水平和品牌国际竞争力。

为全面贯彻落实好《意见》，需要做好以下工作：

一是加快企业创新发展。提高研制创新能力，以市场为导向，加强技术研发和创新，提高产品安全性、可靠性和经济性，提升产品竞争力水平。加强互联网、大数据、云计算等信息技术应用能力，建设通用航空创新平台和合作平台，提高关键技术和部件的研发生产能力，发展具有自主知识产权、市场需求大的质优价廉通用航空产品。创新应用好首台（套）重大技术装备保险补偿机制、重大技术装备进口税收优惠等政策，加快新型通用航空装备研制和示范应用。

二是加强通用航空产品质量和品牌建设。加强可靠性设计、试验与验证技术开发应用，加强产品质量控制技术、先进生产管理模式和方法应用，积极采用先进工艺、在线检测装置、智能化生产和物流系统及产品全生命周期管理方法等，使重点型号和产品的性能稳定性、质量可靠性、环境适应性、使用寿命等指标达到国际同类产品水平。增强品牌意识，加强品牌运营，围绕研发创新、生产制造、营销服务等全过程，提升内在素质和服务能力，夯实品牌发展基础，积极研发制造出有质量、有品牌的通用航空装备，加快通用航空产品应用推广。

三是提高产业集聚水平。在全国范围内建设 50 个综合或专业示范区，促进通用航空业集聚发展。重点打造具备国际先进水平的通用航空制造龙头企业，培育一批具有核心竞争力的骨干企业，支持众多中小企业集聚创新。把握国家通用航空业发展进程，依托企业优势、地方产业基础、产业发展趋势找准定位，加快发展具有优势和特色的通用飞机制造、发动机制造、机载系统和设备制造等产业；引导产业园区科学制定发展规划，鼓励园区先行先试扩大低空空域开放和提高审批效率等改革政策。创新配套政策，吸引社会资本，促进产业合理布局和健康有序发展。

四是积极开展国际合作，提高国际竞争力。积极对接国际通用航空产业优质资源和先进技术，引进消化吸收再创新，加快先进直升机、小型航空发动机、机载系统设备及空管导航等核心装备研发应用。积极与金融和产业资本结合，采用合资、股权收购、知识产权转移、共同研发等模式，加快引进先进技术和装备。结合国家"一带一路""国际产能和装备制造合作"等战略规划实施，加快优势通用航空装备和产品"走出去"，积极开拓国内外市场。

五是加强行业协作。参与通用航空研制生产技术和产品标准、适航认证标准制定，按照国家标准规范研制生产通用飞机、直升机和民用无人机等产品，确保飞行符合规定。积极组建通用航空产业协会或产业联盟，打造信息交流和发布平台，制定产业发展的重要标准，为政府提供政策建议，推动通用航空制造业持续健康发展。

第八节 《"十三五"国家战略性新兴产业发展规划》

一、背景

高端装备制造业是现代产业体系的脊梁，是一个国家制造水平的集中体现。大力发展高端装备制造业，是抢占未来经济和科技发展制高点的战略选择，是加快供给侧结构性改革、培育新动能发展新经济、建设制造强国的主战场。

发达国家纷纷进行战略部署。近年来，发达国家纷纷实施"再工业化"战略，力图重振制造业，面向制造业的新一轮国际分工争夺战拉开帷幕，高端装备成为各国竞相角逐的主战场。美国"先进制造伙伴"计划、德国"工业4.0"等发达国家制造业发展战略都瞄准了高端装备进行战略部署，试图抢占高端装备市场，保持并扩大其在国际竞争中的优势地位。日本制定了《制造业白皮书》，将机器人产业作为发展重点，英国在《英国工业2050战略》中提出要进一步巩固和强化其在航空航天领域的优势，韩国制定了《制造业创新3.0》，将航空航天作为主要支持领域之一，法国通过制定和实施"新工业法国"计划，确定了其在高速列车、电子飞机和卫星等高端装备领域的领先地位。大型跨国企业集团在一些高端装备领域长期占据垄断地位。如航空领域，波音、空客长期垄断着全球民用干线大飞机市场；航天领域，美国全球定位系统（GPS）全球市场占有率超过90%。

二、政策要点

《"十三五"国家战略性新兴产业发展规划》（以下简称《规划》）明确了包括高端装备与新材料在内的六大产业领域未来五年的发展重点。《规划》中提出，未来五年，高端装备制造领域要加快突破关键技术与核心部件，积极推进重大装备与系统的工程应用和产业化，促进产业链协调发展，塑造中国制造"新形象",带动制造业水平全面提升。《规划》中提出,到2020年,高端装备与新材料产业产值规模将超过12万亿元。

三、政策解析

(一)打造智能制造高端品牌

智能制造是制造业发展的重大趋势,是推进制造业供给侧结构性改革的重要体现,是构建新型制造体系的必然选择,也是制造强国建设的主攻方向。《规划》明确了"十三五"时期智能制造的发展重点。

一是强调应用示范,大力发展智能制造系统。针对我国制造业机械化、电气化、自动化、信息化并存,不同地区、行业、企业发展不平衡,智能制造系统集成解决方案提供能力不足等问题,《规划》中指出大力发展智能制造系统,推动机器人自动化生产线、数字化车间、智能工厂建设,提供重点行业整体解决方案,开展重点领域智能工厂应用示范。

二是注重关键技术与核心部件突破,推动智能制造关键技术装备迈上新台阶。针对智能感知与控制技术、数字化设计与制造技术亟待提升,机器人、传感器等关键技术装备还受制于人等问题,《规划》中指出构建工业机器人产业体系,全面突破关键技术与核心零部件,加快高档数控机床与智能加工中心研发与产业化,突破智能传感与控制装备、智能检测与装配装备、智能物流与仓储装备。

三是顺应制造业智能化、服务化趋势,打造增材制造产业链。《规划》中提出,要突破专用材料、提升工艺技术水平、研制推广主流工艺装备、加快研制配套核心器件和嵌入式软件系统,提升软硬件协同创新能力,建立标准体系,推动重点领域增材制造技术应用,加快发展增材制造服务业。

(二)实现航空产业新突破

航空产业属于技术密集型先进制造业,对产业拉动作用巨大。《规划》中明确,"十三五"时期航空产业的发展重点为:

一是加快航空发动机自主发展。航空发动机被誉为"现代工业皇冠上的明珠",是一个国家军用、民用飞机发展最关键的核心部件,却是制约中国航空工业发展的"软肋"。《规划》中提出要依托航空发动机及燃气轮机重大科技专项，突破关键技术，发展多品种航空发动机，推动市场化应用。2016 年 5 月 31 日，中国航空发动机集团有限公司正式挂牌注册，进一步体现了国家发展航空发动机的决心。

二是推进民用飞机产业化。"十二五"以来，我国大型民用飞机研制取得了可喜的成绩，大型客机 C919 进入了工程发展阶段，大型宽体客机完成立项准备；大型民用飞机在适航符合性设计技术等关键领域取得重要突破，研发设计等核心能力建设取得重大进展。《规划》中提出要实施大型飞机重大专项，完成大型客机研制，启动宽体客机研发，促进新型支线飞机系列化发展，面向市场需求发展通用飞机。

三是完善产业配套体系建设。航空产业对核心材料、元器件、工艺的要求很高，长期依赖进口不仅造成了成本居高不下，而且使航空产业的创新和产业化发展受制于人。对此，《规划》中提出要提高航空材料和基础元器件自主制造水平，掌握核心工艺。另外，完善航空产业配套体系还需要从发展航空设备和系统、加快航空科研试验重大基础设施建设、加强适航审定条件和能力建设以及建设专业数字化示范工厂等方面发力。

四是发展航空运营新服务。我国航空产业链不完善问题长期存在，产业链高端环节发展滞后，产业链上的价值流失严重，每年60%的飞机维修市场价值流失到国外。面对上述问题，《规划》中提出要发展航空运营新服务，建立先进航空运营体系，促进服务模式创新。

（三）做大做强卫星及应用产业

当前，全球空间基础设施已进入体系化发展和全球化服务的新阶段，建设自主开放、安全可靠、长期连续稳定运行的国家民用空间基础设施，加快推进卫星综合应用，日益成为发达国家和地区追求空间领域领先、抢占经济科技竞争制高点、发展新兴产业、维护安全利益的战略选择。《规划》中指出，到2020 年，基本建成主体功能完备的国家民用空间基础设施，满足我国各领域主要业务需求，基本实现空间信息应用自主保障，形成较为完善的卫星及应用产业链。

一是加快卫星及应用基础设施建设。我国目前在轨稳定运行的卫星超过 140 颗，仅次于美国，位居世界第二。未来五年，我国卫星应用产业将迎来大有作为的战略机遇。《规划》中提出要通过基础设施建设打造全球观测数据获取能力，构建"大数据"地球，建成卫星通信广播系统和北斗全球卫星导航系统，并运用政府和社会资本合作（PPP）模式推进遥感卫星建设。

二是提升卫星性能和技术水平。为了支撑国家民用空间基础设施建设和升级换代，《规划》中提出发展先进卫星应用平台技术和有效载荷技术，优先发展遥感卫星技术，提升通信广播卫星的性能，推进卫星平台型谱化发展。

三是推进卫星全面应用。随着我国新型工业化、信息化、城镇化、农业现代化快速推进，面向国民经济和社会发展的重大需求推进卫星应用的要求日益紧迫。《规划》中提出面向多行业需求，开展典型区域综合应用示范，面向政府部门业务管理和社会服务需求，开展多领域卫星综合应用示范，打造空间信息消费全新产业链和商业模式，积极布局海外市场。

（四）强化轨道交通装备领先地位

近年来，我国以高铁为代表的铁路和城市轨道交通得到快速发展，在"高速""重载""便捷""环保"技术路线推进下，我国以高速动车组、大功率机车为代表的轨道交通装备产业规模不断扩大，产品研发能力显著提升、技术创新体系初步形成，"走出去"步伐逐步加快。2015年，我国轨道交通装备产业产值规模超过4000亿元，居世界首位。未来五年，轨道交通装备产业将继续朝着智能化、绿色化、轻量化、系列化、标准化、平台化快速发展。

一是打造具有国际竞争力的轨道交通装备产业链。我国已经建成了一批具有国际先进水平的轨道交通装备制造基地，具备世界领先的生产能力，并形成了以主机企业为核心、以配套企业为骨干，辐射全国的轨道交通装备研发、制造和服务产业链。《规划》中提出要推进新型列车研发和产业化，加强产品质量检验检测认证能力建设，加快"走出去"步伐。

二是推进新型城市轨道交通装备研发及产业化。随着新型城镇化不断推进、大城市的快速形成和发展，城市轨道交通需求量不断增大。因此，《规划》中明确鼓励创新，面向大城市复杂市域交通需求，发展跨座式单轨、自动导轨快捷运输系统以及中低速磁悬浮系统等技术和装备，建立新型城市轨道交通车辆技术标准和规范。

三是突破产业关键零部件及绿色智能化集成技术。我国轨道交通装备高端的基础零部件配套水平相对较低，尚未完全形成一批"高、精、特、专"的配套产品企业群体，产业核心基础器件体系对轨道交通装备主机产业的支撑不足。对此，《规划》中提出要进一步研发关键系统和零部件。另外，要顺应轨道交通装备产业绿色化、智能化的发展趋势，加强相关技术研发和产业化。

（五）增强海洋工程装备国际竞争力

随着陆地和浅海石油资源日益枯竭，深海油气资源将会成为未来的主要资源。海洋工程装备作为获取深海油气资源的重要工具，世界各国政府和企业纷纷布局。近年来，我国在海洋工程装备领域已经积累了一定的基础，2014—2015年，我国新接海洋工程装备订单连续两年居世界前列，占世界市场份额的35%左右。未来五年，海洋工程装备产业将实现向深远海、极地海域发展和多元化发展。

一是重点发展主力海洋工程装备。从市场需求来看，由于陆地石油和浅海石油资源即将枯竭，未来以深远海、极地海域、环境作业恶劣海域的海洋工程装备及其关键配套系统将成为未来发展的主要趋势。因此，深水半潜平台、钻井船、半潜运输船等主力海洋工程装备将成为我国船舶行业转型升级、落实供给侧结构性改革的重要方向。《规划》中提出要推进主力海工装备系列化研发，提升设计制造能力。

二是加快发展新型海洋工程装备。为提升我国海洋工程装备质量品牌竞争优势，推动产品结构升级，《规划》中提出要突破浮式钻井生产储卸装置、极地钻井平台、海上试验场等海洋工程装备的设计和建造技术，实现产品性能及可靠性达到国际先进水平的目标。

三是加强关键配套系统和设备研发及产业化。目前，能够满足深海和超深海作业需要，且具有较高附加值的动力定位系统、水下钻井系统等关键配套部件基本被国外供应商垄断。另外，我国用于深海领域的关键配套部件也大部分依靠进口，这是制约我国海工装备长足发展的重要因素。因此，《规划》中提出要产学研用相结合，提高关键配套设备的设计制造水平，提升专业化配套能力。

热 点 篇

第二十一章　世界智能制造大会成功召开

2016 年 12 月 6—8 日，世界智能制造大会在南京召开，以"让制造更聪明"为主题，以"全球视野、中国战略、江苏探索"为特点，是全球智能制造领域一次大规模国际性的顶级峰会。大会包括 1 个高峰论坛、8 个专题论坛、8 个专项活动和 1 个世界智能制造展览会，会上还发布了《智能制造发展规划（2016—2020 年)》、中国智能制造系统解决方案供应商联盟启动仪式、世界智能制造大会合作发展机制。大会展览宣传了企业和地方政府推进智能制造的成果，展示了人工智能、先进制造、机器人、智能化解决方案等世界智能制造领域最先进的技术；促进了国际智能制造产学研用交流合作，提出建立世界智能制造大会合作发展机制，将为国际对话、经贸交流和产业合作打下良好基础。

第一节　主要情况介绍

一、背景

当前，随着新一代信息通信技术和制造业的加速融合，先进制造技术向信息化、网络化、智能化的方向发展，智能制造逐步成为制造业发展的重大趋势和核心内容。在此背景下，中华人民共和国工业和信息化部、江苏省人民政府主办了世界智能制造大会，聚焦智能制造发展战略和热点问题，集中展示当前智能制造发展的最新探索和实践。世界智能制造大会旨在为智能制造领域国际合作、技术交流和产业对接搭建国际性交流研讨的平台，研究和探讨全球智能制造发展的最新动态和未来趋势，推进全球智能制造创新发展。

二、内容

世界智能制造大会于 2016 年 12 月 6 日至 8 日在南京召开，以"让制造更聪明"为主题，以"全球视野、中国战略、江苏探索"为特点，是全球智能制造领域一次大规模国际性的顶级峰会。大会包括 1 个高峰论坛、8 个专题论坛、8 个专项活动和 1 个世界智能制造展览会，吸引了众多来自国内外的著名研究机构、专家、学者和企业家。大会嘉宾主要来自中国、美国、德国、日本、瑞典等主要智能制造强国，包括院士 27 人（含外籍院士 8 人）和世界 500 强企业高管 32 人。

12 月 7 日，国内外智能制造领域知名专家、学者、企业家齐聚世界智能制造合作发展高峰论坛，共商智能制造发展大计。高峰论坛由江苏省委副书记、南京市委书记吴政隆主持。工业和信息化部副部长辛国斌、江苏省委书记李强、江苏省省长石泰峰、中国工程院副院长田红旗、美国机械工程师学会（ASME）理事长基思·罗、工业和信息化部装备工业司司长李东分别作主旨演讲。德国工程院院长孔翰宁、德国弗劳恩霍夫协会生产设备与设计技术研究所所长乌尔曼、中国机械工业联合会专家委员会名誉主任朱森第、德国电工委员会主席罗兰德·本特、瑞典皇家工程科学院副院长白瑞楠分别做国家战略主题演讲。海尔集团董事局主席兼首席执行官张瑞敏、西门子数字化工厂集团 CTO Bernhard Quendt、Rockwell 全球副总裁 Christopher Zei、ABB 集团 CTO Bazmi Husain 分别作领军企业演讲。清华大学副校长、中国工程院院士尤政，南京市副市长谢志成则分别和 DELL 集团、菲尼克斯电子中国公司、德国工业研究会、中国自动化学会、徐工集团的负责人展开了高层对话和交流。高峰论坛上还举行了智能制造"十三五"规划发布和中国智能制造系统解决方案供应商联盟启动仪式。

12 月 8 日，8 个智能制造相关专题论坛举行，主题包括智能制造标准化、智能制造与工业互联网、智能制造解决方案、智能制造与智慧集群、智能制造信息安全、智能制造前沿技术、智能制造与商业模式创新和智能制造与汽车产业变革，参会人员多达 4000 余人。而在世界智能制造大会总结大会上，《连线》杂志创始主编凯文·凯利也空降大会现场，带来了关于人工智能的演讲。

第二节　关键时间事件

一、中国智能制造"十三五"规划发布

2016 年 12 月 7 日，在世界智能制造大会上，工业和信息化部、财政部联合正式向全社会公开发布《中国智能制造发展规划（2016—2020 年)》。《规划》作为指导"十三五"时期全国智能制造发展的纲领性文件，提出智能制造发展的指导思想：牢固树立创新协调、绿色开放、共享的发展理念，全面落实"中国制造 2025"和推进供给侧结构性改革的部署，将发展智能制造作为长期坚持的战略任务，分类分层指导，分行业、分步骤地持续推进，"十三五"期间，同步实施数字化制造的普及，智能化制造的示范引领，以构造新型制造体系为目标，以实施智能制造工程为重要抓手，在五个方面着力，着力提升关键技术装备创新发展能力，着力增强软件标准等基础支撑能力，着力提升集成应用水平，着力培育新的模式，着力营造良好的环境。明确了智能制造"两步走"的战略：第一步，到 2020 年，智能制造发展基础和支撑能力得到明显的增强，传统制造业重点领域基本实现数字化的制造，有条件、有基础的重点产业，智能转型取得明显进展。第二步，到 2025 年，智能制造支撑体系基本建立，重点产业初步实现迈向智能转型。《规划》同时提出了发展智能制造的十大重点任务。

二、中国智能制造系统解决方案供应商联盟启动

2016 年 11 月 30 日，智能制造系统解决方案供应商联盟在北京正式宣告成立。智能制造"十三五"发展规划的十大重点任务明确了智能制造系统解决方案供应商专项行动，计划到 2020 年，培育形成 40 家以上主营业务收入超 10 亿元的智能制造系统解决方案供应商的目标。智能制造系统解决供应商联盟接受工业和信息化部的业务指导，有 13 家理事长单位，41 家理事单位。工业和信息化部副部长辛国斌在成立大会上表示，联盟一要发挥好联系政府

和企业的桥梁纽带作用，二要搭建好专业支撑平台，三要服务好行业企业发展。联盟成员单位加强交流，相互启发，发挥各自优势，开展技术、业务、人才等全方位的合作，共同将联盟打造成智能制造系统集成技术研发、市场推广和行业自律的一体化公共服务平台。2016 年 12 月 7 日，世界智能制造大会高峰论坛上，江苏省委书记李强与工信部副部长辛国斌共同按下启动按钮，中国智能制造系统解决方案供应商联盟正式成立。

三、世界智能制造大会展览会召开

2016 年 12 月 6 日至 8 日期间，世界智能制造大会展览会也同时开展。来自中国、美国、德国、瑞士等 11 个国家和地区的 280 多家智能制造领军企业参展。智能制造展览汇聚了全球智能制造领域的最新成果、领先技术和高端产品，多维度展示了制造业数字化、网络化、智能化发展趋势，共吸引 9 万人次参会参展。

国内外顶级智能制造系统提供商纷纷参展，ABB、西门子、库卡、博世、宝马、特斯拉、微软、霍尼韦尔、菲尼克斯、三星等世界 500 强企业、知名央企以及创新标杆企业齐聚展厅，许多尚未面市的工业机器人概念产品也闪亮登场。其中，三星展示了利用 IoT（物联网）、VR（虚拟现实技术）、AR（增强现实技术）、大数据、AI（人工智能）等尖端技术搭建的智能工厂解决方案。通过综合管制中心，三星同时管控遍布在全球 15 个国家的 30 个工厂的生产现况，可以监控工厂内设备工作、停止及关闭状态，并检查每个设备的启动效率。

海尔、三一重工、红领、大连机床等国家智能制造示范企业，徐工、中天、享通等江苏智能工厂示范企业以及优倍电气、康尼机电等南京智能工厂示范企业分别展示了先进智能制造技术和试点示范案例。另外，南京江北新区、苏南 5 市"中国制造 2025"试点示范城市群以及其他省辖市重点智能制造标杆企业也展示了先进的智能制造成果。

四、世界智能制造大会合作发展机制发布

世界智能制造大会期间，国内外企业分享交流实践经验，形成一批初步

合作意向，其中江苏省有 15 个智能制造合作项目签约落地。会上，中国工程院院士、清华大学副校长尤政宣布世界智能制造大会合作发展机制发布，数十位来自智能制造领域企业界、学界、经济界等社会各界与会嘉宾联合发布了《南京倡议》，并提出建立世界智能制造大会合作发展机制，促进全球智能制造专业人士的交往，实现资源共享，创新合作模式，最终为全球经济持续健康发展提供有力支撑。

发展智能制造，是聚力创新的重要举措，也是高水平全面建成小康社会的重要支撑。世界智能制造大会合作发展机制的建立，将进一步发挥大会平台影响力，将在共建技术标准体系、构建协同创新平台、助力产业对接合作、打造发展生态系统等方面积极作为，促进智能制造模式在各行业各领域的集成应用。

第三节　效果及影响

一、专家观点

中国工业和信息化部副部长辛国斌：智能制造与绿色制造相辅相成，是推动绿色制造的重要途径，智能和绿色是制造业转型的两大主题。中国正处在工业化和信息化快速发展的进程中，中国政府高度重视工业化与信息化融合发展。近年重点开展了以下几个方面工作：一是从顶层积极谋划智能制造发展路径，完成了智能制造发展对策研究等重大软课题，制定并发布了智能制造工程实施指南和智能制造发展规划。二是系统推进智能制造标准体系建设，着力完善标准体系，推动实现互联互通，建立大家共同遵守的规则。三是持续开展智能制造试点示范。四是推进智能制造联盟建设，不断完善体制和运行机制。五是加强智能制造人才培养。为促进制造业发展，提出五点建议：深化交流合作、拓展重点领域合作、加强标准化合作、开展试点示范经验交流、加强人才培训交流。

美国机械工程师学会（ASME）理事长基思·罗：美国自从 20 世纪 70 年

代以来一直保持在制造业出口中全球前5的强国地位，但2000年以来，美国制造业迅速下滑，制造业从业人员迅速减少。如今美国正在实施最新的制造业优化计划，建立了美国制造协会、数字制造和设计创新研究所、轻量材料协会、高级复合材料研究所、集成光电子协会、柔性混合电子学学会、智能制造研究所等9大组织和协会，未来10年还要成立45个相关研究所。这些组织协会将共同为美国第四次工业革命以及美国先进制造的项目提供动力。只有应用创新的力量才能塑造我们的未来，这需要改变我们的文化、社会形态和生活方式。这意味着不光是技术上的革命，还需要我们在思维上进行革命。

德国弗劳恩霍夫协会生产设备与结构技术研究所（IPK）所长乌尔曼：德国对"工业4.0"的理解是利用物联网技术连接服务、工艺和人，从而使制造业达到互联互通和智能化。质量、时间、成本和可持续性的优化问题依旧是制造业的挑战，我们必须重视机床、工艺、工具、材料和产品的创新发展。数字化融合趋势将改变全球生产格局，制造的智能化将从集中走向分化，这要求重新设计社会技术体系，将人充分地融入到全新的网络化生产中。未来急需一个快速、精准、柔性、强劲、虚拟、以人为本的生产。

瑞典皇家工程科学院副院长白瑞楠：智能制造将工业竞争力和可持续发展结合。瑞典的新型工业化重心在于循环创新。创新应该包括：发挥政府的作用，发展新的或改进的技术，需要将产品和服务更好地结合起来。

中国机械工业联合会专家委员会名誉主任朱森第：推动智能制造，并行战略势在必行。中国制造业的现状：中国尚处于工业化的后期，还是一个发展中国家；中国制造企业生产力水平参差不齐、差异极大；中国制造业的产品大多为劳动密集、附加值较低的中低端产品；中国的制造业是处在"工业2.0"和"工业3.0"之间的阶段。因此，中国需分阶段推进智能制造，找到我国工业智能制造"转身"的技术路线图，从智能制造的智能技术，智能制造的装备技术，智能制造的系统技术，智能制造的服务技术，以及智能工厂技术五个方面实现智能转型的目标。

《连线》杂志创始主编凯文·凯利：那些对效率要求不高和有创造力挑战的工作依旧有人来做，那些对于效率和生产力敏感的工作岗位将可能被替代。共享理念带来的社会化影响巨大，这意味着"去产品化""去拥有权"，建立"按需经济"机制，社会资源与效率将极大提升。虚拟现实将是未来巨大的社交平台，从"知识互联网"到"体验互联网"成趋势。基于科技驱动力的产品演进才是适应当下及未来需求的产品。人工智能的技术将无限延伸，期待每个人将 AI 技术引入自己所在的行业，这将是巨大的机会。

二、后续影响

（一）规划明确了我国智能制造战略和任务

世界智能制造大会会议期间，工信部发布中国智能制造"十三五"发展规划，明确了我国智能制造"两步走"战略和十大重点任务，对加快我国制造业转型升级具有重要意义。一是有利于推动我国制造业供给侧结构性改革。将突破智能制造关键技术与装备、增强智能制造发展基础，提高我国制造业供给结构的适应性和灵活性。二是有利于推进我国制造业智能转型。将加快我国制造业智能转型，打造制造业竞争新优势。三是有利于培育智能制造生态体系。将形成以智能制造系统集成商为核心、各领域领先企业联合推进、一大批定位于细分领域的"专精特"企业深度参与的智能制造生态体系。

（二）展览宣传了企业和地方政府推进智能制造的成果

通过世界智能制造大会展览，来自国际知名研究机构、世界 500 强企业和国内外智能制造领域领军企业，展示了人工智能、先进制造、机器人、智能化解决方案等世界智能制造领域最先进的技术。全国智能制造试点示范企业和南京智能工厂示范企业分别展示了先进智能制造技术和试点示范案例。江苏通过省级示范智能车间的示范引领，不断提高了以智能制造为重点的技术改造投入比重，2015 年，全省工业技术改造投资完成 12345.6 亿元，增长 25.6%。全省已创建 289 个省级示范智能车间，其中，一线生产人员平均减少 20%，人均产出水平平均提高 15%。通过大会展览，企业和地方政府有效宣传了推进智能制造的成果。

（三）大会促进了国际智能制造产学研用交流合作

世界智能制造大会整合了世界制造业强国的优势资源，汇聚了中国工程院、德国工程院、瑞典皇家工程院、中国机械工业联合会、德国弗劳恩霍夫协会、美国机械工程师学会以及德国工业研究会等国际知名权威机构参会。论坛嘉宾来自8个主要智能制造强国，参会院士27人，其中外籍院士8人。美国、德国、瑞典等行业专家就国际智能制造趋势动态和本国制造业发展战略分别发表演讲，表达了深化国际交流合作、促进智能制造协同发展的良好愿望。同时，大会提出建立世界智能制造大会合作发展机制，将为国际对话、经贸交流和产业合作打下良好基础。

第二十二章　智能制造试点示范专项行动深入推进

2016 年 3 月 31 日，工信部发布《关于开展智能制造试点示范 2016 专项行动的通知》，启动智能制造试点示范 2016 专项行动，围绕离散型智能制造流程型智能制造、网络协同制造、大规模个性化定制、远程运维服务等 5 种智能制造新模式，遴选确定了 63 个试点示范项目，并组织开展了全国智能制造试点示范经验交流会以及原材料、装备、消费品、电子、民爆等行业领域的智能制造现场经验交流会等宣传推广活动。通过试点示范专项行动的实施，形成大规模个性化定制、产品全生命周期数字一体化、远程运维服务、网络协同制造等一批可借鉴、可推广的智能制造新模式；19 个省份出台智能制造相关的发展规划、行动方案，18 个省份遴选了 400 多个省级智能制造试点示范项目，形成省部互动的智能制造协同推进机制；初步形成青岛红领、宝钢股份、东莞劲胜、三一集团、雷柏科技、海尔集团等一批能够为行业提供智能制造系统解决方案的供应商。

第一节　主要情况介绍

一、背景

（一）智能制造是《中国制造 2025》提出的主攻方向

当前，以智能制造为代表的新一轮产业变革迅猛发展，数字化、网络化、智能化日益成为制造业的主要趋势。为加速我国制造业转型升级、提质增效，国务院发布实施《中国制造 2025》，将智能制造作为主攻方向，加速培育我国经济增长新动能，打造制造业国际竞争新优势。

（二）我国智能制造发展环境更复杂、形势更严峻、任务更艰巨

目前，我国制造业机械化、电气化、自动化、信息化并存，不同地区、不同行业、不同企业发展不平衡，发展智能制造面临关键技术装备受制于人、智能制造标准/软件/网络/信息安全基础薄弱、智能制造新模式推广尚未起步、智能化集成应用缓慢等突出问题。与工业发达国家相比，推动我国制造业智能转型，环境更为复杂，形势更为严峻，任务更加艰巨。

（三）2015年智能制造试点示范专项行动实施成效显著

2015年，工业和信息化部开始组织实施智能制造试点示范专项行动，遴选确定了流程制造、离散制造、智能装备和产品、智能制造新业态新模式、智能化管理、智能服务6种模式的46个试点示范项目，落实了标准体系建设、网络安全保障能力建设、智能制造工程实施指南论证以及智能制造战略研究等一系列重点任务，形成了石化行业智能工厂、航空产业网络协同开发、消费品行业个性化定制和重大装备远程运维服务等较成熟、可复制、可推广的发展模式与经验，有效带动推动软硬件产品的创新发展，并初步构建智能制造发展的基础支撑。2015年，智能制造试点示范专项行动取得良好成效，有效推动了我国智能制造的发展。

二、内容

2016年3月31日，工业和信息化部发布《关于开展智能制造试点示范2016专项行动的通知》，决定在总结2015年实施智能制造试点示范专项行动的基础上，继续做好智能制造试点示范2016专项行动。

与"通知"一同印发的《智能制造试点示范2016专项行动实施方案》（以下简称《实施方案》）提出，2016年将继续坚持"立足国情、统筹规划、分类施策、分步实施"的方针，进一步扩大行业和区域覆盖面，全面启动传统制造业智能化改造，开展离散型智能制造、流程型智能制造、网络协同制造、大规模个性化定制、远程运维服务等5种智能制造新模式的试点示范，在有条件、有基础的重点地区、行业，遴选60个以上智能制造试点示范项目，有效带动智能制造关键技术装备和工业互联网创新发展，形成关键领域一批智能制造标准，不断形成并推广智能制造新模式。

《实施方案》还提出了 2016 年专项行动的重点工作，包括：制定 2016 年智能制造试点示范项目要素条件、遴选 2016 年度智能制造试点示范项目、完成智能制造发展对策研究、启动并组织实施重点领域智能化改造、开展工业互联网产业推进工作、开展智能制造网络安全保障能力建设、开展智能制造标准体系建设、开展智能制造经验交流与推广、组织试点示范项目集中展示等，并从加强组织领导、加强财税金融支持、大力推进国际合作、加强人才培养等方面提出了专项行动保障措施。

第二节　关键时间事件

一、2016 年智能制造试点示范项目名单公布

2016 年 6 月 28 日，经各地方工业和信息化主管部门推荐、专家评审，并综合考虑行业、区域、试点示范模式等因素，工业和信息化部公布了 2016 年智能制造试点示范项目名单，包括 63 个项目，覆盖 45 个行业（比 2015 年新增 25 个行业），分布在 25 个省（自治区、直辖市）（比 2015 年新增 6 个省份），体现了广泛的行业代表性和区域覆盖性。

二、完成"智能制造发展对策研究"重大软课题

工业和信息化部委托中国工程院、中国电子信息产业发展研究院、中国信息通信研究院和机械工业信息研究院完成"智能制造发展对策研究"重大软课题，分析国内外智能制造发展规律及趋势，评估我国智能制造发展现状、面临的挑战和问题，提出加快发展智能制造的总体思路、主要路径、推进机制、政策措施等。2016 年 7 月 22 日，研究报告经部长专题会审议通过。

三、开展智能制造标准体系建设

2016 年 8 月 22 日，工业和信息化部、国家标准化管理委员会等联合组织

成立国家智能制造标准化协调推进组、总体组和专家咨询组，涵盖13个全国专业标准化技术委员会、21家研究机构、13家企业，解决标准交叉重复、缺失滞后问题，建立智能制造标准体系协同推进机制。此外，在编制出版《国家智能制造标准体系建设指南（2015年版）解读》和《智能制造标准化案例集》的基础上，11月17—18日，工业和信息化部、国家标准化管理委员会举办国家智能制造标准体系建设指南培训班，共150余人参加培训，加快推进智能制造标准体系宣贯培训工作。

四、开展智能制造典型经验交流和模式推广

2016年7月24日，工业和信息化部在东莞组织召开全国智能制造试点示范经验交流会，苗圩部长出席会议并作重要讲话，中国商飞、蒙牛乳业、旭新光电等5家企业作经验交流，各地工信主管部门、试点示范企业代表共300多人参加。11月7—11日，中宣部、工业和信息化部联合组织"中国制造2025调研行"，调研湖南、湖北有关智能制造试点示范企业，共在央视主流媒体、地方媒体、新媒体推进报道320篇（条），其中新媒体浏览量逾2000万，引起社会各界的广泛关注。此外，工业和信息化部还围绕原材料、装备、消费品、电子、民爆等领域，组织召开12场经验交流会，利用世界智能制造大会、中国国际工业博览会、中国（长沙）智能制造峰会等契机，展示近两年109个试点示范项目在智能制造发展方面的探索实践和初步成效。

第三节　效果及影响

一、专家观点

中国机械工业联合会专家委员会名誉主任朱森第指出，中国尚处于工业化的后期，还是一个发展中国家；制造业企业生产力水平参差不齐、差异极大，大量中小企业处于机械化阶段；制造业产品大部分属于劳动密集、附加值较低的中低端产品；中国制造业的整体生产力水平处于"工业2.0"走向

"工业3.0"的阶段。在这样的现状下，强化工业制造基础、分阶段推进智能制造显得非常重要，切忌一窝蜂式地发展"智能制造"，最后导致重复建设、资源浪费和恶性竞争，要在工业基础的核心技术上寻求突破。当前制造业转型的着力点是实现数字化车间、智能化工厂，发展智能制造装置等。

中国工程院制造业研究室主任屈贤明教授指出，我们不照搬德国、美国、日本的做法，应制定符合我国基本情况的发展战略。在2020年前重点抓好六件事：一是夯实智能制造发展基础，包括智能制造标准、网络基础设施和网络安全系统；二是突破核心基础零部件/元器件，实现产业化；三是实现关键制造装备和生产线的数字化智能化；四是建立主要行业的数字化"母工厂"，如纺织行业应围绕纺纱、印染、编织、服装等主要工艺，分别建立"母工厂"；五是在"母工厂"建设取得成功的行业，开展大规模的推广应用；六是在若干数字化网络化水平高的企业，探索增强智能功能，向智能化车间/工厂迈进。

二、后续影响

（一）形成一批可借鉴、可推广的智能制造新模式

通过专项行动的实施，各试点示范项目承担企业积极探索智能制造新模式，初步形成了如下九种可复制、可借鉴、可推广的智能制造新模式：一是服装、纺织、家居、家电等消费品领域的以满足用户个性化需求为引领的大规模个性化定制，二是航空装备制造、汽车制造、船舶制造、工程机械等离散制造业的以缩短产品研制周期为核心的产品全生命周期数字一体化，三是动力装备、电力装备、工程机械、汽车制造、家用电器等领域的基于工业互联网的远程运维服务，四是航空装备制造、汽车制造、家用电器等领域的以供应链优化为核心的网络协同制造，五是石化、钢铁、电子信息、家用电器等领域的以打通企业运营"信息孤岛"为核心的智能工厂，六是食品、制药等行业的以质量管控为核心的产品全生命周期可追溯，七是石化化工、有色金属、钢铁等行业的以提高能源资源利用率为核心的全生产过程能源优化管理，八是航天装备、有色金属等领域的基于云平台的社会化协同制造，九是铸造、服装等领域的快速响应多样化市场需求的柔性制造。

（二）形成省部互动的智能制造协同推进机制

随着智能制造试点示范专项行动的深入推进，各地工业和信息化主管部门积极探索、全力落实，形成了若干推动智能制造发展的典型经验。一是出台相应政策文件，广东、山东、湖南、湖北、浙江、江苏等19个省（区、市）出台了相关的智能制造发展规划、行动方案或指导意见。二是组织实施区域智能制造试点示范专项行动，广东、上海、福建、青岛、浙江等18个省（区、市）组织遴选了400多个省（区、市）级的智能制造试点示范项目。三是组织开展经验交流和宣传推广，通过现场经验交流会、座谈会、专题培训班、编制案例集、国外考察学习等方式广泛地开展智能制造成功经验和典型模式的交流和推广。四是搭建智能制造公共服务平台，上海、广东、湖南、陕西、安徽、贵州6个省（市）搭建智能制造公共服务平台，为企业提供智能制造相关的技术创新、检验测试、产销对接、示范推广等服务。

（三）初步形成一批能够为行业提供智能制造系统解决方案的供应商

青岛红领、宝钢股份、东莞劲胜、三一集团、雷柏科技、海尔集团等十余家试点示范企业，在不断总结提炼成功经验的基础上，与装备制造商、软件制造商等联合向行业提供智能制造系统解决方案，逐步发展成为智能制造系统解决方案供应商。青岛红领成立专业的酷特智能公司，已为服装鞋帽、机械、电子、家居、建材等20多个行业的60多个项目实施智能化改造；宝钢旗下的宝信软件可为化工、船舶、钢结构、汽车、机械等行业提供制造执行、生产管控、安全管理、能源管理等领域的解决方案；东莞劲胜基于试点示范的成功经验，通过收购、控股、入股等方式持续布局高档数控机床、工业机器人、产线总控系统、计划排程系统、物流与仓储系统等与智能制造相关的硬件和软件领域，努力将打造3C行业的智能制造系统解决方案供应商。

第二十三章　车用动力电池产业步入高速发展期

我国新能源汽车的快速增长随之也带动了国内车用动力电池市场的高速发展。2016年1—6月，我国动力电池出货量达6.67GWh，与2015年同期相比增幅达1.45倍。作为新能源汽车电池的关键组成部分，电池的寿命、性能、成本和安全性等对新能源汽车的推广应用起着决定性作用。目前并行发展的车用动力电池主要有锂离子电池、镍氢电池和燃料电池三大类。其中，锂离子电池性能良好且开发技术较为成熟，是目前车用动力电池的主体；镍氢电池目前主要应用混合动力汽车的辅助动力系统；而燃料电池技术及产业化尚未成熟，是未来技术研发的主要方向之一。2016年，随着我国动力电池制造业创新中心成立、《节能与新能源汽车技术路线图》《汽车动力电池行业规范条件（2017年）》《"十三五"国家战略性新兴产业发展规划》发布，车用动力电池迎来了新的战略发展机遇，通过电池材料的优化和技术的提升，生产出长寿命、高安全、大功率电池，将成为"十三五"期间动力电池方面的研发重点，生产企业在技术方面的提升就变得至关重要。

第一节　主要情况介绍

一、背景

自2015年以来，我国新能源汽车呈现快速发展态势，2016年1—11月，我国新能源汽车生产42.7万辆，销售40.2万辆，比上年同期分别增长59%

和60.4%。新能源汽车的快速增长随之也带动了国内车用动力电池市场的高速发展。

二、内容

（一）产业规模实现爆发式增长

随着近两年我国新能源汽车产业的大爆发，动力电池需求急速上升，2016年1—6月，我国动力电池出货量达6.67GWh，与2015年同期相比增幅达1.45倍。1—10月，国内动力电池出货量排名前10的企业出货量总计达到11.4GWh，比亚迪、宁德时代（CATL）、力神动力电池出货量排名前三位，3家累计总量占近7成市场。国内新能源汽车产业链供给与需求关系短期快速的切换，使得上游特别是动力电池环节，供给极度紧张。从各企业发布的产能规划数据来看，2016年动力电池产能布局约为27.5GWh，而2016年新能源汽车市场对动力电池产量的需求约为21.9GWh，考虑到产能利用率和新产能投产时间的因素，2016年的实际供求关系应为基本平衡。

表23-1　2016年1—10月国内动力电池出货量排名前10的企业出货量

排名	企业	出货量（MWh）
1	比亚迪	3536.2
2	宁德时代（CATL）	3349.5
3	国轩高科	1382.9
4	力神	889.5
5	沃特玛	722.1
6	万向	532.7
7	中航锂电	475.6
8	光宇	235.8
9	中信国安	203.2
10	微宏动力	63
总计		11390.5

资料来源：赛迪智库整理，2017年1月。

（二）锂离子动力电池是目前的主流电池技术

磷酸铁锂电池仍是主要技术路线。能量密度、成本、安全性、热稳定性、循环寿命是车用动力电池的 5 个关键技术指标，根据锂离子正极材料的不同来划分，三元材料、锰酸锂与磷酸铁锂任何一个材料在这 5 方面都不具有绝对优势，导致锂离子动力电池材料技术路线的差异。其中，磷酸铁锂循环性能良好，但能量密度较低，是目前国内锂离子动力电池正极材料的重点发展方向，其优点在于安全性能好和成本低，但其低温性能较差。三元材料主要包含了镍、钴、锰三种元素，且具有高容量、高电压等优点，在电动汽车应用中逐步成为主流。未来高能量与低成本是锂离子动力电池发展主流趋势，因此，我国的锂离子动力电池发展的技术路线将由磷酸铁锂逐步过渡到三元材料，并逐步超越磷酸铁锂而成为正极材料的主流。

表 23 - 2 　当前主要锂离子电池正极材料性能比较

性能指标	锰酸锂（LMO）	磷酸铁锂（LFP）	三元材料（NCM）
安全性	好	很好	较好
寿命	中	很好	较好
能量密度	中	中	较好
功率密度	中	较差	很好
成本	5 万—6 万元/吨	15 万—18 万元/吨	20 万元/吨
其他问题	高温循环性能差	批次稳定性差、专利权纠纷问题	高倍率性能差

资料来源：赛迪智库整理，2017 年 1 月。

表 23 - 3 　我国锂离子动力电池厂商正极材料技术路线

企业名称	正极材料
力神	磷酸铁锂、三元材料、锰酸锂
比克	磷酸铁锂
光宇	磷酸铁锂
比亚迪	磷酸铁锂
CATL	磷酸铁锂、三元材料、锰酸锂
有量	磷酸铁锂、三元材料、锰酸锂
兰阳	磷酸铁锂
昇阳	磷酸铁锂
必翔	磷酸铁锂
能元	磷酸铁锂、锰酸锂

资料来源：赛迪智库整理，2017 年 1 月。

新型锂离子电池成为开发重点。开发新型电池材料已经成为提高锂离子电池能量密度的主要思路。现阶段我国锂离子电池材料体系的开发重点主要包括三元（NCM 及 NCA）、富锂锰基固溶体正极材料和硅碳复合负极材料，采用不同的正负极材料搭配，其能量密度有望超过 200Wh/kg，甚至达到 280Wh/kg（以富锂锰基固溶体为正极、硅基材料为负极的电池），这也是近中期完成的《节能与新能源汽车产业发展规划（2012—2020 年）》所要求的"2015 年动力电池模块比能量达到 150 瓦时/公斤以上，成本降至 2 元/瓦时以下"的主要方案。但是要实现《规划》中提出的到 2020 年，"动力电池模块比能量达到 300 瓦时/公斤以上，成本降至 1.5 元/瓦时以下"的目标，就可能需要新的材料体系，例如近期备受学术界和产业界关注的锂硫电池和锂空气电池。

（三）燃料电池有望加速产业化

我国政策力度明确，燃料电池产业化进程起步。我国对于燃料电池的政策扶持和财政补贴起源已久。近几年我国在燃料电池领域出台政策的密度越来越集中，战略高度越来越高，对于燃料电池的发展规划也更加细节化、具体化，财政补贴也由点及面，由原来只限于试点城市扩展到全国范围。在政府大力补贴及扶持下，我国燃料电池产业化进程也正在逐步推进中。近年来已有许多示范性项目，商业化应用也在逐步展开。

表 23 - 4　我国燃料电池汽车产业化进程

日期	相关事件
2006 年	苏州金龙联合上海交大、上海神力科技、苏州创元集团，研制出我国第一辆氢燃料电池城市客车。
2008 年	北京奥运会期间，由北汽福田提供了 3 辆燃料电池大巴作为公交车使用，上海大众提供了 20 辆燃料电池轿车作为公务车使用。
2010 年	世博会期间，共有 196 辆燃料电池汽车（燃料电池轿车 90 辆、燃料电池公交车 6 辆、燃料电池观光车 100 辆）参加运行，历时 6 个月，是目前世界上规模最大的燃料车示范项目之一。燃料电池轿车大多采用高压 350Bar 储氢系统作为动力燃料源，由上海燃料电池汽车动力系统有限公司和同济大学参与共同开发；燃料电池公交客车发动机功率可达 55kW，续航超过 300 公里，由上汽集团、上海燃料电池汽车动力系统有限公司、清华大学和同济大学参与共同开发。

日期	相关事件
2014 年	由金龙客车和清华大学共同研发的第四代氢燃料电池客车首次走出国门，创造了中国燃料电池汽车出口第一例。
2016 年	宇通客车是首家通过燃料电池客车生产准入申请的企业，其研发的第三代燃料电池客车 ZK6125FCEVG1 的氢燃料加注时间仅需 10 分钟，测试工况下续航里程超过 600 公里，成本下降了 50%。该车型已被列入道路机动车辆生产企业及产品（第 274 批）公告，批量生产指日可待。
2016 年	福田汽车获得北京新能源汽车租赁公司购买 100 辆欧辉氢燃料电池电动客车的订单，成为目前最大批量的氢燃料电池电动客车订单，计划 2016 年底交付 60 辆，2017 年底前交付 40 辆。福田公司成为全球第一家真正实现氢燃料电池客车产业化的企业。

资料来源：赛迪智库整理，2017 年 1 月。

第二节　关键时间事件

一、动力电池制造业创新中心成立

2016 年 6 月 30 日，我国首家制造业创新中心——国家动力电池创新中心正式成立。国家动力电池创新中心的成立是国家制造业创新中心建设工程的重要标志，将通过探索形成有效的发展模式和路径，为其他制造业创新中心的建设提供示范和借鉴。创新中心由国联汽车动力电池研究院有限公司和中国汽车动力电池产业创新联盟组成，采用市场化模式运行，搭建了动力电池协同攻关平台、产品测试评价平台、行业共性基础工作组织平台和科技成果孵化与转化平台四个功能模块，主要开展研发设计、测试验证、中试孵化和行业服务等工作。为我国实现动力电池技术突破、提升动力电池产业竞争力以及新能源汽车产业发展提供战略支撑。

二、《节能与新能源汽车技术路线图》发布

2016 年 10 月 26 日，中国汽车工程学会组织逾 500 位行业专家研究编制的《节能与新能源汽车技术路线图》正式对外发布。路线图提出未来动力电

池技术的发展思路是：近中期在优化现有体系锂离子动力电池技术满足新能源汽车规模化发展需求的同时，以开发新型锂锂动力电池为重点，提升其安全性、一致性和寿命等关键技术，同步开展新体系动力电池的前瞻性研发。中远期在持续优化提升新型锂离子动力电池的同时，重点研发新体系动力电池，显著提升能量密度，大幅降低成本，实现新体系动力电池实用化和规模化应用。

三、《汽车动力电池行业规范条件（2017 年）》（征求意见稿）发布

2016 年 11 月 22 日，工信部发布《汽车动力电池行业规范条件（2017年）》征求意见稿，公开征求社会意见。新版《规范条件》（征求意见稿）分别从产能要求、安全要求、生产条件、技术能力、产品要求、售后服务等方面对汽车动力电池企业准入管理进行了规范要求。新版《规范条件》（征求意见稿）对电池企业的产能设置了较高的门槛，要求锂离子动力电池单体企业年产能力不低于 80 亿瓦时。而从目前电池企业的产能来看，多数企业产能都不能达到此要求，能满足此要求的仅有比亚迪一家，CATL 年底扩产后刚刚够及格线。沃特玛、合肥国轩和力神等完成产能扩充后预计能达到要求。这样的硬性规定，目前 95% 的动力电池企业将被淘汰出局，将加速行业洗牌。

四、《"十三五"国家战略性新兴产业发展规划》发布

2016 年 12 月 19 日，国务院发布了《"十三五"国家战略性新兴产业发展规划》，新能源汽车产业被列入战略性新兴产业发展规划之中。主要在新能源汽车推广规模、整车性能、电池性能、燃料电池汽车、充电基础设施等方面进行着重强调。规划强调应超前布局研发下一代动力电池和新体系动力电池。培育发展一批具有持续创新能力的动力电池企业和关键材料龙头企业。开展燃料电池、全固态锂离子电池、金属空气电池、锂硫电池等领域新技术研究开发。其中，强调系统推进燃料电池汽车研发与产业化。加强燃料电池基础材料与过程机理研究，推动高性能低成本燃料电池材料和系统关键部件研发。加快提升燃料电池堆系统可靠性和工程化水平，完善相关技术标准。

推动车载储氢系统以及氢制备、储运和加注技术发展，推进加氢站建设。到2020年，实现燃料电池汽车批量生产和规模化示范应用。

第三节　效果及影响

一、专家观点

中国电动汽车百人会执行副理事长欧阳明高指出：到2020年，我国锂离子动力电池的单体比能量将会达到300Wh/kg，甚至可以达到350Wh/kg，这就要求在锂离子电池材料方面，应重点发展三元材料为正极材料。好的正极材料应兼顾良好的安全性、动力性和持久性。磷酸铁锂材料热稳定性和安全性很高，但它的比能量不高，这就导致磷酸铁锂材料的动力性较低，未来将不能满足乘用车在续航里程方面的需求。而三元材料是三种元素混合在一起，可以分别兼顾安全性、持久性和动力性三种性能。同时，要想达到300Wh/kg的能量密度，负极也将不能再采用传统的石墨，而应该使用安全性能更高的碳酸锂，或在石墨中加入硅元素，形成硅碳复合的负极。优化电池材料技术，提升电池寿命、安全性和功率，将成为"十三五"期间动力电池技术的研发重点。欧阳明高认为，目前已有三星、LG等国外电池巨头在我国建厂，如果国内企业仍然依赖技术引进、简单复制进行生产，将不利于整个电动汽车行业的发展。在电池技术日新月异的今天，我国部分电池企业已经通过自主研发创新达到国外企业的技术水平，其他企业也应该在技术上加大投入力度，带动电池和汽车行业共同发展。

二、后续影响

（一）动力电池行业将出现产能过剩

预计2017年上半年，我国动力电池行业将出现产能过剩，行业竞争加剧。一方面，存量的动力电池生产企业考虑到市场占有率的提升，也在积极布局产能扩张，另一方面，目前大量动力电池行业之外的公司，正寻找机会快速切入到动力电池领域。从当前已有产能和在建产能的统计情况看，2017年的动力电池企业产能预计为 61.5GWh，远大于市场可能的需求约为 30GWh。这也将加剧动力电池企业的竞争程度。特别是在新能源客车领域，相比于其他新能源车型，新能源客车是政府最早推动的新能源汽车种类，从终端车型来看，新能客车企业的格局已经初步形成，而由此带来的动力电池供应环节，行业格局也基本形成。新能源客车市场的发展，已经为行业培育了一批在产品研发、生产及售后服务等方面具有竞争优势的动力电池生产企业。因此新能源客车动力电池企业的分化将更为明显，龙头企业地位将进一步巩固。而在新能源乘用车领域，由于乘用车市场对于动力电池高能量和高功率密度的需求以及特斯拉的示范性效应，三元材料及 18650 的圆柱电芯将逐渐成为主流。预计 2017 年，圆柱形电芯将在市场上占比超过 40%，预计市场空间超过 380 亿元。

（二）动力电池等关键技术有待进一步突破

近年来，我国在动力电池性能、成本和寿命等方面都有很大进步，锂离子电池能量密度达 200 瓦时/公斤，较 2012 年提高 1.5 倍，系统价格降至 2 元/瓦时，较 2012 年下降幅度超过 50%。但国产动力电池在能量密度、循环寿命、成组可靠性与热管理等方面与国际主流电池产品相比仍有较大差距，高比能量动力电池等关键核心技术仍是当前制约我国新能源汽车发展的主要瓶颈，主要产品多采用合资及外资动力电池电芯，缺乏自主可控的动力电池产业链，产业风险较大。虽然国内大部分电池企业看好未来市场前景，加大了投入力度，但大多缺少核心技术，只是简单扩大产能，低水平重复建设现象加剧。

（三）电池回收及综合利用工作亟待开展

按照国务院 2012 年颁布的《节能与新能源汽车产业发展规划》，到 2020年，我国纯电动汽车和电式混合动力汽车生产能力达 200 万辆，累计产销量超过 500 万辆。新能源汽车的快速发展，对动力电池寿命到期后的处理和利用提出新的课题。按照动力电池 5 年的寿命推算，2016 年下半年，我国第一批次新能源汽车动力电池将陆续退役。预计到 2020 年前后，我国仅纯电动（含插电式）汽车和混合动力汽车锂离子动力电池的累计报废量将会达到 12

万—17 万吨的规模。如果对新能源汽车电池产品的处理不能及早统筹谋划，将会对环境造成巨大影响。目前，我国动力电池研究主要集中在提高其安全性能及使用寿命等方面，而回收利用环节相关技术研发却严重脱节。国家五部委联合发布了《电动汽车动力蓄电池回收利用技术政策（2015 年版）》，明确了电池生产企业和整车企业（含进口商）以及电池梯级利用企业为回收责任主体。不过，广大消费者关于废旧车用动力电池对环境危害的严重性还认识不足，没有积极主动参与到回收处理过程，相关的宣传教育工作开展也不够深入到位。

第二十四章　通用航空低空起飞在即

随着我国国民经济的发展及低空空域的开放，对通用航空的需求也越来越大。国家高度重视通用航空产业发展，自 2010 年以来，下发了多份围绕通用航空产业发展、机场建设、低空开放的国家级文件。特别是 2016 年，围绕通用航空的部级及以上文件多达 22 项，国务院办公厅《关于促进通用航空业发展的指导意见》更是点燃了通用航空的发展和投资热情。专家预测，随着我国通用航空基础设施建设的不断完善及低空空域的开放，未来几年，我国通用航空产业将迎来持续高速增长，通用航空将有可能成为拉动我国国民经济发展的一个重要引擎，成为国民经济新的增长点。

第一节　主要情况介绍

一、背景

近年来，我国在公共航空运输方面取得了长足发展，但是在通用航空领域却相对滞后。按照我国国民经济发展规划，21 世纪头 20 年，国内生产总值年均增长 7% 以上。低空空域的开放，不仅将直接促进航空制造业的发展，也将带动通用航空相关产业发展。通用飞机市场需求的增加，必然需要更多的通用机场。同样，通用航空产业的发展和通用机场的增多，还需要更多的签派、管制、导航、机务维修、地面服务人员等，并且由此衍生的其他行业，如机械、电子和相关服务产业等，也会产生较大的经济和社会效益。通用航空的发展将刺激整个产业链条的发展，为国民经济作出巨大贡献。

二、内容

2010 年，国务院、中央军委印发《关于深化低空空域管理体制改革的意见》，决定自 2011 年起开始将低空空域的试点改革向全国推广，首先，在长春、广州飞行管制分区改革试点的基础上，在沈阳、广州飞行管制区进行深化试点。这意味着制约通航发展的低空空域开放有望正式破冰，通用航空产业将迎来一个高速发展的时期。

随后几年，国家空管委在推动低空空域开放方面积极探索推进。按照国务院、中央军委的战略部署，我国低空空域开放将用十年时间分三个阶段去完成：第一阶段是用两年时间开展试点；第二阶段是目前的五年计划，启动"两大区七小区"，即沈阳、广州两大管制分区，以及唐山、西安、青岛、杭州、宁波、昆明、重庆七个管制分区扩大试点；第三阶段是十年内将全国所有空域完成低空空域分类，将低空空域划分为管制、监视和报告三种类别，区分不同模式实行分类管理。

第二节　关键时间事件

2010 年，《国务院关于加快培育和发展战略性新兴产业的决定》将航空产业列为七大战略性新兴产业之一，为大力支持通用航空产业发展奠定了基础。

2010 年，国务院、中央军委出台了《关于深化我国低空空域管理改革的意见》，将解决制约通用航空发展最直接的问题，进一步刺激了通用航空的投资热情。

2012 年，推进通用航空产业发展的《低空空域管理改革指导意见》获批，明确在北京、兰州等 5 个飞行管制区分类划设低空空域，意味着 60 年没变的空域划分和低空空域管制有望正式破冰。

2012 年 5 月 29 日，民航局发布《通用机场建设规范》，以规范通用机场建设管理，科学确定通用机场的建设规模和运行设施，保证通用机场的安全适用性，促进通用航空事业发展。

2014 年 11 月，全国低空空域管理改革工作会议确定真高 1000 米以下空域将实行分类管理，有序放开。会议提出，自 2015 年将开放低空管制，允许私人飞机使用 1000 米以下空域，不必得到军方的批准。

2015 年初，国务院办公厅印发了《国务院关于促进旅游业改革发展的若干意见》，对低空旅游的发展提出纲领性指导方针。

2016 年 4 月，国家发改委发布《促进消费带动转型升级行动方案》，明确提出要加快培育通用航空消费市场，在适宜地区开展空中游览、飞行赛事、航空文化交流等活动，支持通用航空俱乐部、爱好者协会等社会团体发展。

2016 年 4 月，交通运输部公布新修订的《通用航空经营许可管理规定》，此次修订的基本思路旨在调整通用航空市场准入条件，激发市场活力，加强持续监管，规范运营秩序，保护消费者合法权益，推动行业安全、健康、可持续发展。

2016 年 5 月，国务院办公厅发布《关于促进通用航空业发展的指导意见》，重点提出加快通用机场建设，优化通用机场规划布局，合理确定机场建设标准，完善机场建设审批程序，统筹协调发展。

2016 年 12 月 19 日，国务院发布《"十三五"国家战略性新兴产业发展规划》，明确提出要加强通用机场建设，充分发挥市场主导和地方统筹谋划、规划引导的作用。

第三节　效果及影响

一、专家观点

"通用航空是民航事业的两翼之一，随着国家层面在政策上破冰，通用航空产业发展将迎来一个难得的历史机遇期。"中国工程院院士、辽宁通用航空研究院院长杨凤田说。

辽宁通用航空研究院副院长张利国说，美国的通用航空产业市场总量约

1500 亿美元，中国人口更多，市场潜力相对更大。良好的市场前景吸引了大量中外企业开始布局。国内已有 20 多个省市建设了航空产业园。

不少专家表示，通用航空产业在未来将有可能成为拉动我国国民经济发展的一个重要引擎，但必须突破现有的政策壁垒。为推动我国通航产业顺利发展，必须完善立法，简化程序。

北京航空航天大学通用航空产业与政策研究中心主任高远洋认为，低空开放首先需具备两个基本条件：制定航图和建立空中管理服务体系有了航图，才能有明确的路线可飞；有了空管体系，才能知道怎么飞、如何飞、安全飞。

张利国说，虽然目前主管部门宣布我国低空开放改革将在全国推广，但有关低空空域管理的区域划定、使用管理等非常重要的配套规定仍未出台。通航产业是对国家政策高度依赖的行业，但目前国家配套政策明显不足，如通航保险业务不仅保费过高，有需求无市场，而且"要找一家保险公司很难，一般的保险公司都不承接此类业务"。

史建元说，我国通用航空基础设施建设严重滞后。据不完全统计，中国目前仅有 20 多个通用机场，而美国有 19000 多个。珠海雁洲轻型飞机制造有限公司董事兼总工程师薛国航说，中国将需要大量的专业设计人员和维修人员。目前国内的培训体系并不完备，这将导致专业人才进一步紧缺。薛国航说，应提升教育机构质量，提升人才素质。可适当允许飞行俱乐部及通航飞行学校依据自身需要引进国外有证的检查员及机械员，以快速增加合格的维修检查员。

二、后续影响

通用航空是我国改革开放 30 多年来开放发展最晚的一个产业，由于长期的政策原因以及之前经济基础相对薄弱，我国通用航空产业的发展呈现出与我国庞大的经济总量以及快速的经济增长势头不相匹配的现象。

按照《国务院办公厅关于促进通用航空业发展的指导意见》，到 2020 年，我国将实现建成 500 个以上通用机场，通用航空器达到 5000 架以上，年飞行量 200 万小时以上，通用航空业经济规模超过 1 万亿元的目标。

"十三五"期间，我国通用航空将处于成长期，但行业规模距离"国民经济支柱产业"（产值占国内生产总值的 5% 以上）尚有较大差距。按照国家战略部署和规划，要在"十三五"时期实现通用航空的跨越式发展，一方面要拓展通用航空消费市场，大力发展通用航空制造、运营服务业，推动通用机场建设，通过大众化、普及化迅速实现通用航空的规模化发展；另一方面要与地方实际相结合发展通用航空产业。以通用航空促进关联行业发展，带动产业升级与发展方式转变，从而加快将通用航空培育成国民经济新的增长点。

第二十五章　增材制造产业联盟成立

中国增材制造产业联盟是由增材制造工艺装备、专用材料、关键零部件、软件系统、应用服务等领域的相关企事业单位、高等院校、科研机构、产业园区等，按照自愿、平等、互利、合作的原则组成的跨行业、开放性、非营利性的社会组织。联盟坚持开放、创新、合作、共赢的工作原则，立足于为我国增材制造产业搭建合作与促进平台，致力于支撑行业管理、聚拢行业资源、营造创新环境、促进交流合作，助力中国增材制造产业发展壮大。在条件成熟的情况下，联盟将向行业协会转变，以期更好地服务行业发展。

为贯彻落实《国家增材制造产业发展推进计划（2015—2016）》中关于"组建产学研用共同参与的行业组织"的具体要求，推动我国增材制造产业健康有序发展。在工业和信息化部指导下，中国增材制造产业联盟于2016年10月19日在北京成立。工信部苗圩部长担任联盟指导委员会主任，原航空航天工业部部长林宗棠担任专家委员会荣誉顾问，中国工程院院士卢秉恒担任专家委员会主任。

第一节　主要情况介绍

一、背景

我国增材制造技术发展起步于20世纪90年代初，经过多年的发展，已经具备了良好的技术基础，在部分技术领域已形成局部优势，突破了一批关键工艺技术和装备，产业化进程明显加速，行业应用不断拓展和深化。为推进我国增材制造产业发展，我国已陆续建立30余个不同类型的增材制造产业联盟，但多数联盟"雷声大雨点小"，据企业反映，目前的各种产业联盟不是地域性较强、代表性不够，就是运作机制存在问题，多数较为松散，且流于形式，给行业企业带了困惑和纷扰，也分散了参与的企业的经费和精力，亟须建立相应的准入及合作机制。

为贯彻落实《国家增材制造产业发展推进计划（2015—2016）》中关于"组建产学研用共同参与的行业组织"的具体要求，推动我国增材制造产业健康有序发展。在工业和信息化部指导下，中国电子信息产业发展研究院联合国内增材制造领域的企事业单位、高等院校、科研机构、产业园区等128家相关单位，于2016年10月19日在北京共同发起成立了中国增材制造产业联盟。

中国增材制造产业联盟是由增材制造工艺装备、专用材料、关键零部件、软件系统、应用服务等领域的相关企事业单位、高等院校、科研机构、产业园区等，按照自愿、平等、互利、合作的原则组成的跨行业、开放性、非营利性的社会组织。联盟坚持开放、创新、合作、共赢的工作原则，立足于为我国增材制造产业搭建合作与促进平台，致力于支撑行业管理、聚拢行业资源、营造创新环境、促进交流合作，助力中国增材制造产业发展壮大。在条件成熟的情况下，联盟将向行业协会转变，以期更好地服务行业发展。

二、组织架构

联盟组织机构包括会员大会、理事会和常务理事会。其中，理事会下设秘书处，常务理事会为理事会员大会执行机构，在会员大会闭会期间负责领导开展日常工作。联盟秘书处设在中国电子信息产业发展研究院。联盟设有指导委员会和专家委员会。

依托中国电子信息产业发展研究院原有的工作平台，中国增材制造产业联盟已逐步开展了行业和企业调研、产业发展研究、产业数据统计、产需对接等相关工作，与教育部、卫计委等相关部委对接，积极搭建合作平台，推广增材制造技术应用，得到相关政府部门、行业协会和业界的普遍认可，树立起了一定的权威性。截至2016年底，联盟已有会员单位190家，其中，包括157家企业、13家科研院所、12家高校、5家行业协会和3家产业园区。

第二节　联盟运行情况

自联盟成立以来，在支撑行业管理，开展行业研究，组织开展行业交流等方面作出了诸多贡献。具体而言：

一是支撑行业管理。根据工作安排，联盟正在组织撰写《国家增材制造产业发展行动计划（2017—2020）》，以及部分地方政府的增材制造产业发展规划。

二是组织开展行业交流活动。联盟正在与浙江省沟通对接，积极组织筹备"2017年中国国际增材制造大会"，并与国家增材制造标准委、工信出版传媒集团、美国材料与试验协会（ASTM）等组织沟通对接，筹备分领域研讨会以及产需对接活动，积极宣贯国家发展增材制造产业的相关方针、政策，促进行业交流与合作。

三是组织行业统计研究。联盟成立后，拟定于每年3月、9月分别进行行业调研，4月、10月进行针对性实地调研，建立和完善行业的统计数据库和典型应用案例库。现已经发放调研问卷300余份，初步建立了建设行业数据库和案例库。依托行业数据库，联盟正在开展增材制造产业共性及前瞻性问题研究，组织编写《中国增材制造产业发展白皮书（2016）》，为政府制定产业发展规划和产业政策提供依据和建设性意见。

四是推动行业技术创新。协助政府主管部门推进增材制造重点项目的论证、实施、评估，重大技术创新成果的孵化及宣传推广工作。参与联盟企业的有关行业标准和技术认证规范的制定、修订、贯彻实施工作。

五是配合开展应用示范。正在组织实施增材制造试点示范专项，在工业制造、生物医疗、创新教育、文化创意等多个领域选取优秀行业应用案例，开展试点示范和应用推广。

六是搭建产融合作桥梁。与东方证券等金融机构对接，探索合作事宜，拟重点支持创新中心项目孵化、会员企业项目融资、产业链横纵整合等优秀项目。

七是提供优质会员服务。联盟已经建成微信公众号、微信群，定期收集、分析、发布国内外增材制造产业资讯，展示推广联盟会员增材制造技术、产品和示范案例。协调会员单位、行业之间的关系，为会员提供相关的信息咨询服务。

八是推进国际交流合作。与美国、德国等相关企业、研究院对接，搭建国际交流与合作平台，组织联盟会员与国外增材制造领域知名研究机构、企业开展交流。

第二十六章　豪华邮轮"中国造"进程加快

随着世界主要的邮轮经营者都开始把重心转向亚洲，多家邮轮巨头均宣布进一步加大在亚洲尤其是中国市场的投入，亚太地区邮轮到访量占全球比重呈上升趋势。2015年以来，皇家加勒比的"海洋量子"号、"海洋赞礼"号，歌诗达的"赛琳娜"号，公主邮轮的"蓝宝石公主"号以及丽星的"云顶梦"号先后投入中国市场，各邮轮公司纷纷增船扩航抢占市场。目前北美洲邮轮市场渗透率约达3.4%，欧洲也达到了2%，而中国邮轮市场渗透率仅为0.09%，拥有很大提升空间。预计到2020年和2030年，中国的邮轮旅客将分别达到220万人和850万人，成为全球最大的邮轮市场之一。庞大的本土潜在市场，为我国船企发展豪华邮轮带来了外部机遇和本土优势。为应对新造船市场的低迷，中国船舶工业集团基于现有客船设计建造能力，瞄准豪华邮轮建造市场，主动寻求转型。我国政府大力支持邮轮产业发展，在已出台的《中国制造2025》《关于促进旅游装备制造业发展的实施意见》等多项政策中均提出要加快突破豪华邮轮设计建造技术。

第一节　主要情况介绍

一、背景

自20世纪90年代开始，欧洲船企凭借在豪华邮轮建造技术、工艺水平上的优势，逐渐垄断了豪华邮轮制造市场，并延续至今。通常情况下，全球每年豪华邮轮的订单量在10艘左右，而欧洲四大船厂即意大利芬坎蒂尼集团、德国迈尔船厂、法国大西洋船厂和芬兰马萨船厂，承接了超过90%的豪华邮轮订单。另一方面，由于豪华邮轮建造难度极高，世界上很多船企因为缺乏技术和经验而很难进入其中。日本三菱重工凭借其在客滚船建造领域的经验和一项提升燃油能效的空气润滑技术曾两度进入豪华邮轮制造领域，但终因缺乏建造经验、结构设计变更、相关国际规范变化、工程进度控制失效等因素而以失败告终，欧美国家对豪华邮轮制造市场的垄断局面始终没有被打破。

二、内容

豪华邮轮，也称豪华旅游船，是指环球海上航行或在地中海、加勒比海等特定地区航行的，以在船上娱乐和停靠地观光游览为目的的船舶总称。豪华邮轮内部设有供乘客生活使用的一切设施，能够满足舒适的奢华生活水平要求，并且一般内设各式各样的娱乐设施。超级豪华邮轮通常是指排水量在100000吨以上的超级邮轮，截至2010年底，这样的超级邮轮已经超过15艘，其中最大的邮轮要数2010年12月进行处女航的皇家加勒比邮轮公司的"海洋绿洲"号。该邮轮长约360米，宽约47米，吃水线以上高约65米，共16层甲板，设有2700间客舱，能搭载6360名乘客及2160名船员。

第二节 关键时间事件

一、《中国制造2025》发布

党和国家领导人对中国建造豪华邮轮工作非常关注。李克强总理、马凯副总理多次就中国建造豪华邮轮工作作出指示。2015年5月，国务院发布了《中国制造2025》战略，明确提出要"突破豪华邮轮设计建造技术"，这为我国高技术船舶发展指明了方向，为船舶工业供给侧改革增添了新的内涵。《中国制造2025》明确提出要突破豪华邮轮设计建造技术，全面提升液化天然气船等高技术船舶国际竞争力，掌握重点配套设备集成化、智能化、模块化设计制造核心技术。

二、《豪华邮轮建造及运营项目合作协议》签署

长期以来，我国船舶制造产品主要以散货船、油船、集装箱船等船舶为主，豪华邮轮近两年才刚刚起步，尚无建造成功的案例。2015 年 10 月，中船集团联合中投公司与嘉年华英国公司、意大利芬坎蒂尼集团签署了《豪华邮轮建造及运营项目合作协议》，中船集团下属上海外高桥造船有限公司将负责豪华邮轮的设计建造，成为我国船企承接豪华邮轮建造的第一单。我国大型船企与国外船企在豪华邮轮建造方面的合作取得突破性进展，充分说明了我国船舶工业在系统总装、技术研发、供应链管理、质量控制、内装发展等方面取得了巨大的进步。随时间的推移以及经验的积累，我国将有更多的大型船企加入到豪华邮轮建造领域之中。2016 年 9 月 23 日，中国船舶工业集团公司、中投海外直接投资有限责任公司、美国嘉年华集团、意大利芬坎蒂尼集团、中船邮轮科技发展有限公司、上海外高桥造船有限公司在天津第十一届中国邮轮产业发展大会及国际邮轮博览会上正式签署了 2 + 2 艘 13.35 万总吨大型豪华邮轮建造意向书。因此，中国建造豪华邮轮时代已经开启。

第三节　效果及影响

一、专家观点

伴随着我国邮轮经济进入高速发展期，自主建造豪华邮轮的大门也渐渐开启。全球邮轮旅游蓬勃发展，豪华邮轮制造市场正处于供不应求的局面，国家对豪华邮轮制造产业的关注和支持也在逐渐增大。豪华邮轮制造有希望推动中国造船业转型升级，成为船舶制造市场的新增长点。

（一）市场竞争呈垄断态势

自 20 世纪 90 年代开始，欧洲船企凭借在豪华邮轮建造技术、工艺水平上的优势，逐渐垄断了豪华邮轮制造市场，并延续至今。通常情况下，全球每年豪华邮轮的订单量在 10 艘左右，而欧洲四大船厂即意大利芬坎蒂尼集

团、德国迈尔船厂、法国大西洋船厂和芬兰马萨船厂，承接了超过90%的豪华邮轮订单。另外，由于豪华邮轮建造难度极高，世界上很多船企因为缺乏技术和经验而很难进入其中。日本三菱重工凭借其在客滚船建造领域的经验和一项提升燃油能效的空气润滑技术曾两度进入豪华邮轮制造领域，但终因缺乏建造经验、结构设计变更、相关国际规范变化、工程进度控制失效等因素而以失败告终，欧美国家对豪华邮轮制造市场的垄断局面始终没有被打破。

（二）邮轮旅游带动制造需求增长

从全球市场需求来看，豪华邮轮订单的增量主要取决于国际海上游客数量的增幅。近几年，国际邮轮旅游市场发展迅速，国际邮轮协会（CLIA）的研究数据显示，2014年全球邮轮乘客数量达到2204万，较2004年的1310万增长了68%，并预测到2020年全球乘坐邮轮出行的乘客达到3000万人次。从地区市场需求来看，亚洲邮轮旅游市场的发展最为迅猛。同时，我国邮轮旅游人数约占亚洲邮轮旅游人数的一半，据我国交通运输部预计，2020年中国邮轮旅客数量将达到450万人次，中国将成为亚太地区最具有活力和最大的邮轮市场。上海国际航运研究中心邮轮经济研究所的专家认为，未来20年，我国市场每年对邮轮的新增需求将在5艘左右。中国证券报分析认为，全球年均需要新造7万总吨以上大型豪华邮轮约11艘，而目前全球产能仅为8艘。邮轮运营方面的巨大需求令邮轮建造方面供不应求，且缺口越来越大。考虑到地理区位、文化特色和游客群体等因素，我国设计建造的豪华邮轮在中国乃至亚洲市场将具有相对独特的优势。

（三）我国迎来最佳发展时期

一方面，世界邮轮中心逐渐向东转移。世界主要的邮轮经营者都开始把重心转向亚洲，多家邮轮巨头均宣布进一步加大在亚洲尤其是中国市场的投入计划。2015年以来，皇家加勒比的"海洋量子"号、"海洋赞礼"号，歌诗达的"赛琳娜"号，公主邮轮的"蓝宝石公主"号以及丽星的"云顶世界"号都已经或即将投入中国市场，各邮轮公司纷纷增船扩航抢占市场。另一方面，国家发布利好政策推动产业发展。近两年，我国政府先后印发了《关于促进我国邮轮运输业持续健康发展的指导意见》《中国制造2025》《关于促进旅游装备制造业发展的实施意见》等政策文件，主要从四个方面提出了指导意见：一是要加快国产邮轮的自主研发，重点突破豪华邮轮设计建造技术，尽快实现首制船自主设计建造突破；二是逐步构建国内邮轮专业化配套体系；三是开展邮轮设计建造标准规范研究，尽早形成自主品牌和技术标准；四是推动国内有实力的造船企业与国外邮轮设计、建造及配套企业开展技术和商务合作。

（四）设计能力亟待突破

多年来，欧洲造船强国一直在豪华邮轮设计领域独占鳌头，亚洲至今没有一家船企能够独立设计豪华邮轮。要实现豪华邮轮的中国制造，首先要突破豪华邮轮的设计能力，我国自主设计豪华邮轮的困难主要体现在两点：一是船型自主设计能力弱。我国现有船舶设计大多是依托国外母型船进行修改设计，在高技术含量、复杂船型开发方面存在明显的能力缺陷。二是娱乐性、舒适性、安全性设计难度较大。豪华邮轮着重侧重于娱乐性，给船舷侧及船体内部带来很多大开口设计，在开口的同时又要保证豪华邮轮的安全性和舒适性，对于设计能力要求极高。豪华邮轮作为一种全新船型，加之国外对其设计技术及资料严格保密，我国豪华邮轮设计工作几乎从零起步，要突破豪华邮轮设计环节，还有很多困难要克服。

（五）装修水平难以达到国际标准

长期以来，我国建造的船舶多为货船和工程船，对豪华邮轮装修的接触基本为零，因此在内装潢设计和装修材料方面存在诸多发展问题。2014年，携程与皇家加勒比合作购进的精致邮轮想要在国内进行装修改造，而在中国却找不到一家有能力完成此任务的装修企业。在内装潢设计方面，因为船型的不同，我国的船舶内装设计师只熟悉船用设备的布置与设计，对于豪华邮轮要求的舒适性、豪华性、娱乐性等内容理解不足，因此无法达到豪华邮轮的内装潢设计要求。在装修材料方面，豪华邮轮装修对所用材料的需求种类极多且要求极高，装修过程中需要用到几千种材料，而且每一种材料都必须通过船级社的认证。我国现有船型对装修水平要求不高，造成配套材料低档化，而即使很多材料能够达到国际标准，但由于没有申请或通过相关认证，最终无法应用于豪华邮轮装修。

二、后续影响

"十三五"期间，我国大型船企将集中力量突破豪华邮轮建造技术。随着国家对海洋工程装备与高技术船舶产业的大力扶持，我国豪华邮轮建造技术将迎来更大的突破，具体体现在以下四个方面。

(一) 自主创新能力需要加强

一是依托造船龙头企业与研究院所，成立豪华邮轮设计研究院，加速突破豪华邮轮设计建造技术，形成自主创新能力。二是鼓励我国有实力的造船企业收购或控股国外知名邮轮设计、建造企业，快速学习和吸收海外研发机构的设计能力。三是加强创新人才的引进与培养。四是加快融合中国本土特色文化，在设计建造中加入更多的中国元素，打造具有中国特色的豪华邮轮。

(二) 国际合作需要继续深化

一是吸引境外知名邮轮设计和研究设计机构在我国设立合资、合作研发机构。二是鼓励我国船企积极与欧洲有邮轮设计和建造经验的企业合作，在邮轮设计和建造过程中积累经验并提升能力，借此在较短时间内达到欧洲邮轮建造的基本水平。三是加强国内外豪华邮轮配套企业间的交流合作，逐步构建国内豪华邮轮专业化配套体系。

(三) 做好风险评估与项目管理

一是建立和完善与船东的沟通协调机制，与船东就建造规格书达成一致意见，避免设计建造过程中的反复修改。二是在项目实施阶段，做好设计和施工工作的进度控制，避免延期带来的成本增加、影响配套设备采购等负面影响。三是做好风险评估与准备工作，制定详细的管理体系，构建突发事件应对体系。四是时刻关注相关国际规范的变化，包括客船的船体结构、水密舱的设置、应急电源装置的设置等方面，提前做好应对措施。

(四) 发挥金融财税政策作用

一是研究制定促进重点邮轮制造关键成套设备和零部件本土化支持政策，支持符合条件的邮轮制造企业上市融资。二是发挥首台套重大技术装备风险补偿机制作用，研究将符合条件的国产豪华邮轮装备纳入《首台套重大技术装备推广应用指导目录》。三是出台包括便利的签证政策、邮轮上相对宽松的娱乐文化经营许可、深海游享受一定额度的免税政策等与国际接轨的政策。四是探索利用自由贸易试验区、海关特殊监管区域现行税收政策，开展重点邮轮用配套设备和零部件加工、物流业务。

第二十七章　航空发动机集团公司成立

　　航空发动机被称为现代工业"皇冠上的明珠"，具有高度的技术和资金密集特性，是一个国家综合国力、工业基础和科技水平的集中体现。为加快解决我国航空工业"缺心少脑"等问题，国家做出了设立航空发动机及燃气轮机重大科技专项的重大战略部署。为推动"两机"专项的实施，按照国际上"动力先行、飞发分离"的发展惯例和模式，党中央、国务院从富国强军的战略高度，决策成立中国航空发动机集团有限公司，意在举全国之力，集中国内外资源，通过建立"小核心、大协作、专业化、开放式"的研发合作生产合作模式，全力突破航空发动机关键技术，努力打造我国大飞机的"中国心"。

第一节　主要情况介绍

一、背景

　　航空工业被比作现代工业的"皇冠"，航空发动机被称为现代工业"皇冠上的明珠"。航空发动机是高度复杂的精密动力机械装置，长期在高温、高压、高转速、高载荷下高可靠性地工作，在设计、材料、工艺等方面难度很大，涉及流体力学、气动力学、热力学、结构力学等多个学科的最新知识与技术，研制周期长而且耗资巨大。航空发动机集中体现综合国力、工业基础和科技水平，只有依靠国家强大的经济基础和先进的技术基础作为支撑，才能研制出先进的航空发动机。

　　航空发动机是推动经济发展的重要驱动力。根据日本通产省（日本经济产业省的前身）的一项分析，在单位重量创造的价值比这一指标上，船舶为1，轿车为9，计算机为300，支线客机为800，航空发动机则高达1400。目前，一方面我国亟须建设国防装备，军用航空发动机市场潜力巨大。中银国际预测，我国未来10年将需要价值超过1700亿元的军用航空发动机，发动机后期维修市场规模超过1100亿元。另一方面，业内预计我国民用航空发动机市场未来10年的市场规模在4800亿元以上。因此，在市场需求的强劲带动下，航空发动机产业将成为新的经济增长点。然而，中国几乎所有的民航飞机发动机都依赖进口。2017年5月5日首飞的国产大飞机C919，采用的LEAP-X1C发动机，由法国施奈克玛公司与美国通用公司合资的CFM公司研制。中国首次投入航线运营的中短航程新型涡扇支线飞机ARJ21-700，采用的是GE航空集团生产的CF34-10A发动机。

党中央、国务院决策成立中国航空发动机集团有限公司，是国家重视发展航空发动机产业、推动国防建设和国民经济发展的重大举措，具有重要的战略意义。

二、内容

中国航空发动机集团公司是国务院批复设立的国有控股商业类军工集团公司，下属企业包括原中航工业所属从事航空发动机及相关业务的46家企事业单位。2016年5月31日，中国航空发动机集团公司在北京市完成工商注册，由此跻身中国十二大军工央企之一。中国航空发动机集团公司注册资本500亿元，职工9.6万人，包括中国科学院和中国工程院院士6名、"千人计划"6人以及一批专家学者、杰出技术技能人才。集团公司由中国航空工业集团公司、中国商用飞机有限责任公司、北京国有资本经营管理中心、国务院国有资产监督管理委员会控股。

中国航空发动机集团公司主要经营军民用飞行器动力装置、第二动力装置、燃气轮机、直升机传动系统的设计、研制、生产、维修、销售和售后服务；航空发动机技术衍生产品的设计、研制、开发、生产、维修、销售、售后服务；飞机、发动机、直升机及其他国防科技工业和民用领域先进材料的研制、开发；材料热加工工艺、性能表征与评价、理化测试技术研究；经营国务院授权范围内的国有资产；技术开发、技术服务、技术转让、技术咨询；货物进出口、技术进出口、代理进出口；经营国家授权、委托的其他业务。

第二节　关键时间事件

2015年全国两会期间，《政府工作报告》首次将"航空发动机与燃气轮机"列入国家战略性新兴产业的发展考虑当中，专项实施启动在即。

2015年10月，中航动力、成发科技、中航动控、中航重机等先后公告，正制定中航工业下属航空发动机相关企（事）业单位业务的重组整合方案，中航工业预计不再成为公司的实控人。

2016年3月2日，成发科技、中航动力、中航动控相继发布公告：上级机关宣布中央关于拟成立的中国航空发动机集团有限公司董事长、党组书记、总经理、党组副书记的任命。自此，中国航空发动机集团公司的组建进入实质性阶段。

2016年5月31日，中国航空发动机集团公司在北京市完成工商注册，标志着该公司已正式成立。

2016年7月13日，国资委发布公告：经国务院批准，新组建的中国航空发动机集团有限公司由国务院国有资产监督管理委员会代表国务院履行出资人职责。

2016年8月28日，中国航空发动机集团公司在京举行成立大会。中共中央政治局委员、国务院副总理马凯出席大会并讲话，国务委员王勇出席大会并宣读了习近平总书记的重要指示和李克强总理的批示。

第三节　效果及影响

一、专家观点

此前，北京航空航天大学副校长、航空发动机气动热力国家实验室主任陶智表示，和国际先进水平相比，中国军机发动机还有 20—30 年差距，民机发动机更处于起步阶段。而中航工业集团董事长林左鸣曾表示，资金投入不足是制约航空发动机取得突破性进展的主要因素之一。2015 年，申万宏源发布研报称，未来中国航空发动机将真正进入产业化运营的阶段。预计未来 20 年中国航空发动机及其衍生产品需求量将超过 2000 亿美元。

中国工程院院士尹泽勇表示，中国研制的 C919 大型客机、运 - 20 大型运输机以及未来的宽体客机，都对中国航空发动机的研制提出迫切需求。航空发动机的研制覆盖空气动力学、燃烧学、结构力学等多个学科，研制周期和产业链长，但一旦研制成功，对经济和科学技术的带动作用也尤其巨大。

中国航发董事长、党组书记曹建国表示，中国航发的目标是建设"国防强国、制造强国、科技强国"，中国航发应坚持自主研发道路不动摇，建立"小核心、大协作、专业化、开放式"的研发合作生产合作模式，集中精力做强做优航空发动机主业，全力打造强劲"中国心"。

二、后续影响

按照国际上"飞发分离"的惯例，成立中国航空发动机集团公司有利于动力先行、自主发展。航空发动机虽然是飞机上的一个大部件，但其产品研发规律与飞机机体和其他机载系统与设备有很大区别，航空发动机技术难度大、研发周期长，若同时开展研制，往往出现"飞机等发动机"的局面。国外发展新型飞机，通常选定成熟发动机作为动力；即使是使用新研发的发动机，也是在发动机公司长期技术预研或有样机的基础上，才能实现产品成功。我国航空发动机长期依附于飞机发展，产业内部缺乏技术积累和长远规划，因此一直难以扭转"飞机等发动机"的被动局面。在企业层面实现"飞发分离"后，航空发动机公司可以根据国防建设和经济发展的需要，制定长远发展战略，重点研究突破发动机的关键技术，前瞻部署、组织实施发动机预先研制和系列化发展，在技术上实现动力先行，这样才能做到产品上动力"先行"或与飞机"同行"。

中共中央总书记、国家主席、中央军委主席习近平对中国航空发动机集团公司成立作出重要指示强调，党中央作出组建中国航空发动机集团公司的决策，是从富国强军战略高度出发，对深化国有企业改革、推进航空工业体制改革采取的重大举措。中共中央政治局常委、国务院总理李克强作出批示指出，组建中国航空发动机集团公司，是党中央、国务院作出的重大战略决策。航空发动机是国之重器，是装备制造业的尖端，尽快在这一领域实现突破，对于增强我国经济和国防实力、提升综合国力具有重大意义。要牢固树立新发展理念，坚持军民融合发展战略，以建设世界一流航空发动机企业为目标，依靠改革开放，立足自主创新，弘扬"工匠精神"，集众智推众创，并积极借鉴国外经验，着力攻克核心关键技术。

中共中央政治局委员、国务院副总理马凯在中国航空发动机集团公司成立大会上指出，要认真学习习近平总书记和李克强总理重要指示批示精神，全面贯彻党中央、国务院和中央军委决策部署，坚决落实重大专项实施方案工作要求，坚持创新发展，走出一条航空发动机自主发展道路；坚持深化改革，打造一个充满活力的崭新现代企业；坚持军民融合，更好服务国防建设和经济社会发展；坚持人才为本，培养造就一批创新领军人才、科技专门人才和高技能人才，实现航空发动机从测绘仿制到自主创新的战略转变，实现我国由航空大国向航空强国的战略转变。

第二十八章　国家机器人创新中心建设加快推进

　　制造业创新中心建设工程是《中国制造2025》五大工程之一，提出围绕重点行业转型升级和新一代信息技术、智能制造、增材制造、新材料、生物医药等领域创新发展的重大共性需求，形成一批制造业创新中心（工业技术研究基地）。工业和信息化部把国家机器人创新中心建设列为《机器人产业发展规划（2016—2020年）》的主要任务之一，并对研究创新中心的组建方案和运作机制进行了研究。2016年5月，国家动力电池创新中心组建，2017年3月，国家机器人创新中心依托单位沈阳智能机器人国家研究院有限公司第一次股东大会召开，组建面向全行业的国家机器人创新中心，对于改善我国机器人产业自主创新能力弱、核心技术差距尚存的问题意义重大，对推动我国高端制造的创新发展、促进我国产业结构升级与优化具有重要的意义。

第一节　主要情况介绍

一、背景

　　《机器人产业发展规划（2016—2020年）》确定组建国家机器人创新中心，提出重点围绕人工智能、感知与识别、机构与驱动、控制与交互等方面开展基础和共性关键技术研究，深入开展在高端制造业、灾难应急处理、医疗康复、助老助残等领域的前沿基础研究和应用基础研究。组建国家机器人创新中心可借鉴美国制造业创新中心和德国弗劳恩霍夫协会的相关经验。

（一）美国制造业创新中心

2012 年 3 月，美国时任总统奥巴马提议建立"美国国家制造业创新网络"，通过组建各领域的制造业创新研究所，从而建立起全国性的制造业领域的政产学研协同创新网络。

组织结构：创新综合体。美国制造业创新中心由美国高端制造业国家项目办公室（AMNPO）全权负责，美国商务部国家标准与技术研究所（NIST）先进制造项目办公室负责协调管理。每个制造业创新研究所都必须通过美国国防部（DOD）和能源部（DOE）开放、竞争程序招标，经过跨部门技术专家审查后公布中标团队的程序建立。在具体的运作中，创新研究所采用政府、产业界（制造业企业、行业联盟与协会）、学术界（高等院校、社区学院、国家重点实验室）以及非营利组织联合治理模式，以董事会的形式进行管理。该董事会由业界代表组成，创新研究所领导作为执行董事，负责研究所的日常运作。

项目运营：项目申报在细分领域采取公开招标模式开展，项目招标周期大致为 6—9 个月。项目评选主要依据评分标准和分值区间对项目申报书进行打分，评分标准更加关注关键技术开发、应用和示范，同时强调项目对美国制造业竞争力提升的作用以及中小型制造业企业能否从中受益。项目评审组会将针对问题阐述、研究方法、创新性、项目管理计划、团队资质、成本费用等方面对申报书进行打分。

经费来源：多元化。每个制造业创新研究所在最初的 5—7 年内都会分别获得 0.7 亿—1.2 亿美元的联邦国家制造业创新研究资金，加上研究机构、制造业企业等非联邦成员按照 1∶1 比例的配比投资，总资本一共为 1.4 亿—2.4 亿美元。在设立的前 3 年，联邦政府资金按照设备、基础项目资助和启动资金的类别投入；第 4 年以后联邦政府会取消启动资金投入，并开始增加竞争项目资助；第 5 年及以后取消设备投入，并以基础资助和竞争项目资助方式投入。随着运转成熟，制造业创新研究所可通过收取会员费、收费服务活动、知识产权使用许可、合同研究或产品试制等多种灵活的方式实现财务独立，并逐步实现自负盈亏。

组织模式：公私合营会员制。制造业创新研究所内部采用公私合营会员组织模式，统一管理联邦政府提供的国家资助资金以及会员单位缴纳的会费资金。如 America Makes 就根据每年缴纳的会费不同，将会员分为银卡、金卡和铂金卡三种类别，银卡、金卡、铂金卡会员每年分别需要缴纳会费 15000美元、50000 美元、200000 美元。不同类别会员享受的权益也不同，铂金卡会员享有一切权益；金卡会员不享受服务器加速包的权益，如需要战略咨询等服务需缴纳一定费用；银卡会员除享受使用新的研发基金、共享数据资源、知识产权保护、项目调用、共享研究报告、参加研讨会以及培训折扣等基础服务之外，需要付费进行战略咨询，并且不享有参与制定技术路线图、获得治理委员会席位、研发设施的使用权、服务器加速包等相关权益。

（二）德国弗劳恩霍夫协会

弗劳恩霍夫协会是公益、公助、非营利的科研机构，为企业开发新产品、新技术、新工艺，协助企业解决自身创新发展中的组织、管理问题。弗劳恩霍夫协会是德国也是欧洲最大的应用科学研究机构，更偏重于应用科技的研究，拥有 67 家研究所及其他独立研究机构，分布于德国各地，拥有 2.3 万多名科研人员和工程师。

人员配置。一是高层管理人员，弗劳恩霍夫协会设置了 1 位主席和 3 位董事。其中主席负责主持协会整体的运营计划和管理工作，3 位董事分别负责研究计划管理、财务及成本控制管理、人力资源和法律。二是各研究所所长，协会中大多数所长兼任高校院长，有力地推动了高校与研究所之间的交流与合作。三是研究所人员规模及构成，各研究所科研人员的平均规模包括 120名正式人员和 60—80 人左右的辅助人员。协会中大的研究所达到 400 多人。

管理结构。包括成员大会、参议会、政府委员会、外部顾问委员会、科技顾问委员会等该设置实现了董事会、各所长和内部成员之间的充分交流需要，还吸纳了政府官员、企业界的顾问委员会等的参与，为形成广泛的交流和影响打下了很好的基础。

经费来源。超过 70% 的研究经费来自于工业合同和由政府资助的研究项目，近 30% 经费是由德国联邦和各州政府以机构资金的形式赞助，用于前瞻性的研发工作，确保其科研水平处于领先地位，经费中至少会有 40% 会用于社会性、非商业化的科研工作。年度研究总经费达 20 亿欧元，其中科研合同达到 17 亿欧元。

评价体系。由研究所从外部聘请的学术委员会每年对研究所评价一次。每个研究所学术委员会专家约有 10 人，专家由研究所聘请，并且一般为终生聘任，学术委员会中来自产业界和学术界的专家各占一半，其中 50% 的专家来自国外。评价的程序包括评审研究所情况报告和研究所实地考察，实地考察一般是 2—3 天。

二、内容

组建面向全行业的国家机器人创新中心，对于改善我国机器人产业自主创新能力弱、核心技术差距尚存的问题意义重大。当前，我国工业机器人的高可靠性基础功能部件、产品设计、材料与工艺、主机批量生产、系统集成水平等方面技术都与发达国家存在较大差距。精密减速器、伺服电机、伺服驱动器、控制器等高可靠性基础功能部件方面的技术差距尤为突出，长期依赖进口。服务机器人的精确控制、多传感器信息融合及智能控制、精密减速器和伺服驱动器等核心部件、加工装配工艺等方面技术与国外先进产品存在较大差距。组建国家机器人创新中心，充分利用和整合现有各种科技资源和研发力量，重点聚焦前沿科学探索、共性关键技术研究。

第二节　关键时间事件

2016 年 5 月 25 日，工信部下发《关于同意组建国家动力电池创新中心的批复》。2016 年 6 月 30 日，国家动力电池创新中心成立大会在有色金属研究总院举行，我国首个国家制造业创新中心揭牌成立，是国家制造业创新中心建设的重要标志性事件，国家动力电池创新中心以国联研究院为核心，以中国汽车动力电池产业创新联盟为外延，创新体制机制，围绕研发设计、测试验证、中试孵化和行业服务能力开展建设工作，大力推进动力电池技术研发、测试服务、产业孵化，加快实现科技成果的转化，搭建协同攻关、开放共享的动力电池创新平台。

2016 年 11 月 16 日，国务院发布《关于深入推进实施新一轮东北振兴战略加快推动东北地区经济企稳向好若干重要举措的意见》，指出支持在东北地区组建国家机器人创新中心。国家机器人创新中心依托沈阳智能机器人国家研究院有限公司，重点建设研发设计、应用示范、测试验证、人才培养和国际合作五大能力，形成集研究开发、成果转化、行业服务、人才培养于一体的国家机器人与智能装备产业协同创新基地。

2017 年 3 月 24 日，国家机器人创新中心依托单位沈阳智能机器人国家研究院有限公司第一次股东大会召开，会议先后审议并通过了《关于设立国家机器人创新中心依托公司投资协议》和《沈阳智能机器人国家研究院有限公司章程》，选举产生了第一届董事会成员和正副董事长，选举产生了第一届监事会成员和监事会主席。沈阳智能机器人国家研究院有限公司由哈尔滨工业大学、中科院沈阳自动化研究所、沈阳新松机器人自动化股份有限公司、哈尔滨博实自动化股份有限公司共同倡导成立，成员包括南京埃斯顿自动化股份有限公司、埃夫特智能装备股份有限公司、国机智能科技有限公司、芜湖远大创业投资有限公司、北京中自投管理有限公司、北京理工大学、哈工大机器人集团等 14 家单位。

第三节　效果及影响

一、专家观点

中国汽车工业协会常务副会长董扬指出，国家动力电池创新中心以国联研究院为基础建设，恰逢其时，相信以此为新起点，打造汽车动力电池产学研用协同创新网络，必将极大加强我国协同创新能力，一定能够实现汽车动力电池突破性的革命，实现引领世界汽车动力电池发展的伟大目标。中国汽车工业协会将一如既往支持、参与国家动力电池创新中心的建设和发展，促进汽车产业和动力电池产业的合作，促进研发和产业化的合作，为创新中心的发展贡献自己的全部力量。

北京市副市长隋振江指出，北京市高度重视新能源汽车产业的发展，在2015 年底发布的《中国制造 2025 北京市行动纲要》中，将新能源汽车列为北京市重点打造的 8 个新型产业生态系统之一。北京市将以国家动力电池创新中心成立为契机，采取更加扎实有效的措施，在资源配置、政策支持上重点加以聚焦，努力提升动力电池自主创新能力，使动力电池产业成为经济社会发展的强大支撑。希望国家动力电池创新中心创新体制机制，强化企业创新主体地位，在动力电池乃至新能源汽车领域，为实现国家确定的战略目标发挥骨干和主力军作用。

全国政协委员贾德昌说：机器人是实现智能制造的核心装备，建设国家机器人创新中心是全面推动智能制造的关键。尽快组建国家机器人创新中心，打造政产学研用紧密结合的协同创新载体，有助于聚焦前沿技术和共性关键技术研究，带动发展我国机器人产业，提升技术创新能力和国际竞争力。这也是落实国家东北老工业基地振兴战略，推动东北工业转型升级、持续健康发展最现实的需要。

2017 年 5 月 24 日，工信部副部长辛国斌在国新办介绍《中国制造 2025》深入实施有关情况发布会上表示，下一步以高端装备、短板装备和智能装备为切入点，狠抓关键核心技术攻关；加快建设新材料、机器人等国家制造业创新中心。

二、后续影响

制造业创新中心要解决的是面向行业的共性技术而不是单个企业可以解决的关键技术。通过制造业创新中心建设，弥补实验室产品与产业化之间的缺失环节，解决行业共性技术供给不足问题；不断完善制造业创新生态系统，形成高水平有特色的制造业协同创新网络和平台，塑造我国制造业国际竞争新优势。国家动力电池创新中心面向行业共性需求，通过协同技术、装备、人才、资金等各类资源，打通前沿技术和共性技术研发供给、转移扩散和首次商业化的链条，从而为我国实现动力电池技术突破，提升动力电池产业竞争力，支撑新能源汽车产业发展提供战略支撑。同时，通过探索形成有效的发展模式和路径，为机器人创新中心的建设提供示范和借鉴。

展望篇

第二十九章 主要研究机构预测性观点综述

2017 年，全球行业格局基本稳定。从机械行业 500 强企业数量来看，2016 年美国、日本、中国企业占据前三位，2017 年基本延续这一趋势。从产业发展方向来看，制造数字化将引向深入，新一代信息技术和制造业融合的加速将推动机械制造业的生产方式、产业形态、发展模式加速转变，人工智能、生物技术、机器人、物联网、3D 打印等一系列新兴技术的突破，将带来新的经济增长点。美国、德国、日本、英国等国家不仅在逐步加大大数据、先进材料、物联网、先进机器人、增材制造等先进制造技术的研发力度，而且正积极建立激励机制，引导私营企业加入协同创新生态系统。汽车、航空、船舶等重点行业基本延续 2016 年的发展态势。国内方面，面临经济下行压力不减和严峻的外贸形势等压力，装备制造业将加快转型升级和"走出去"步伐。从分行业来看，新能源车的产销量将会持续增长，无人机进入产业发展快车道，而船舶行业仍将面临产能过剩和船企生存困难压力。

第一节 机械行业预测

一、全球机械行业预测

（一）全球行业格局基本稳定

2016 年 7 月，中国机械工业企业管理协会、世界经理人集团联合发布《世界机械 500 强》，2016 年，全球机械行业 500 强企业中，从企业数量看，美国、日本、中国企业占据前三位，其中，美国入围企业 138 家，相比 2015 年减少 2 家，继续占据全球首位，日本入围企业 101 家，与 2015 年相同，我国（包括台湾地区）共有107家企业跻身"世界机械500强"榜单，较上年增加3家。前十强中，德国占3席，美国占2席，日本占2席，中国大陆、韩国、中国台湾各占1席。

（二）制造数字化引向深入

随着新一轮科技革命和产业变革的快速发展，新一代信息技术和制造业的融合正在加速，机械制造业的生产方式、产业形态、发展模式将加速转变。2016年5月，毕马威国际发布《全球制造业展望2016》，其中指出："在汽车、重工业、医疗设备和智能基础设施等许多领域中，传感器、通信和认知运算发展将释放巨大的消费价值"，并且"正与很多公司合作制定互联产品投资战略增长计划，并推出多项并行措施来开发智能、互联产品、服务和商业模式"。世界经济论坛（WEF）发布《2016—2017年全球竞争力报告》，指出："第四次工业革命为经济增长和社会进步带来了无限希望。基于数字平台的第四次工业革命以技术融合为特征，消除了物理、数字与生物之间的界限。"此外，该报告还指出："人工智能、生物技术、机器人、物联网、3D打印等一系列新兴技术的突破，将带来新的经济增长点，但同时或会带来重大的社会挑战。"

（三）全球竞争将更加激烈

2016年4月，德勤和美国竞争力委员会发布《2016全球制造业竞争力指数》报告，报告指出："中国目前仍是竞争力最强的国家，但随着制造业向更加先进、更加复杂、更高附加值方向发展，先进制造业正在成为全球竞争力角逐的新战场，其他传统制造巨头强势回归，到2020年全球制造业竞争力的排名将发生变化，美国制造业竞争力将在2020年前反超中国排名第一。"美国、德国、日本、英国等国家不仅在逐步加大大数据、先进材料、物联网、先进机器人、增材制造等先进制造技术的研发力度，而且正积极建立激励机制，引导私营企业加入协同创新生态系统。与此同时，马来西亚、印度、泰国、印度尼西亚和越南等"强力五国"将借助低成本优势加速崛起。

二、国内机械行业预测

（一）经济运行下行压力较大

中国机械工业联合会副会长陈斌指出："2016年，机械产品内需市场疲软的态势短期内难以明显改善，机械工业主要服务的钢铁、煤炭、电力、石油、化工等行业普遍处于'去产能'的深度调整期，短期内需求难以复苏。此外，经过多年的高速发展，各类机械产品的社会保有量均已达到相当规模，对在役设备的更新改造维护已成为需求中的重要部分，这既减轻增速波动下行的幅度，同时也增加了回升的难度，这导致机械行业经济运行下行压力较大。2017年机械工业将会继续保持平稳增长，增长速度将低于2016年，但仍会高于全国工业和制造业。其中，汽车行业增速受政策效应和2016年高增长基数影响，将会降为个位数；电工电器行业增速也将略低于2016年，其他行业受利好政策影响和结构调整的推进，部分行业已出现企稳回升的苗头，增速会好于2016年。"

（二）外贸形势比较严峻

中国机械工业联合会特别顾问蔡惟慈指出："从国际来看，欧洲等多数地区经济仍处于低速状态，英国2016年'脱欧'，国际贸易摩擦加剧，美国特朗普当选总统，反全球化思潮和贸易保护主义抬头，出口市场困难仍不容小觑，2017年的外贸市场不容乐观。反全球化思潮抬头，导致行业的外贸形势比较严峻。2015年机械工业出口比上年下降了3.36%，2016年前11个月又同比下降了3.93%，在此形势下，机械工业的外貌形势难以期望短期内明显好转。"

（三）全球资源整合将成为行业发展新思路

中国机械工业联合会指出："随着中国经济规模的扩大以及中国企业竞争力的增强，一些行业和企业的生产技术、工艺水平、管理能力在国际市场上也具备了较为明显的比较优势，同时积累了较为充裕的资金，越来越多的中国企业具备了'走出去'参与全球范围内资源配置的能力，也有打造全球价值链、产业链、供应链的动力。与此同时，我国政府积极鼓励国内优势企业跨出国门，探寻中外产能合作，拓展企业的发展空间，提高中国产品和服务的国际竞争力，推进外贸结构优化升级。"毕马威国际发布的《全球制造业展望2016》指出："中国政府表示重新鼓励中国企业进行海外直接投资，因此，中国的制造商正在寻找机会，利用投资开拓新的海外市场。鉴于中国国内市场的规模，中国制造商正力求获取全球技术和知识，而把这些资产带回到国内市场则是最终的目标。"越来越多的企业选择到海外投资，这不仅可以推动我国生产要素双向流动和资源配置更加国际化，也可以倒逼国内企业对不合理的产业结构进行调整，此外，也减少了"中国制造"进入国际市场的阻力。

第二节　汽车行业预测

一、全球汽车行业预测

法国思迈汽车信息咨询公司（IHS Automotive）认为：2018年，全球汽车销量将首次达到并突破1亿辆大关，到2021年将超过1亿辆，在2013年的基础上再增2500万辆。其中，中国将以世界上最大的单一汽车市场的身份主导产量的增加，北美和欧洲等较成熟的市场也将发挥着重要的作用。随着新兴市场的兴起，成熟市场面临规模缩减的压力，全球汽车产业发展格局正发展着深刻变化。

IHS Automotive公司预测：截至2040年，全球电动汽车市场占有率将达到15%—35%，其中50%为新用户。IHS Automotive认为，由于电池技术取得了突飞猛进，全球电动汽车市场份额已经达到2010年数据的10倍，并且仍将维持激增趋势。此外，电动汽车的快速发展离不开政府鼓励汽车零排放发展的相关政策。当今各大传统汽车制造商也投入巨资用于电动汽车研究。例如德国的戴姆勒汽车公司计划投资100亿欧元并且建立EQ子品牌，计划在下个五年到来之际能够拥有超过10款纯电动车型。

IHS Automotive公司称：在智能网联汽车发展领域，谷歌自动驾驶技术将领跑全球。IHS汽车部门预计，谷歌目前为止已在自动驾驶汽车研发上累计投资了近 6000 万美元，每年近 3000 万美元。在自动驾驶汽车发展的过程中，软件技术是关键因素，先进的自动驾驶软件系统可以有效识别汽车传感器数据，模仿人工驾驶技巧和经验，而谷歌目前正是这一领域的技术领导者。IHS 称，据保守估计，到 2035 年时，自动驾驶汽车的全球销量将达到 1200 万辆，约占据全球轻型汽车总销量的 10%。

IHS 研究报告显示，在车联网领域，车际网（V2X）技术满足行车安全、道路和车辆信息管理、智慧城市等需求，是车联网以及智能网联汽车技术核心。预计到 2017 年全球 V2X 通信系统产品销量将达 70 万套，到 2020 年成长至 560 万套，到 2025 年预估突破 5500 万套。并且，未来 5—10 年 V2X 互联技术进入快速普及期，并在后装市场率先打开局面。

罗兰贝格预测，到 2020 年，全球大部分中重型卡汽车市场将迎来快速发展，其中东欧、俄罗斯、北美将成为重点增长市场。罗兰贝格认为，"高效、绿色、互联、安全"四大趋势正在深刻地影响全球商用车技术的发展。第一，商用车高效性不断提高。例如产品成本、燃油经济性、汽车编队、运营时间、容量优化和交通运输基础设施的持续优化等。第二，商用车的绿色性不断提升。例如排放标准和后处理的提升，空气动力、电气化、轻量化、替代燃料、降噪等方面，其中，提升内燃机经济性是核心，因此，提高混合动力、新燃料的应用和整体的燃油经济性将是未来所有商用车企业必须考虑的问题。第三，智能网联技术也是商用车未来应用的一个重点，在很多领域，商用车应用智能网联技术带来的经济效益会比乘用车更高，例如远程故障诊断、负载监控、性能分析、订单管理、在线测试、大数据、远程信息处理等技术的应用，将会有利于商用车编队的发展的。第四，随着客户需求和竞争的加剧，商用车的驾驶安全性问题会越来越被重视。

在智能汽车和自动驾驶技术的发展浪潮下，多种车用传感器的融合应用是必然趋势。其中，毫米波雷达具有探测性能稳定、不易受对象表面形状和颜色影响、环境适应性好等特点，将成为未来的主力传感器。市场研究机构 Plunkeet Research 预测，到 2020 年全球汽车毫米波雷达需求将近 7000 万个，2015—2020 年的年均复合增速约为 24%。汽车毫米波雷达目前主要频段为 24GHz 和 77GHz，其中，24GHz 毫米波雷达是当前主流，77GHz 雷达开发难度高，目前只有大陆、博世、天合、海拉、德尔福等国外零部件巨头掌握，但是未来三年将出现77GHz毫米波雷达全面替代24GHz毫米波雷达的发展趋势。

二、国内汽车行业预测

中国汽车工业协会认为：2016年我国全年汽车销量有望超过2800万辆，增幅为13.9%。在房地产推动的宏观经济复苏和购置税减半刺激的双重作用下，国内乘用车市场也呈现爆发式增长。2017年，宏观经济不利因素和不确定因素明显增加，经济增长动力将有不同程度减弱，房地产行业政策的深度调整以及购置税优惠政策退坡仍是影响2017年汽车市场增长的重要因素。中汽协预测，2017年我国汽车销量预计为2968万辆，同比增长6%。其中乘用车预计增长6.5%，销量为2610万辆；商用车整体增长2.3%，至358万辆。

中国汽车报认为，2017年中国商用车的整体销量将在2016年增长的基础上实现进一步提升。首先，多重政策利好将有效促进需求释放。2017年，国五排放标准将在全国范围内实施，持续专项治超行动、黄标车淘汰、排放升级以及取缔低速货车等行为都对商用车的排放升级、发动机效率和技术水平提出了明确要求，一批不符合新国标规定的商用车型将面临淘汰。2017年，中重卡的市场需求将有所上升，有利于商用车产销量增长。重卡方面，依然会延续2016年下半年出现的高增长态势，实现大幅度的增长。2016年，市场对煤炭、钢铁等原材料的需求加大，全国持续开展治超行动，物流装备改造兴起，拉动了重卡市场的需求。中轻卡方面，由于电子商务的发展，物流及快递业的发展迅猛，件数多、重量轻的轻抛货物需要车厢大、重量轻的物流车配送，因此，符合此要求的中轻型卡车将有较大的发展机遇。客车方面，由于国内旅游业的快速发展，对大型旅游客车的需求将不断增加。其次，无人驾驶技术将在商用车领域有更大的应用空间，北汽福田、中国重汽无人驾驶卡车问世。此外，2016年有不少商用车"新生力量"出现，譬如珠海银隆新能源、中植新能源，联孚集团、吉利商用车等，成为影响市场格局的新兴力量。

普华永道在2016年12月8日发布的中国汽车行业蓝皮书——《中国汽车市场：见证变革》中称：2015年下半年，受到减税政策刺激，本已陷入疲态的中国汽车市场在 4 季度强势拉升。该项政策在 2016 年得以延续，令整体汽车市场持续升温，预计全年销售量有望达到两位数字的增长，约 14%。普华永道认为，随着减税等政策的退出，中国汽车市场将逐步回归中速增长，并且产业逐渐成熟。在新能源汽车领域，普华永道认为：中国新能源汽车在 2015 年的销量达到 33 万台，此外，由于政府在 2016—2020 年期间继续对新能源汽车进行补贴，中国新能源汽车的产销量将会继续快速增长。预计 2022 年中国新能源汽车年产量将达到 185 万台左右，年复合年均增长率达到 28%。根据我国近期发布的《节能与新能源汽车技术路线图》，到 2020 年，我国新能源汽车销量占汽车总体销量的比例将在 7% 以上，也就是说 2020 年我国的新能源汽车销量至少要达到 210 万辆。《中国汽车市场：见证变革》蓝皮书还显示：自动驾驶市场正被业内人士视为中国汽车行业的未来。普华永道预计，2025 年前，71% 的已售汽车将配备自动驾驶辅助系统，到 2030 年，自动驾驶车辆的市场占有率将达到 15%—20%。

中国汽车报认为：随着技术的成熟和制造成本的下降，节能型油电混合动力汽车、新能源插电式混合动力汽车在 2017 年将进入全新的发展阶段。2016 年 10 月发布的《节能与新能源汽车技术路线图》确定了节能型混动汽车系统在我国汽车产业中的重要地位，提出乘用车领域大力发展混合动力，到 2020 年占全国汽车产销规模 8%，而按照 2016 年混动汽车不足 9 万辆的销售规模来看，未来发展有数十倍的增长空间。目前，整车和零部件企业都在积极发展混合动力系统，与同级别传统发动机车型相比，混合动力系统动力性能提升约 30%，油耗可降低约 40%。2016 年 11 月 23 日，云内动力向科力远增资控股，利用科力远混动技术成果及研发平台推广其发动机技术产品，增强云内动力在混合动力市场的关键技术实力。科力远已经与吉利组建合资公司，开发了具有完全自主知识产权的深度混合动力总成系统，涉及混合动力传动箱 ECVT、动力电池能量包、整车控制器、电机控制器的生产制造等。科力远年产 100 万台套节能与新能源汽车混合动力总成产业化项目已于 2016 年 2 月开工，首期工程于 2017 年投产，设计年产能为 30 万台。据悉，科力远混动系统目前已经有超过 20 款车型完成评估，有 9 家车企的 10 款车型确定合作。

第三节　航空行业预测

一、全球航空行业预测

（一）全球民用飞机需求预测

2016年，波音、空客公司对未来20年全球民用飞机市场情况进行了预测。波音公司预测未来20年（2016—2035年），全球需要39620架新飞机，总价值5.9万亿美元，大概有38%的新飞机投放至亚洲地区，40%投放至欧洲和北美地区，其余22%投放至中东、拉丁美洲、独联体、非洲等。空客公司预测未来20年，全球航空客运量年均增长率为4.5%，需要新增超过33000架100座级以上飞机，总价值约5.2万亿美元。到2035年，全球客货机队总数将由现在的19500架增长一倍，达到约40000架。未来20年，大约有13000架老旧客货飞机将由燃油效率更高的新飞机替代。表29-1、表29-2列举了波音、空客对未来20年新增飞机需求量的预测。

表29-1　波音公司对2016—2035年全球新增飞机预测

飞机类型	新飞机需求量（架）	价值（万亿美元）
支线喷气飞机	2490	0.11
单通道飞机	26730	3.0
小型宽体机	4770	1.35
中型宽体机	3520	1.25
大型宽体机	540	0.22
合计	38050	5.93

资料来源：波音官网，2017年1月。

表29-2　空客公司对2016—2035年全球新增飞机预测

机型分类	新飞机需求量（架）	价值（万亿美元）
单通道飞机	23530	2.39
双通道飞机	8060	2.24
超大飞机	1480	0.57
合计	33070	5.2

资料来源：空中客车官网，2017年1月。

波音对全球每个区域的新飞机交付量进行了预测，认为包括中国在内的亚洲市场将继续引领未来20年全球的飞机交付总量。

表29-3　各地区新飞机交付（2016—2035年）

区域	新飞机需求量（架）	价值（万亿美元）
亚太	15130	2.35
北美	8330	1.03
欧洲	7570	1.12
中东	3310	0.77
拉美	2960	0.35
独联体	1150	0.14
非洲	1150	0.17
合计	38050	5.93

资料来源：波音官网，2016年。

（二）全球航空客运市场预测

国际航空运输协会（IATA，以下简称"国际航协"）发布的最新旅客增长预期指出，2035年客运总量将增至72亿人次，是2016年的近两倍。亚太地区出境、入境和区域内航线每年将新增1.8亿旅客，年均增长率为4.7%，到2035年客运量为31亿人次。

国际航协发现，就每年新增旅客而言，旅客数量增长最快的五个市场分别为中国（13亿旅客中有8.17亿新旅客）、美国（11亿旅客中有4.84亿新旅客）、印度（4.42亿旅客中有3.22亿新旅客）、印度尼西亚（2.42亿旅客中有1.35亿新旅客）和越南（1.50亿旅客中有1.12亿新旅客）。

国际航协对亚太地区、北美地区、欧洲、拉丁美洲、中东地区和非洲地区未来 20 年的旅客数量进行了预测，预测结果见表 29 - 4。

表 29 - 4　国际航协对全球各大地区旅客数量预测

地区	预测结果
亚太地区	到 2035 年，每年新增客运量将达到 18 亿人次，整体市场规模达 31 亿人次。其客运需求年均增长率为 4.7%，是继中东后增幅第二大的市场。
北美地区	客运需求年均增长率达到 2.8%。到 2035 年，该地区将承载 13 亿名旅客，每年新增旅客达 5.36 亿人次。
欧洲	增幅最缓，仅为 2.5%，但每年新增旅客仍可达到 5.7 亿人次。整个市场的客运总量将达到 15 亿人次。
拉丁美洲	增幅将达 3.8%，共计可为 6.58 亿名旅客提供服务。与目前水平相比，该市场每年新增旅客达 3.45 亿人次。
中东地区	增幅强劲，达到 4.8%。到 2035 年，飞抵、飞离和区域内各航线的新增旅客预计将达 2.44 亿人次。阿联酋、卡塔尔和沙特阿拉伯增长势头强劲，分别为 5.9%、4.7% 和 4.1%。客运总量达到 4.14 亿人次。
非洲地区	增幅达 5.1%。到 2035 年，该地区每年新增旅客达到 1.92 亿人次，客运总量为 3.03 亿人次。

资料来源：IATA 官网，20017 年 1 月。

（三）全球公务航空市场预测

霍尼韦尔发布的第 25 期全球公务航空展望报告预测，2016 年至 2026 年间，全球将交付多达 8600 架新公务机，总价值 2700 亿美元，较 2015 年的预测价值下降了 6%—7%。交付的新公务机中，北美占比 65%、拉丁美洲占比 12%、欧洲占比 14%、中东非洲占比 3%、亚太地区占比 6%。

未来五年内，运营商计划采购的新飞机数量相当于现有机队数量的 27%。其中 2017 年底前预计将完成 21% 的新公务机采购计划，2018 年和 2019 年完成的采购计划各占 18%。目前，市场仍然青睐大型公务机，包括从超中型、超长航程公务机到大型公务客机。预计未来五年内，大型公务机将占据 85% 以上的新购机支出。

虽然短期市场预期相对平淡，但放眼至 2026 年的长期市场，新机型的推出以及经济发展状况的持续改善将推动行业发展，从而实现 3%—4% 的年均增长率。目前增长缓慢的原因主要在于新项目的时间变化、经济增长放缓，以及政治与货币不稳定性等因素突出，降低了整体的预期。

据《航空周刊》"2016 年度市场总结报告"预测，从 2016 年到 2025 年的十年间将需求近 1.3 万架新型喷气式公务机和涡轮螺旋桨飞机，飞机退役总数将超过 5500 架。在这 10 年间，交付量居于前五位的飞机包括"空中国王"（KingAir）300/350、皮拉图斯（Pilatus）PC–12、湾流（Gulfstream）G650、"挑战者"（Challenger）350 和"飞鸿"（Phenom）300 公务机。另外，全球公务机机队将保持 2.3% 的年增长速度。

《航空周刊》"2016 年度市场总结报告"对全球各大区域的公务机数量进行了预测。北美地区的增长速度预计为 2.3%，2025 年北美公务机机队将从 19700 架增加到 24100 架，保持其 63% 的市场份额。尽管中国机队规模较小，其增长速度预计会以 9% 的速度最快增长。预计在未来 10 年，中国机队将扩充至 679 架公务机。东欧和西欧机队数量的增长将仅次于中国。除中国外，亚太地区的机队总数为 1025 架，预计到 2025 年将增到 1310 架。西欧 3329 架公务机机队数量将每年增长 4.1%，而东欧机队数量预计会以每年 3.6% 的速度从约 540 架飞机增至 740 架。拉美地区在役公务机总计 4558 架，预计到 2025 年增至 4667 架，年增长速度为 0.3%。印度机队数量不超过 70 架，但预计在此期间会以每年 3.1% 的速度增长。与此同时，中东机队目前拥有 419 架飞机，预计到 2025 年将攀升至 510 架。

（四）全球无人机市场预测

中国产业信息网指出，全球无人机 2013 年市场规模 20 亿美元，2014 年市场规模达到 27 亿美元，同比增长 35%；2015 年市场规模 36 亿美元，同比增长 33%。预计 2020 年全球无人机市场规模将达到 259 亿美元，年均复合增长率达到 42%。全球民用无人机在 2014 年迎来大约 37.8 万架的销量，其中工业级无人机销量约 12.6 万架，消费级无人机销量约 25.2 万架；在 2015 年大约销售民用无人机 56.9 万架，其中工业级无人机销量约 17.1 万架，消费级无人机销量约 39.8 万架。IDC 预测，到 2019 年，全球无人机年销量将达民用到 393 万架，其中消费级 300 万台，CAGR 达到 60%；工业级无人机销量为 93 万台，CAGR 达到 45%。

智研数据研究中心预测，在2015—2023年期间，全球将生产大约4.18万个陆基和海基无人机系统，总价值约为105亿美元左右，世界其他的无人机制造商将生产价值近12亿美元的无人机。

二、国内航空行业预测

（一）我国民用飞机市场预测

2016年波音公司发布中国民机市场最新预测，中国的经济正向基于服务和消费经济类型转变，尽管总体经济增长放缓，但服务和消费仍会快速增长。2016—2035年的20年间，中国将需要超过6800架的新飞机，其总价值约为1万亿美元。与此同时，中国民航机队规模在未来20年将扩大到近三倍，从2015年的2880架增至2035年的7720架。波音预测中国未来20年将订购多达5110架的单通道飞机以满足不断增长的需求并替换退役飞机，这主要是受到了快速发展的新兴航空公司与低成本航空公司的推动。波音表示，中国的航空公司在今后20年内将需要超过1500架宽体客机。

表29-5　波音对中国民用航空市场新飞机需求预测（2016—2035年）

机型	数量（架）	比例
喷气支线机	140	2%
单通道飞机	5110	75%
小型宽体机	870	13%
中型宽体机	630	9%
大型及超大型宽体机	60	1%
合计	6810	100%

资料来源：波音官网，2017年1月。

（二）我国航空客运市场预测

根据国际航协预测，未来20年中国客运总量将达13亿人次，新增旅客8.1亿人次，预计在2024年前后，中国将取代美国成为全球最大的航空市场（根据飞抵、飞离该国及其国内客运量计算）。从航空客运周转量（收入客公里）来看，2027年，中国国内航空客运周转量将超过美国国内客运周转量，跃居全球首位。在未来20年时间里，中国国内航空客运周转量年平均增长率将达 7.1%。到 2033 年，中国国内航空市场将占同期全球航空客运量（收入客公里）的 11.9%。

（三）我国无人机市场预测

2014 年国内民用无人机产品销售规模 15 亿元，2015 年销售规模 23.3 亿元，同比增长 55.3%。据互联网数据中心（IDC）数据预测，2019 年，中国民用无人机市场销售规模将达到 390 万台，合计约 600 亿元。预计到 2023 年，国内民用无人机市场规模将会达到 976.9 亿元，年复合增长率 59%。

预计到 2023 年，我国民用无人机各细分应用领域的市场份额分别为：消费级及航拍无人机市场 200 亿元，农业植保硬件销售 160 亿元，农业植保服务 485 亿元，巡检、森林防火、警用安防等领域共计 131.9 亿元，合计 976.9 亿元。

第四节　船舶行业预测

一、全球船舶行业预测

（一）订单竞争愈加激烈

据中国船舶工业经济与市场研究中心统计，2016 年全球获得新船订单的船厂有 147 家，其中前 10 家船厂接单集中度达到 77%，与 2015 年 55% 的接单集中度相比大幅提升。目前，全球持有在建订单的活跃船厂数量约有 400 家，2016 年 60% 以上的船厂全年无新订单入账。随着新船完工交付，船厂手持订单持续下降，预计 2017 年接单竞争将更趋激烈。从具体接单船厂看，2016 年全球前 10 家船厂共计接单 88 艘，2111 万载重吨。其中，上海外高桥造船将 14 艘 VLOC 收入囊中，以 560 万载重吨的接单吨位排名全球第一，占据全球 20% 的市场份额。北海船舶重工紧随其后，获得 8 艘 VLOC 订单。造船规模排名日本第二的日本联合造船（Japan Marine United）2016 年接单 15 艘，271 万载重吨，全球市场份额 9.9%。其他跻身全球接单前 10 的还有江苏新扬子造船、大宇造船海洋、现代三湖、现代重工、金海重工、三星重工、招商局重工。

业界预测，2017年全球新造船市场需求仍将十分有限，可能维持在3500万载重吨左右的水平。其中，超大型集装箱船、VLCC、好望角型散货船等大型船舶的市场需求将保持低迷，支线集装箱船、灵便型散货船、成品油/化学品船、中小型LPG船、LNG船、客滚船和豪华邮轮等船型市场将相对活跃。据估计，2017年全球新开工船舶约6000万载重吨。相比之下，目前全球存量活跃产能仍有约1.5亿载重吨。预计2017年全球主要船厂都将面临较大的开工缺口，接单竞争将上演更加血腥残酷的"白刃战"。

（二）海工装备持续低迷

受全球经济形势和油价影响，未来一段时间全球海工装备产业将持续低迷状态，难见复苏景象。在油价方面，2016年OPEC与非OPEC产油国达成了15年来的首个减产协议，国际油价因此而不断上涨，高峰时布伦特原油价格曾达到57美元/桶。高盛分析认为，如果OPEC和非OPEC产油国能够按照协议执行减产计划，2017年油价有望上升到60美元/桶以上。即便油价能够如预期般上涨，油价对海工装备产业的推动作用也不容乐观。更何况各研究机构和专家对2017年的油价走势还有不同的看法，对油价是否上涨、增长是否可持续等问题还有很多疑问，因此油价实现小幅上涨已经是乐观情况了。即便油价小幅上涨，海工装备产业短时间内依然难以复苏，这是有其深刻原因的。一是全球经济复苏缓慢，经济形势不景气，全球对油气的消费需求维持在较低水平，需求乏力使得油价上升动力不足，海洋油气开发商投资热情减退。二是近几年海工装备市场骤热骤冷导致的产业深层次、结构性矛盾，产能过剩的局面已经形成，而削减产能的过程十分缓慢，各国和各企业短时间内可以不再扩大产能，却难以主动压缩产能或是退出市场，只能等待市场的残酷竞争迫使产业调整产能。三是海洋油气开发成本较高，低油价将使油气开发商面临零利润甚至是亏损的局面，且近年来海洋油气勘探开发投资规模正在不断下滑，因此，即使2017年油价达到60美元/桶，也只能使开发商勉强实现盈亏平衡，减缓海洋油气勘探开发投资的下滑速度，而难以实现刺激投资、扭转市场局面的作用。

（三）韩国船企加快调整

韩国造船业已陷入重重困难之中，正在加速改革调整步伐。在订单方面，

2016 年三大造船厂新接造船订单量骤减,手持订单仅能维持到 2018 年底,而中小企业仅能维持到 2017 年底。若 2017 年全球新船订单情况继续维持低迷态势,韩国船厂大幅停工的时间节点或更加提前。在负债方面,韩国大宇造船、三星重工和现代重工三大船企债台高筑,2017 年将面临共计 2.22 万亿韩元(约合 18.9 亿美元)的巨额到期债务,财务状况正在不断恶化。大宇造船 2016 年第 3 季度审计报告显示,2017 年需要偿还 9400 亿韩元的到期债务,而目前拥有的现金及现金等价资产仅有 7490 亿韩元,存在很大的流动资产危机。另外,大宇造船的短期债务高达 5.2 万亿韩元,一年内需要偿还的流动性公司债和流动性长期债分别达 1.4087 万亿韩元及 1.6086 万亿韩元,基本无力按期偿还。三星重工 2017 年 2 月及 9 月分别有 4000 亿韩元及 2000 亿韩元的公司债到期。截至 2016 年 9 月底,三星重工持有的现金及现金等价资产共计 1.19 万亿韩元,近期通过有偿增资获得 1.14 万亿韩元周转资金,偿债压力有所缓解,但仍然承担 2.6018 万亿韩元短期借款及 1.6097 万亿韩元流动性长期负债。现代重工 2017 年到期债务约为 6800 亿韩元。尽管现代重工通过采取分拆非核心业务部门的手段,希望在一定程度上改善其财务状况,但在当前造船业市场低迷的形势下,仅保留造船业务,现代重工的盈利基础或将被削弱。

面对严峻的形势,韩国三大船厂在 2017 年将继续推进高强度的结构调整,预计裁员至少 4000 余人,并实行超过 4 万亿韩元(约 34 亿美元)的自救计划。大宇造船海洋 2017 年将筹措 1.5 万亿韩元左右进行结构调整,并通过抛售公司大楼、土地及员工宿舍等,获取 5000 亿韩元左右的资金。同时,大宇造船海洋在 2016 年裁员 2000 人的基础上 2017 年将再裁 2000 余名员工。三星重工 2017 年将筹措 6000 亿韩元的自救资金,还将出售板桥 R&D 中心、巨济酒店、山清研修所等,获取 4000 亿韩元左右的资金。另外,三星重工在 2016 年裁员 1800 人的基础上 2017 年将再裁 1800 人左右,到自救计划全部完成的 2018 年底,裁员人数总计将达约 5000 人。现代重工自救计划资金规模共计 3.5 万亿韩元,2016 年筹措了约 2 万亿韩元,2017 年将再筹措 1 万亿韩元,并进行人力方面的调整,但具体裁员人数还未确定。同时,现代重工在 2017 年 4 月将正式拆分成 6 家独立公司,包括造船海洋、电气电子、建筑设备、机器人、绿色能源、服务产业。

二、国内船舶行业预测

(一) 产能过剩依然存在

造船产能过剩一直是困扰我国船舶工业发展的一大问题，近几年我国推行供给侧结构性改革，大力推进船舶工业降低落后产能，增加我国船舶工业的国际竞争力。去产能工作依然在有序推进，但因一些困难，一段时间内造船产能过剩的现象将持续存在。一是造船企业掉头难，船舶工业门槛较高且投资大，行业退出和业务转向都面临很大风险和挑战，"去产能"意味着前期投资的浪费和大规模的硬性裁员。二是国有企业去产能工作推行缓慢，政府不断为国有船企解决资金困难、避免国有船企破产，而国有企业占据着行业大部分产能，这意味着市场将无法解决造船业产能过剩问题。

(二) 众多船企面临生存困难

世界经济复苏缓慢，受经济形势低迷影响，世界贸易对船舶的需求量依然维持在低位，加之航运业运力过剩，国际油价持续走低，未来一段时间内新船市场难有明显起色。新订单的减少，加剧了各国各企业之间的竞争，韩国三大船企不断加快调整步伐，日本船企则在探索联盟式发展道路，我国船企想要承接新订单将会变得更加困难。即便获得了新订单，成本高和交船难等问题也在困扰着我国船企，激烈竞争导致的低价抢单以及船用钢板价格上涨，导致船企利润较低，同时船东弃单、修改合同的事件时有发生，船企交船面临较高风险。由于船舶工业存在的产能过剩，金融机构缩紧对船企的资金支持现象将继续下去，船企将继续面对资金困境。无论是市场需求、行业竞争、企业运营还是盈利情况，我国众多船企都面临着生存困境。

第三十章　2017年中国装备工业发展形势展望

在经济增长平稳、供给侧结构性改革政策效应逐步显现、智能制造加速发展等积极因素带动下，我国装备工业经济运行总体平稳，高端装备制造业发展形势良好。预计2017年，我国装备工业将维持良好的发展形态和趋势。其中，汽车产销仍将保持较快增长，但增速将逐渐趋稳；机械行业运行下行压力依然较大，部分细分行业将延续增长分化走势，其中，新型农业机械、节能环保装备、文物保护装备、现代物流设备、医疗器械等将加快增长。国际船市新一轮大调整持续深入，产业调整周期的特征不断显现，需求结构出现一些趋向性变化，散货船等常规船型需求仍然乏力，LNG船、新型环保运输船将保持旺盛需求。

第一节　整体展望

一、生产增速企稳回升

2016年是"十三五"规划开局之年，在一系列产业政策刺激下，我国装备工业经济运行总体平稳。展望2017年，我国装备工业发展机遇与挑战并存，既有国内经济增长平稳、供给侧结构性改革政策效应逐步显现等积极因素，也有国内外需求持续低迷、企业面临的困难超出预期等不利因素，但总体上机遇大于挑战，我国装备工业将维持良好的发展形态和趋势，轨道交通装备、增材制造、通用航空等将成为新增长亮点。

二、汽车产业增势良好

2016 年以来，受宏观经济增速趋稳及利好政策的影响，汽车产销增速继续保持较快增长。由于仍然存在结构调整带来的经济增速下行压力，以及受环境保护、交通拥堵的限行限购不利因素影响，预计 2017 年汽车产销增速将逐渐趋稳，保持在 7% 左右。随着新能源汽车补贴额度的下调与车型的调整，我国新能源汽车产销增速较 2016 年将会放缓，续航里程在 200 公里以下的纯电动车型和 50 公里以下的插电式混合动力车型销量将下降。由"互联网＋"推动的智能网联汽车以及无人驾驶汽车、动力电池汽车将取得新突破。

三、机械工业延续分化走势

2016 年，机械工业总体运行平稳，主要经济指标保持了小幅上升的态势，但行业间运行走势分化更为突出。预计 2017 年，影响行业经济运行的不确定因素仍然较多，投资下滑趋势尚未停止，对外贸易需求不旺的状况并未明显改善，行业运行下行压力依然较大。但随着国家宏观调控政策逐步到位，经济形势好转，行业经济运行将有望延续平稳态势。同时，部分细分行业，如工程机械、重型机械、矿山机械、石化设备、常规发电装备等传统投资类产品以及机床、交流电动机、低压电器、电线电缆、中小型普通农机产品等产能相对过剩行业将延续下降趋势，而国家重点支持的新型农业机械、节能环保装备、文物保护装备、现代物流设备、医疗器械等将加快增长。

四、船舶工业将逐渐好转

2016 年，受全球航运市场低迷影响，船舶和海洋工程装备产业增长压力较大。上半年，在国际航运市场低位反弹的带动下，我国新承接船舶订单回升明显，造船完工量同比降幅收窄，三大指标呈现一升两降的发展态势。预计 2017 年，国际船市新一轮大调整持续深入，产业调整周期的特征不断显现，需求结构出现一些趋向性变化，散货船等常规船型需求仍然乏力，LNG船、新型环保的运输船将保持旺盛需求，汽车运输船、远洋渔船、豪华邮轮等需求增长将表现明显。综合来看，受《船舶行业规范条件》的实施、国家关于化解产能严重过剩等政策的逐项落实，2017 年造船完工量增速、手持订单降幅将进一步收窄，新接订单量将小幅回升。

五、智能制造加速发展

2016 年以来，随着《智能制造工程实施指南》《机器人产业发展规划（2016—2020 年）》《智能制造"十三五"发展规划》的发布、智能制造试点示范专项行动的继续实施、中国增材制造产业联盟的成立等一系列动作，推动智能制造产业加速发展。预计 2017 年，随着各项智能制造政策的落地，推进路线进一步明确，以及中德智能制造合作的进一步深入，将进一步构建开放、共享、协作的智能制造产业生态，网络协同制造、大规模个性化定制、远程运维服务等智能制造新模式将不断成熟。

六、高端装备创新发展出现新起色

2016 年，在国家一系列产业政策的推动下，高端装备制造业的发展取得明显成效，产值占装备制造业比重逐步提高。在政策长期利好的背景下，预计 2017 年，随着制造业转型升级和国产化替代的推进，高端装备制造国内外市场需求巨大，高端装备创新发展成为未来制造业发展的主要趋势愈发明显。以产业化应用为目标的高端装备创新发展加快推进，一批标志性、带动性强的重点产品和重大装备将加快布局，自主设计水平和系统集成能力、核心部件研制技术水平逐步提升，产业创新能力不断增强。随着一批重大装备的工程化、产业化应用，高端装备作为装备制造业"新名片"，将带动我国装备制造业水平的全面提升。

第二节　子行业展望

一、汽车

汽车产业总体产销 2017 年会有明显回落。2016 年，我国宏观经济运行企稳，在房地产推动的宏观经济复苏和购置税减半刺激的双重作用下，国内乘用车市场呈现爆发式增长。2016 年全年销量超过 2800 万辆，增幅为 13.9%。2017 年购置税优惠政策退坡仍是影响 2017 年汽车市场的重要因素。但预计 2017 年，房地产行业面临的政策调整等宏观经济不确定因素明显增加，经济增长动力将有不同程度减弱。2017 年汽车销量预计为 2968 万辆，同比增长 6%。其中乘用车预计增长 6.5%，销量为 2610 万辆；商用车整体增长 2.3%，至 358 万辆。

新能源汽车继续保持中高速增长，较 2016 年略有放缓。预计 2017 年，受环境保护、交通拥堵城市的限行限购以及国家及地方补贴政策落实等因素影响，全年我国新能源汽车产销量将继续保持中高速增长。但同时，新的国家补贴政策对电池技术提出更高的要求以及补贴额度的退坡等因素的影响，续航里程在 200 公里以下的纯电动车型和 50 公里以下的插电式混合动力车型销量将下降。因此，2017 年我国新能源汽车产销增速较 2016 年将会放缓，预计全年产销量增幅为 40%，新能源汽车产销量将达到 70 万辆左右。其中乘用车和专用车是新能源汽车市场增长的主要动力。随着工信部推出的油耗和新能源汽车双积分管理制度的推行，国内汽车企业将在近两年推出大量新能源汽车新车型，特别是积分制从 2018 年正式实行，为了满足政策要求，无论是自主品牌企业还是合资企业都将从 2017 年下半年开始陆续推出新能源产品，自主品牌将大量推出纯电动 SUV、插电式混合动力等有竞争力的车型，合资品牌大众、通用等车企将陆续推出自己的插电式混合动力车型，大众预计到 2018 年底要投放总计 20 个新能源车型。另外，新能源专用车也存在很大市场空间，目前城市物流车和环卫车的新能源渗透率只有 2.3%，其中，新能源物流车的渗透率不到 1.5%。

自主品牌乘用车加速发展。预计 2017 年，随着众多自主品牌车企 SUV 和 MPV 市场的进一步开拓和增长、新能源汽车推广、智能网联汽车开发战略实施及技术升级步伐的加快，我国自主品牌乘用车市场占有率将保持 40% 左右的稳定增长态势。

智能化、电动化共享将继续成为行业投资热点。随着我国汽车保有量规模不断扩大，预计 2017 年汽车行业销量将保持个位数中速增长，行业转型升级仍是必然趋势。汽车共享化时代已来，汽车智能化、电动化是汽车共享化的重要基础，而汽车共享化的实现必将加速汽车智能化、电动化进程，未来汽车共享生态圈将逐步演化为以汽车智能化和新能源化为基础，以车联网为媒介，以汽车后市场为大应用的三位一体的生态圈。

二、机械

（一）行业运行延续平稳态势

随着国家宏观调控政策逐步到位，2017 年，机械行业经济运行将有望延续平稳态势。然而，影响行业经济运行的不确定因素仍然较多，投资下滑趋势尚未止住，对外贸易需求不旺的状况并未明显改善，行业运行下行压力依然较大。与此同时，一些机械行业增长分化走势将更为严重：工程机械、重型机械、矿山机械、石化设备、常规发电装备等传统投资类产品以及机床、交流电动机、低压电器、电线电缆、中小型普通农机产品等产能相对过剩行业将延续下降趋势，国家重点支持的新型农业机械、节能环保装备、文物保护装备、现代物流设备、医疗器械等将加快增长。

（二）企业转型升级将加快推进

近几年，机械工业加快数字化、信息化建设步伐，自动化生产线、数字化车间建设加速，企业生产、运营、管理的信息化水平不断提升。2017 年，机械工业在供给侧结构性改革和"三去一降一补"的政策的指引下，随着《中国制造 2025》以及智能制造工程等相关产业政策文件的出台和《国务院办公厅关于机械工业调结构促转型增效益的指导意见》的实施，市场的倒逼机制将持续发力，企业转型升级将进一步加快。智能制造试点示范专项行动、智能制造专项的实施将有力推进企业智能化改造，发展数字化车间、智能化工厂以及智能制造装置，与此同时，发展服务型制造也已成为机械工业企业转型升级的重要途径，传统企业向制造服务业的转型将持续推进，服务模式将持续创新，新业态、新模式将不断涌现。

三、航空

（一）航空运输将持续快速增长

随着居民收入水平提高，近年间国内居民出游率和出游半径的不断扩大，国际出境游呈现爆发式增长。在此背景下，航空运输在交通客运中所占比重不断提升。从全球航空业发展经验来看，中国仍处于航空业快速发展阶段，预计随着人均收入的继续提高，未来3—5年航空整体需求有望保持较高增速，仍属交运各板块中增长较快的子行业。根据国际航协预测，预计在2024年前后，中国将取代美国成为全球最大的航空市场。

（二）重点产业将取得新进展

中国是世界上增长最快、潜力最大的民用飞机市场，目前空客、波音公司均在中国本土建立了飞机总装中心及完工和交付中心，中国航空制造业必须加快发展，才能分享市场，提高竞争能力。我国民机"一干两支"战略（C919大型客机和ARJ21、新舟700支线飞机）持续快速推进，即将取得更多新的突破。

（三）国际合作项目将全面展开

当前，在全球一体化的背景下，航空产业已逐步形成全球生产体系，各国在原材料、零部件、机载设备采购以及飞机装配领域都开始了全球化的布局，各种形式的国际合作成为促进自身发展、增强竞争力的重要手段。2016年，众多国际合作项目纷纷启动，未来这些合作项目将全面展开。

第十一届中国国际航空航天博览会（中国航展）期间，中航通用飞机有限责任公司和法国飞鲸控股公司联合发布中法合作60吨重载飞艇项目正式启动。2016年，空客直升机公司与由中国航空器材集团公司（CAS）和青岛联合通用航空产业发展有限责任公司（青岛联合）组成的中方合作伙伴签署了关于在青岛建立H135直升机总装线的框架协议。天津在空客A320总装线完成履约期限的基础上，也签订了空客A330完成及交付中心的合作协议，空客与中国在宽体飞机领域翻开了开展战略合作的新篇章，预计2017年9月第一架"天津产"A330飞机将交付客户，2018年可达到月产2架的稳定生产速率。2017年5月，波音737完工和交付中心正式落户舟山航空产业园，按计划，舟山产波音737飞机将于2018年底交付首架飞机。

四、船舶

(一) 豪华邮轮产业继续东移

近年全球邮轮市场有个明显趋势——欧美市场已趋于饱和，邮轮产业日益东移，在未来一段时间内，产业东移的趋势仍将继续。世界现代邮轮在经历了50余年的发展后，已成为一个庞大而成熟的产业，且对消费、制造及文化等产业具有巨大的拉动效应。

在旅游方面，世界邮轮旅游业经过了几十年的发展，在欧美等国家已经形成了完善的产业链，成为了许多人出国旅游、短期度假的首选方式，而随着亚洲人均收入的提高和出国旅游政策的开放，越来越多的国际邮轮公司开始注意亚洲市场这片巨大的蓝海，纷纷将其运力向亚洲转移和扩张，其中以中国市场最为明显。按地区来看，加勒比海航线是世界上最热门的航线，在这条航线上的运力占全球总运力的三分之一左右，亚洲航线作为新兴市场，发展最为迅速。

在邮轮建造方面，长期以来，邮轮研发和建造技术集中在意大利、德国、芬兰、法国等少数国家，日韩两国曾进行探索而均以失败告终，我国正在加快与意大利芬坎蒂尼船厂合作建造豪华邮轮。豪华邮轮的建造具有技术、资金和信息密集的特点，要求船厂具有极高的设计与建造能力。而且，豪华邮轮的船体建造并不是最大的难点，船舶的设计和内部装饰才是豪华邮轮的关键环节，需要一流的建筑工艺、独特的文化理念，并兼顾不同的生活习俗。与传统船型的市场低迷相比，豪华邮轮建造却有着旺盛的国际市场需求。目前世界邮轮设计建造及配套产业链主要集中在欧洲，全球年产能仅 8 艘左右，建造产能明显不足。为加快开发和适应亚洲市场，部分欧洲船企开始在亚洲寻求合作伙伴。2016 年 9 月，中船集团与美国嘉年华集团、意大利芬坎蒂尼集团等多方共同签署 2 + 2 艘 13.35 万总吨大型豪华邮轮建造意向书，邮轮建造向东转移步伐又向前迈了一步。

(二) 集装箱船需求有望上升

克拉克森在 2016 年的报告中预测，2017 年集装箱船新增订单接近 100 艘，集装箱船市场将成为新造船市场恢复最快的领域，而中韩船企终于有机会从集装箱船市场恢复中获得喘息的机会。由于新巴拿马运河通航，船龄相对较小的巴拿马型集装箱船大量被拆解，这将刺激集装箱船需求的回升。2016年6月，巴拿马运河扩建工程竣工，可以通航13000TEU集装箱船，而扩建之前，只能通过5000TEU集装箱船，这意味着传统的巴拿马型集装箱船失去了竞争力。因此，已经有多艘船龄不到10年的集装箱船送往船厂拆解。目前船龄在8—13年之间的巴拿马型集装箱船共计170艘，其中大部分将重新部署到其他航线或售出拆解。集装箱船拆解过快意味着将会产生新的市场，即新建集装箱船需求增加，以满足新的需求。此外，国际船舶压载水管理公约将于2017年9月生效，2020年硫排放限制的生效都将进一步创造新的需求。克拉克森在报告中预测，2017年的集装箱船订单量将从2016年的134艘增长至224艘，成为新造船市场恢复最快的领域。2017年，8000TEU以上集装箱船订单量将从2016年的23艘增长至74艘。

后 记

《2016—2017 年中国装备工业发展蓝皮书》，全书共 8 个篇章，是在我国转变经济发展方式、行业结构调整和转型升级日渐加速、装备工业"由大变强"的关键时期完成的一本专著。

本书由王鹏担任主编。具体章节分工为：所长左世全和王凤丽负责整体统筹蓝皮书的撰写工作，综合篇由产业经济研究室完成；行业篇由机器人产业研究室、汽车产业研究室、航空研究室、船舶与海洋工程研究室共同完成；区域篇由产业经济研究室、船舶与海洋工程研究室、汽车研究室共同完成；园区篇由机器人产业研究室、产业经济研究室、航空研究室、船舶与海洋工程研究室共同完成；企业篇由机器人产业研究室、汽车产业研究室、航空研究室和船舶、海洋工程研究室共同完成；政策篇由产业经济研究室、航空研究室、机器人产业研究室、智能制造研究室共同完成；热点篇由产业经济研究室、智能制造研究室、机器人产业研究室、汽车产业研究室、航空研究室、机器人产业研究室共同完成；展望篇由产业经济研究室、机器人产业研究室、汽车产业研究室、航空研究室、船舶与海洋工程研究室共同完成。王凤丽对全书进行了统稿和修改完善，左世全对全书进行了审校。工业和信息化部装备工业司主要领导为本书的编撰也提供了大力支持及宝贵的修改完善意见。

本书遵循理论与实践、数据和事实紧密结合的原则，运用探索性研究、描述性研究、数量分析与系统总体归纳相结合的科学研究方法，反复斟酌，力求起到对我国装备工业发展成就进行系统记录和研究的作用。

思想，还是思想
才使我们与众不同

编 辑 部：赛迪工业和信息化研究院

通讯地址：北京市海淀区万寿路27号院8号楼12层

邮政编码：100846

联 系 人：刘颖 董凯

联系电话：010-68200552 13701304215

　　　　　010-68207922 18701325686

传　　真：0086-10-68209616

网　　址：www.ccidwise.com

电子邮件：liuying@ccidthinktank.com

面向政府 服务决策

研究，还是研究
才使我们见微知著

编 辑 部：赛迪工业和信息化研究院

通讯地址：北京市海淀区万寿路27号院8号楼12层

邮政编码：100846

联 系 人：刘颖　董凯

联系电话：010-68200552 13701304215
　　　　　010-68207922 18701325686

传　　真：0086-10-68209616

网　　址：www.ccidwise.com

电子邮件：liuying@ccidthinktank.com